LOS CÍRCULOS

DE LA VIDA

En las fallas, el dolor y las lágrimas se talla la sabiduría

SEGUNDA EDICIÓN

BERNARDO A. ARANGO

INDICE

Derechos de Autor 2024   *1*
BIOGRAFÍA   *2*
GRACIAS Y DEDICACIÓN   *3*
PREFACIO   *4*
INTRODUCCIÓN   *6*
UN BREVE ANÁLISIS DEL   *8*
COMPORTAMIENTO HUMANO   *8*
EL CÍRCULO DEL Pensamiento   *14*
EL CÍRCULO DEL AMOR   *22*
CÓMO DESCUBRIR EL AMOR   *25*
EL CÍRCULO DE LA ACCIÓN   *28*
¿QUÉ IMPIDE QUE UNA IDEA
SE HAGA REALIDAD?   *30*
EL CÍRCULO DEL AGRADECIMIENTO   *33*
EL CÍRCULO DEL ARREPENTIMIENTO   *37*
EL CÍRCULO DE LA AVARICIA   *42*
EL CÍRCULO DEL DOLOR   *46*
Y EL SUFRIMIENTO   *46*
CLAVES PARA SUPERAR EL DOLOR Y EL
SUFRIMIENTO   *50*
EL CÍRCULO DE LOS ERRORES   *53*
Y LAS EQUIVOCACIONES   *53*
EL CÍRCULO DEL ENGAÑO   *60*
Y LA MENTIRA   *60*
EL CÍRCULO DE LAS EMOCIONES   *65*
EL CÍRCULO DE LOS ENEMIGOS   *74*
LOS ENEMIGOS OCULTOS   *77*
EL CÍRCULO DE LA ENVIDIA   *82*
CONSECUENCIAS DE LA ENVIDIA
EN LA SALUD   *86*

EL CÍRCULO DEL FRACASO 88
Y LA NEGATIVIDAD 88
Aprovechar los Fracasos 90
EL CÍRCULO DE LA FELICIDAD 95
POEMA A LA FELICIDAD 103
EL CÍRCULO DE LA IGNORANCIA 105
EL CÍRCULO DE LA INTELIGENCIA 112
EL CÍRCULO DEL LIDERAZGO 119
UN LÍDER ¿NACE O SE HACE? 120
¿TODOS LOS LIDERES SERÁN BUENOS ? 125
EL CÍRCULO DE LAS METAS Y Logros 127
EL CÍRCULO DEL MATRIMONIO 131
ALGUNOS HABITOS PARA ser
UNA PAREJA FELIZ 137
EL CÍRCULO DE LA SEPARACIÓN
Y EL DIVORCIO 142
EL CÍRCULO DE LA FAMILIA Y
LOS HIJOS 149
CIUDADANOS DEL PLANETA TIERRA 153
EL CÍRCULO DEL MIEDO 158
EL CÍRCULO DE LOS PROBLEMAS 164
EL CÍRCULO DE Las NECESIDADES
y la vanidad 169
EL CÍRCULO DEL PERDÓN 174
POR QUÉ NO PERDONAMOS 176
EJERCICIOS PARA PEDIR PERDÓN 181
EL CÍRCULO DE LAS DEUDAS 185
LAS DEUDAS Y LAS CONSECUENCIAS EN LA SALUD
190
EL CÍRCULO DE LA POBREZA 195
EL CÍRCULO DE LA RIQUEZA 201
EL CÍRCULO DE LA FAMA 208
Y LA POPULARIDAD 208
RESPONSABILIDAD SOCIAL 214
EL CÍRCULo DE LA SABIDURÍA 219
EL CIRCULO DE LOS CAMBIOS 227
La Importancia de asimilar los Cambios 229

EL CÍRCULO DE LA FE 234

EL CÍRCULO DEL ATEÍSMO 242

¿ DE DÓNDE VIENE DIOS PADRE ? 246

EL CÍRCULO DE LAS OPORTUNIDADES 253

EL CÍRCULO DEL SUFRIMIENTO 259

CLAVES PARA SUPERAR EL SUFRIMIENTO 264

EL CÍRCULO DE LA VIOLENCIA 267

EL CÍRCULO DE LOS VICIOS 274

EL CÍRCULO DE LA VEJEZ 280

EL QUE PIENSA PARA LA VEJEZ 282

EL QUE NO PIENSA EN LA VEJEZ 284

EL CÍRCULO DE LA PAZ 287

CLAVES PARA ENCONTRAR LA PAZ INTERIOR 289

EL CÍRCULO DE LA MUERTE 294

¿QUÉ CÍRCULO HA ELEGIDO PARA MORIR? 297

FORMACIÓN DEL CUERPO Y UNIÓN DEL ALMA 302

EL CÍRCULO DE dios padre 307

Y EL HOMBRE 307

ORIGEN DE LA VIDA Y EL PROCESO DE EVOLUCIÓN 309

Historia de las Traducciones Bíblicas 310

EL AGRAVIO A dios padre 317

LA RESURECION DE JESUCRISTO 321

POEMA A DIOS eterno 338

biografía de citas bíblicas 339

Acerca del Autor 341

DERECHOS DE AUTOR 2024
Por Bernardo A. Arango
Todos los Derechos Reservados

BIOGRAFÍA

Biografía: Biblioteca del Congreso de Los Estados Unidos de América.
Biography: Library of the Congress of the United States of America.
La Biblia hebreo español
The Bible hebrew spanish
Merriam-Webster Dictionary y Wikipedia: enciclopedia libre
Merriam-Webster Dictionary and Wikipedia: the free encyclopedia
El padre les habla a sus hijos
Dibujos, arte y diseño: Bernardo A Arango a través de I.A
Graphs art and designs: Bernardo A Arango trough A.I

GRACIAS Y DEDICACIÓN

Doy gracias al Creador del universo por inspirar cada página de este libro. Agradezco a Jesús (Jeshua Hamashia), nuestro hermano, maestro y salvador, y al Espíritu Santo por otorgarme el don de escribir, impartir talleres, conferencias y producir CDs que han sido bien recibidos en todo el mundo. Es un gran privilegio dedicarme a lo que hemos venido a hacer en este mundo. Espero que este libro inspire una mayor reflexión sobre los círculos, etapas y niveles de la vida, y que cada lector tenga un encuentro más profundo consigo mismo, con Dios y con el mundo que le rodea.

Dedico este libro a mi familia, amigos, conocidos y a toda persona que se identifique con su mensaje, con la esperanza de que este libro pueda servir de alguna manera para que todos comprendamos que cada uno de nosotros tenemos una misión en este planeta.

La evolución hacia un mundo mejor comienza con hacer brillar nuestra propia luz y llevarla donde sea necesaria. Agradezco a todas las personas y experiencias, tanto positivas como negativas, que han contribuido a mi existencia, ya que cada una de ellas ha dado forma a mi sabiduría a través de éxitos, sonrisas, lágrimas, fracasos y frustraciones. Cada uno de nosotros lleva la carga que le corresponde, y solo así podemos entender que, en las fallas, el dolor y las lágrimas, se talla la sabiduría.

«Cada uno de nosotros tenemos una misión en este planeta, ayudando en la evolución hacia un mundo mejor».

PREFACIO

Este libro te invita a un cautivador viaje hacia la esencia de la experiencia humana. La vida, un espectáculo maravilloso, se despliega en diferentes círculos o niveles que elegimos habitar. Somos los protagonistas en este escenario existencial, donde nuestras emociones y decisiones moldean nuestra historia. Para algunos, la vida es una lección luminosa que los inspira a descubrir su propio brillo. Para otros, es un escenario de frustraciones y heridas emocionales tóxicas que los sumen en la ignorancia y el dolor.

La realidad humana está tejida con un abanico de emociones, desde la alegría hasta la tristeza, desde el amor hasta el odio. Nuestra misión es evolucionar y transformarnos, pero a menudo nos encontramos atrapados en un torbellino de emociones tóxicas. La pandemia global nos ha recordado nuestra fragilidad y la importancia de nuestras conexiones.

Somos una especie evolutiva y expansiva, pero también dañina y destructivas. Pescamos y cazamos más de lo necesario, contaminamos el agua que bebemos, envenenamos el aire que respiramos y ocasionamos conflictos y guerras innecesarias. Destruimos nuestro entorno y a nosotros mismos, aparentando vivir felices en la oscuridad, la ignorancia y la autodestrucción.

Todo lo que nace tiene un final, y la vida es un ciclo continuo de nacimientos y muertes. Nuestras acciones y elecciones dejan un legado que trasciende nuestra existencia, a medida que avanzamos en nuestra obra teatral. Recordemos las palabras de los sabios: no hagamos el mal a otros, mantengamos una conciencia limpia y busquemos un equilibrio en nuestra existencia.

Te invito a embarcarte en un viaje de autodescubrimiento, crecimiento personal y toma de conciencia. En este camino, exploraremos nuestro nivel de vida, nuestra dimensión espiritual, un recurso subutilizado en todos nosotros, a través de la neurología, la psicología, la ciencia y la espiritualidad.

Este libro no es un tratado de psicología ni pretende cambiar el mundo (demasiado complicado). Es una invitación a cambiar nuestra percepción del mundo y de nosotros mismos. A medida que compartimos este viaje, mi objetivo es liberar la sabiduría que he acumulado y, juntos, encontrar una pequeña diferencia que podemos hacer en nuestras vidas. Miremos hacia el horizonte y busquemos maneras de mejorar, en lugar de lamentarnos por el pasado donde nada podemos cambiar.

Uno de los secretos para una vida sana y en paz es mantener una conciencia tranquila y encontrar paz interior. Nuestra felicidad no depende de los demás, sino de nuestras elecciones y pensamientos. Al elegir creer en Dios y en nosotros mismos, desencadenamos nuestro potencial divino. Nuestra mente, como un imán, atrae lo que pensamos. Así que seleccionemos cuidadosamente nuestros pensamientos para construir la realidad que deseamos.

«En el camino hacia una vida plena y significativa, cultivemos el amor, la conciencia limpia y la paz interior».

INTRODUCCIÓN

Navegando en los Círculos de la vida, es un despertar hacia la autorrealización. Un viaje introspectivo hacia la plenitud.

En las páginas de "Los Círculos de la Vida", nos embarcaremos en un viaje introspectivo a través de la mente y el corazón, explorando las emociones, valores y dones que yacen en nuestro interior. Navegaremos por los diferentes círculos concéntricos que representan nuestra existencia, reconociendo la dualidad inherente a la vida: la alegría y la tristeza, el amor y la desilusión, la abundancia y la pobreza, la sabiduría y el dolor, la paz y la violencia.

Como capitanes de nuestro propio destino, tenemos el timón de la vida bajo nuestro control y la brújula en nuestras manos. La elección de en qué círculo navegar reside únicamente en nosotros. Podemos optar por la calma del amor, la intensidad de la pasión, la neblina del miedo, la prisión de los traumas y el autoengaño, la esperanza de la fe o la desolación de la negatividad.

Liberarnos de los círculos limitantes. Sin embargo, las corrientes de la vida a veces nos arrastran hacia círculos no deseados. Olvidamos nuestro poder de cambiar el rumbo y nos encontramos atrapados en patrones repetitivos, condicionados por pensamientos, acciones y experiencias pasadas. Estos círculos pueden parecer ineludibles, como si una fuerza invisible nos atara a situaciones y relaciones que no nos nutren ni nos impulsan hacia adelante, sino que nos estancan.

La clave para la transformación y liberarnos reside en poder comprender que estos ciclos y las personas que los componen no son una sentencia, sino una oportunidad para el crecimiento y la transformación. Asumir la responsabilidad de nuestro viaje y reconocer que con la ayuda de Dios somos los creadores de nuestra propia realidad.

Romper los círculos que nos limitan y esclavizan implica un viaje de autodescubrimiento, transformación y fe. Debemos desafiar nuestras creencias limitantes, enfrentar nuestros miedos de frente y abandonar la comodidad de lo conocido. Ser conscientes que esto requiere paciencia, perseverancia y una profunda disposición al cambio, despertando nuestro poder.

Es el proceso de autodescubrimiento y liberación es donde reclamamos el poder que Dios nos ha dado y tomamos las riendas de nuestro destino, liberándonos de la opresión humana. Cultivemos una conciencia elevada, creando nuevos círculos de vida con amor, abundancia y realización personal.

Tienes el poder de liberarte de los círculos y vicios que te aprisionan. Tú puedes elegir y navegar hacia la vida plena. El viaje hacia la autorrealización requiere valentía, determinación y fe. Confía en el proceso y avanza con paso firme hacia la vida que te mereces. Debes darte el valor que tienes, sin depender de la opinión ajena. Con fe auténtica, se puede llegar lejos.

Este libro te invita a ir más allá de ser un lector pasivo, invitándote a participar activamente en el. Te ofrece un espacio para escribir y reflexionar sobre tus experiencias, tanto positivas como negativas, explorando tu vida, tu mundo, tus relaciones y tu fe.

«Nuestra existencia es un viaje de encuentros, transformación y propósito. Aprender a aceptar rectificar y sanar es parte de la vida».

UN BREVE ANÁLISIS DEL COMPORTAMIENTO HUMANO

Los seres humanos somos diversos en personalidad, estado de ánimo y comportamiento. Sin lugar a duda somos extraños, porque muchos viven en la cola, cuando nacimos para ser cabeza. Nadie pide nacer, pero tampoco sabemos vivir y mucho menos, queremos morir. Ojalá la gente fuera tan feliz como aparenta, estuviera enamorada como lo asegura y fuera sincera como lo expresa, pero solo son palabras y apariencias. Muchos desean recibir de todo, sin que nada les cueste. Ofrecen lo que no tienen y prometen lo que no pueden cumplir.

Nos falta conocer nuestro origen y grandeza, lo que resulta en un desequilibrio emocional y espiritual. Perdemos el sentido de la humanidad y el propósito trascendental de nuestra vida, convirtiéndonos en meros payasos de la existencia. Nuestro entendimiento parece nublado, como si una fuerza invisible nos impulsara a ser algo que no somos. Olvidamos el verdadero propósito de nuestra existencia, desconocemos el potencial y la grandeza que yace en nuestro interior.

Algunos tienen pensamientos y conductas inexplicables, consigo mismo y con los seres queridos. Otros viven enojados con su pasado echando a perder el presente. Algunos pelean con los vivos y se reconcilia cuando mueren, arrojan los vivos a un hueco, pero piden un buen lugar cuando mueren. Se apartan y enojan con un ser querido cuando está vivo, pero se aferran desesperadamente cuando mueren.

Casi nunca hay tiempo para visitar y agasajar un familiar cuando está vivo, sin embargo, tienen todo el día para visitarlo cuando muere. Algunos otros critican, ofenden y hablan mal de un ser querido, pero lo santifican cuando muere. No tiene tiempo, energía, ni brazos para cuidar a un ser amado cuando está enfermo, sin embargo, se autoflagela cuando muere.

Pasan años y años sin hablar con un ser querido, no obstante, lloran, se lamentan, se disculpan y rinden póstumo homenaje cuando muere. De hecho, los muertos reciben más valor con flores, admiración y respetó que los vivos. Demostrando así qué el remordimiento es más grande que la gratitud. ¡De verdad que somos raros y complejos!

No les regalan una flor a los vivos, pero lo llenan de rosas y flores cuando mueren. Viven con resentimiento y rabia con un familiar en vida, pero le piden perdón cuando muere. Es como si tuviéramos una maldición que no nos deja ver ni entender. La lección que nos dejó la pandemia y en los últimos años es que podemos ver que la familia verdaderamente sí importa.

Algunos otros pasan la vida lamentándose por no tener oportunidades para salir adelante, pero no hacen nada para sobresalir. Sin embargo, envidian y critican el sacrificio de otros, sin darse cuenta de que ellos mismos se causan su propio mal. La mayoría busca desesperadamente paz y perdón, no obstante, es incapaz de perdonarse a sí mismo y a otros, viviendo en una guerra interna. Otros, gastan la vida trabajando duro y con sacrificio, desperdiciando su salud y amontonando el dinero que después se va a gastar para aliviarse. ¡De verdad que no sabemos vivir la vida!

Cuando vemos a alguien mejorar, subir y superarse en su vida, le exigimos que sea mejor y le criticamos por no alcanzar la perfección que deseamos tener. Más extraño aún es cuando alguien utiliza pretextos para vivir en la miseria y justificar el atraso e incomprensión de la vida, quejándose por la falta de oportunidades sin saber que él mismo es una oportunidad. No entendemos que la vida tiene un mayor alcance cuando logramos un resultado completo entre cuerpo, alma, Dios y propósito, descubriendo la dimensión real de nuestra existencia.

¿Qué se puede decir de quiénes fracasan, negándose a ser alumnos y maestros? Siempre buscan un culpable y no admiten los errores de sus acciones. Más extraño es que, cuando no encuentran a quién culpar, culpan a Dios, aumentando su desgracia y maldición. Es decir, los seres humanos parecemos satisfechos caminando en la oscuridad. La mayoría disipa la vida satisfaciendo sus gustos, placeres y necesidades, llenando el tanque que solo agrada a los sentidos.

Así mismo, creamos una red masiva de mentiras, pero siempre exigimos la verdad. ¿Qué no hace un hombre para desgraciar su existencia? Y, cuando ya han vivido una vida llena de errores, con muchos saltos al vacío, al final se dan cuenta de que nunca hicieron lo que importaba, rogando por unos días más de vida. Es decir, la gente no vive, sino que agoniza.

Valoramos lo que tenemos solo en su ausencia. Los seres humanos tenemos una conductas curiosas: valoramos a las personas y las cosas solo cuando ya no las tenemos o no podemos disfrutarlas. Por ejemplo:

- » **El tiempo:** Creemos que somos inmortales hasta que nos enfrentamos a la muerte.
- » **El aire:** Siempre fue gratis, pero cuando falta lo valoramos.
- » **La familia:** La extrañamos y valoramos cuando estamos lejos o la perdemos.
- » **Los hijos:** Nos quejamos de ellos cuando son pequeños, pero anhelamos su niñez cuando crecen. Desearíamos enseñarles las cosas de forma diferente y disfrutar de su infancia otra vez.
- » **Los padres:** Discutimos con ellos, pero cuando mueren, anhelamos con toda nuestra alma retroceder el tiempo y darles un abrazo.

Nos quejamos de lo que nos falta y olvidamos disfrutar lo que tenemos. El ayer ya pasó, el futuro es incierto; solo tenemos el presente. No esperes a decir "te amo", a luchar por tus sueños o a dar abrazos y besos cuando no puedas. No tiene sentido guardar las sonrisas, los abrazos, los besos, la gratitud y la fe.

El ahora es este momento. Pide perdón y también perdona. Disfruta ahora del sol cuando brilla, de la lluvia cuando cae, de los besos cuando te los dan y de la risa cuando eres feliz. Sufrir es parte de la vida, pero la felicidad es un regalo que no debemos desaprovechar. No esperes a estar al borde de la muerte para valorar la vida. Vive con plenitud en el presente.

Despertar la Conciencia: Te invito a emprender un viaje introspectivo, una aventura hacia las profundidades de tu alma, espíritu y mente. Un viaje que te permitirá comprender y darle un significado profundo a tu existencia. Transforma lo pequeño en algo grandioso, pues el ser humano nació para mejorar el mundo, para hacerlo un lugar más digno, bello y grandioso. Sin embargo, la mayoría se encuentra atrapada en la satisfacción de necesidades y traumas creados, sin percatarse de su potencial para trascender.

Tenemos un orgullo insatisfecho y conductas erráticas sin fin son el reflejo de heridas emocionales y una vida sin rumbo. En realidad, este libro es solo un conjunto de palabras entrelazadas, algunas ya leídas, otras ya escuchadas. Pero trasciende las letras, pues te invita a reflexionar sobre la repetición constante de tus emociones tóxicas y errores, cada vez con mayor intensidad.

Posiblemente, mi forma de ver las cosas sea diferente, y escribo para que te des cuenta de que, aunque tienes oídos, no escuchas; tienes ojos, pero no ves; lees, pero no comprendes. Te invito a despertar la grandeza que reside en tu interior. El propósito final de este libro es hacerte ver que vivir con propósito vale la pena. Que puedes aprender del sabio, pues quien escucha y aumenta su saber, adquiere destreza y le da valor a su existencia ayudando a otros a crecer.

En estas páginas encontrarás la motivación necesaria para tener mejores ideas. El verdadero encuentro es contigo mismo, con tu alma y con Dios. El resto depende de ti. Vivamos floreciendo nuestras virtudes y capacidades, dejando que nuestras acciones hablen por nosotros, no nuestras palabras. Recuerda, la grandeza reside en ti. Así que ¡despierta y ayuda a transformar el mundo!

Cuando hablamos a nuestro favor, solo lo hacemos por alarde y vanidad. Hagamos que nuestra vida valga la pena vivirla, haciendo brillar nuestra luz interna, regalo preciado del Creador. Dejando de ser solamente un nombre, sin huella ni sombra que valga la pena seguir. Si no lo hace usted, entonces ¿quién lo hará? Si no es ahora, ¿cuándo será? Tenga presente que en esta vida existen cosas que pasan una vez y, nunca regresan.

Debemos tener conciencia que en ocasiones hay que tomar decisiones que duelen en el corazón, pero tranquilizan el alma. La vida cambia, debemos reconocer que el momento para cambiar y empezar ¡es ahora! Porque ganarle a la vida, es aprender a vivirla. Existen algunas cosas que, si no lo hace usted, quedarán para hacer, porque somos únicos. Así que ¡atrévase!, desafíese, nació para ser grande. Crezca con el universo que está en constante evolución, escape de la oscuridad y haga brillar su luz como una fuente de inspiración inagotable, para que la comparta haciéndola útil allí donde sea requerida.

- ¿Naciste para la mediocridad? o
- ¿Naciste para la plenitud?

«Sí, puede elegir cómo vivir su vida, entonces ¿por qué elige vivir sufriendo?».

EL CÍRCULO DEL PENSAMIENTO

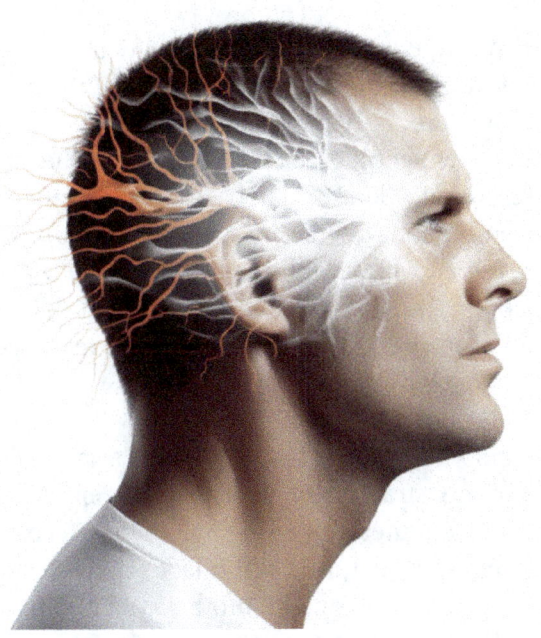

En la ciencia, filosofía, teología y la psicología, si no hay análisis y creación, *¡no hay nada!* Sin nuestro pensamiento, nada puede existir. Indicando claramente que para el ser humano es muy difícil estar sin cerebro y razonamiento. De hecho, toda la esencia de lo que somos como seres humanos, empieza en nuestra cabeza, el cerebro y la inteligencia. Debido a que el principio de todo está dentro de nuestro cerebro, definida en la primera palabra hebrea en la biblia, *berishit.*

Bereshit, traducido al idioma griego significa *génesis,* en español significa origen o principió. *Berishit* tiene su origen de dos palabras hebreas, *"be"*, significa (dentro de), *"reshit"* significa primero, inicio, viene de la misma raíz *"rosh"* que significa (cabeza o principal Se unen en una frase y resulta la palabra *bereshit*, significa principio, comienzo, origen, indicándonos qué todo empieza dentro de nuestra cabeza. Es decir, Dios empezó a concebir un plan universal, analizo su mundo espiritual de ideas y creo un mundo material. Uniendo el espíritu con la materia, haciéndolo rico y diverso, dotándolo con vida, alma e inteligencia. De este modo nuestro universo fue preconcebido por Dios padre y así está formado.

En resumen, nuestro origen fue primero una idea y luego se convirtió en realidad. A partir de ese momento, podemos observar el desarrollo evolutivo del universo que formó parte del plan universal, inicialmente concebido por el Creador y que ha sido magistralmente interpretado por la ciencia. Ahora, en cuanto a la palabra *"bereshit"* en hebreo, que se traduce como *"génesis"* en griego, significa *"origen",* lo que implica *un principio o proceso de generación*. Esto es solo la primera palabra de la Biblia en hebreo, lo que plantea la pregunta intrigante: ¿qué revelarán las otras palabras en los textos bíblicos?

La mente: Un universo de posibilidades. Gracias a la prodigiosa capacidad de pensar, nuestra mente se convierte en un lienzo donde la imaginación y el entendimiento se unen para crear. Esta facultad abarca un amplio espectro de actividades mentales, desde el pensamiento abstracto y el razonamiento hasta la creatividad y las emociones. Todo lo que surge de nuestra mente se engloba bajo el término 'pensamiento', ya sea de naturaleza abstracta, lógica, artística o creativa. La esencia de la mente reside en su capacidad para transformar ideas en realidades, permitiéndonos experimentar, producir y vivir las diversas facetas de nuestra existencia.

El acto de razonar es fundamental para definirnos como seres humanos. A través del razonamiento escribimos nuestra propia historia, convertimos en protagonistas de nuestra película personal y somos los autores directos de nuestro drama existencial. La forma en que reflexionamos juega un papel central en nuestras vidas y está influenciada por una multitud de factores, como nuestras percepciones, sentimientos y experiencias.

Cuando tomamos decisiones o realizamos acciones, estas pasan primero por el filtro del pensamiento. Nuestra mente nos guía hacia el bien o el mal, y nuestras reflexiones pueden determinar nuestro destino. Además, nuestras acciones y reflexiones están moldeadas por el entorno en el que vivimos, crecemos y la educación que recibimos. En definitiva, somos el producto de nuestros pensamientos, y por ello, antes de realizar cualquier acción voluntaria, lo evaluamos cuidadosamente.

- √ Antes de colocarnos una camisa o una prenda de vestir
- √ Antes de abordar un autobús, un taxi o manejar un vehículo
- √ Antes de iniciar una conversación
- √ Antes de comprar un celular
- √ Antes de ir al gimnasio
- √ Antes de hacer una cena
- √ Antes de leer o escribir
- √ Antes de ir a comer.
- √ Un estudiante, aplica su mente para aprender, comprender y retener información, preparándose para un futuro exitoso.

El cuerpo por sí solo no toma decisiones. La mente es la maestra que guía y dirige cada uno de nuestros actos. Si observamos nuestras actividades diarias, notaremos que antes de realizar cualquier cosa, la pensamos y la reflexionamos cuidadosamente antes de convertirla en acción. Esto nos lleva a una conclusión poderosa: si somos capaces de llevar a cabo incluso las tareas más pequeñas, también podemos atrevernos a pensar en grande. Esto a menudo conduce a resultados más prometedores. No hay nada que perder y mucho que ganar al reflexionar y actuar, ya que el pensamiento es la semilla misma de la acción y el cambio. No basta con conocer quiénes somos; también debemos vivirlo.

En realidad, todo lo que existe tiene su origen en la mente. Cada acción y acto que realizamos pasa primero por el filtro de nuestro cerebro. La mente analiza, almacena y finalmente transforma nuestros pensamientos en acciones concretas. Esto implica una conexión intrínseca entre el cerebro, el cuerpo, el alma y el espíritu, en el ser humano. Ninguno de estos elementos puede existir de forma aislada; están intrincadamente relacionados y forman una asociación indivisible. De lo contrario, estaríamos vacíos como seres. Esta interconexión se manifiesta en la psicología, la biología, la ciencia y en el ámbito emocional, siendo un aspecto fundamental en la comprensión de la vida.

Ejemplos:
  √ **Un atleta:** Utiliza su mente para visualizar el éxito, desarrollar estrategias y superar obstáculos durante una competencia.
  √ **Un músico:** Emplea su mente para interpretar una pieza musical con precisión y emoción, transmitiendo sentimientos a través de las notas.
  √ **Un médico:** Aplica su conocimiento para diagnosticar enfermedades, desarrollar tratamientos y salvar vidas.

Somos el producto de nuestros pensamientos, y estos, a su vez, atraen a nuestras vidas aquello en lo que nos enfocamos. Por lo tanto, es fundamental ser conscientes de nuestros pensamientos y cuidarlos con esmero. Tal como las sombras siguen al cuerpo, los pensamientos acompañan a las acciones, y son estas últimas las que definen nuestra identidad.

A menudo, descubrimos que nuestros pensamientos negativos pueden causar más daño que cualquier enemigo externo. Donde ponemos nuestra atención y energía, ahí se encuentra nuestro corazón. Esto subraya la importancia de cultivar pensamientos positivos y establecer conexiones significativas con los demás, ya que son los tesoros más valiosos que poseemos.

La imaginación es una facultad poderosa, pero a menudo caprichosa. Es la "loca de la casa" que puede llevarnos a través de la alegría hasta la tristeza, desde la risa hasta las lágrimas, y desde el canto hasta el llanto. La imaginación disfruta construyendo, destruyendo y distorsionando según su voluntad. Sin embargo, es crucial aprender a controlarla, ya que, si la dejamos sin restricciones, nos conduce a un laberinto sin salida. La imaginación se activa a través de lo que percibimos visual, auditiva y emocionalmente.

Porque, así como un hombre piensa y actúa, determina todo su ser: su sexualidad, su vida profesional, su trabajo, su destino y todo lo que será su vida verdadera.

La verdad reside en nuestro interior, es lo que nos define como seres humanos. Lo externo es circunstancial, lo interno es determinante. En la vida, a nadie le sucede nada que no quiera que suceda. Sin duda alguna, los seres humanos en todas nuestras obras debemos ser dueños de nosotros mismos. Porque, así como el fruto demuestra el cultivo del árbol, así la palabra y la acción del hombre revelan su mentalidad, lo que tiene en su corazón y lo que es su vida.

Ejemplos:
√ **Un atleta:** Cultiva pensamientos positivos de victoria y perseverancia para superar los obstáculos y alcanzar sus metas.
√ **Un artista:** Nutre su imaginación con imágenes, sonidos y emociones para crear obras de arte que inspiren y conmuevan a otros.

La falta de pensamiento crítico deficiente puede llevar a la inacción y la apatía. Si no analizamos las situaciones de manera objetiva y no reflexionamos sobre las consecuencias de nuestras acciones, es probable que caigamos en el estancamiento. Pensar es actuar, es un proceso infinito que nos impulsa al cambio y crecimiento. Aquellos que viven sin reflexionar, en realidad no viven plenamente. El pensamiento y el razonamiento son la base de todas las acciones existenciales del ser humano.

Vivimos en un mundo donde las ideas materialistas como el dinero, el poder y el deseo sexual tienen una gran influencia. Sin embargo, la obsesión con estas ideas puede llevarnos por un camino de debilidad y perdición. La historia está llena de ejemplos de personas que han caído en desgracia por perseguir estas metas de manera desmedida. En lugar de enfocarnos en lo material, debemos cultivar valores más elevados como la compasión, la creatividad y el amor.

Es decir, enfrentar y dominar el pensamiento del deseo sexual y la ambición desmedida son las mayores pruebas que tiene el hombre. Feliz quien gana la batalla, dominando sus emociones sexuales, sed de dinero y orgullo. El pensamiento es la fuente que envía las acciones a los hechos, cualquiera que estos sean. Si logra entender cómo funciona nuestro cerebro, puede cambiar dentro de usted todo lo que quiera y como un hombre piensa, así es su vida. Debemos recordar que la mente del ser humano es la mayor obra creativa del ingenio de Dios. Interpretamos lo que vemos y sentimos, de acuerdo con lo que tenemos en nuestra mente y corazón, por ejemplo.

- √ La desnudez no es mala, malo podría ser lo que piensa del cuerpo que ve desnudo. Analicé que en un principio el nudismo era nuestra forma natural de vivir (Adán y Eva vivían desnudos), la desnudez es símbolo de pureza y perfección con el Creador
- √ No es malo el dinero, pero si puede ser malo lo que haces con él. Debido a que quien ama el dinero, nunca se saciará, quien ama las riquezas nunca tendrá suficiente
- √ La cocaína y los antibióticos no son malos, son hechos para aliviar el dolor. Pero el uso que le pueda dar podría ser malo
- √ El hierro y el acero son excelentes, es malo el uso que le dan fabricando armas que privan la vida
- √ No es malo vivir mucho, lo malo es no saber vivir
- √ No es malo desear tener mucho, pero podría ser malo lo que haga para obtenerlo

En consecuencia, podemos afirmar que el mayor número de los males que padecemos, son causados por el mismo hombre. Por esta razón, si notamos qué hay algo que no va de acuerdo con lo que deseamos, debemos actuar. De esta manera podrá darle más sentido a sus proyectos de vida, replanteando sus planes. Analicé lo siguiente, por mucha tecnología que el ser humano pueda desarrollar, jamás podrá inventar un sistema tan fuerte y tranquilizador cómo es un abrazo efusivo, y unas palabras sinceras dichas con amor. Así mismo, pasamos la mayor parte de nuestra existencia dentro de nuestra cabeza, por tanto, debemos hacer que sea un lugar sano y saludable para vivir bien.

Gandhi en pocas frases, resumió lo que atrae el pensamiento diciendo lo siguiente.

> *«Cuida tus pensamientos, porque se volverán actos.*
> *Cuida tus actos, porque se volverán costumbre.*
> *Cuida tus costumbres, porque se volverán caráct*
> *Cuida tu carácter, porque formará tu destino,*
> *y tu destino formará tu vida».*

Lo que más determina su futuro es su cercanía y fe en Dios, la manera como lo percibe y se relacione con Él, con usted mismo y con los demás. Si le falta Dios, búscalo. Neale Donald Walsh, autor del libro, «Conversaciones con Dios», lo explica maravillosamente y quiero compartirlo con ustedes.

"Como sabemos, la ley de los opuestos establece que para experimentar algo, debemos experimentar su contrario. Si no conocemos el frío, no conocemos el calor; sin el día, no conocemos la noche". Esta misma ley se aplica a nuestro autodescubrimiento y crecimiento personal. Para experimentar y comprender quiénes somos realmente, primero debemos enfrentar y experimentar lo que no somos.

No basta con simplemente saber quiénes somos, debemos vivirlo en nuestra propia existencia. Neale Donald Walsh explica que, en general, lo opuesto a lo que deseamos o buscamos aparecerá primero en nuestras vidas como una antesala al logro de nuestras metas. Es en este punto donde mucha gente se rinde, abandonando sus sueños y sintiéndose frustrada por no lograr resultados positivos, sin darse cuenta de que están a solo un paso de conseguirlo.

Es precisamente en este momento que debemos relajarnos, dejar de lado la angustia y el miedo, y seguir adelante. Debemos sacar lo mejor de nosotros mismos, sabiendo que estamos en el camino correcto, a punto de ver nuestros sueños realizados. Como bien explica Neale, "si eres luz y formas parte del sol, para experimentarte a ti mismo se requiere de la oscuridad, donde podrás descubrir tu verdadera fortaleza". Ahora le invito a que se haga las siguientes preguntas.

√ ¿Por qué y para que pienso?
√ ¿Para qué hago lo que hago?
√ ¿Qué es lo más importante en mi vida?
√ ¿Me conozco suficientemente bien?
√ ¿Por qué y para qué existo?
√ ¿Cuál es el sentido de mi existencia?
√ ¿Experimento un amor auténtico?

Al responder estas preguntas, nos embarcamos en un proceso de despertar de la conciencia. En última instancia, todos anhelamos alcanzar metas más elevadas y la realización personal, satisfaciendo nuestras necesidades fundamentales de libertad, seguridad y amor. La verdadera libertad implica evolución, comprensión, conciencia y espiritualidad, liberándonos de las cadenas que nos aprisionan. Recuerda, la mente es una herramienta poderosa que te permite crear, transformar y alcanzar tus sueños.

«Si dirige bien tus pensamientos, podrá dirigir bien tu vida».

EL CÍRCULO DEL AMOR

Cuando el amor te encuentre y te llame, déjate hipnotizar y seducir por su encanto. Y, cuando te quiera abrazar, aléjate del mundo y disfruta su dulzura y ternura, porque el amor no es una relación, es un estado del ser, regalo preciado del Creador. Cuando el amor te hable, debes creerle, así su voz rompa tus sueños, de la misma manera que las olas agitan la paz y rompen la quietud de la playa, sacudiendo las raíces de tu alma.

El amor nos hace soñar, nos hace crecer y ser grandes. También nos achica, nos debilita y nos da fuerza; es una locura racional e irracional. Es noble e infinito; es la fuerza más dinámica y poderosa que podemos tener. El miedo no visita el amor, ni el rayo del sol lo hiere, ni la noche lo puede lastimar.

El amor, así como nos hace sonreír, también nos hace llorar, nos pule y nos forma, de la misma manera como a fuego puro se hace una espada. Nos amasa hasta quedar flexibles, con fuego, dolor y sudor; nos pulveriza hasta volvernos trigo. Todo esto hace el amor para poder conocer el secreto de nuestra alma y convertirnos en cómplice de sus delicias. Es como un volcán en llamas por dentro que, cuando se deja salir, provoca una explosión de sentimientos.

El único deseo del amor es realizarse, no poseer ni ser poseído, porque el amor es suficiente para sí mismo. El amor tiene paciencia, espera su turno y sabe llegar, porque no se trata simplemente de quién está contigo. Más bien se trata de quién te roba los pensamientos y te hace soñar, quién te hace crecer y te hace temblar con solo pensar.

El amor todo lo puede, nos hace superar todos los obstáculos y perdonar cualquier cosa. En lo erróneo también hay amor, ya que no se ven los defectos ni los errores. Amar cuando todo está bien es muy fácil, pero en las dificultades es una prueba. Por esta razón, se puede afirmar que no hay amor sin historia, puesto que el amor también busca madurar.

El amor es la alianza del corazón y no el negocio; es la comprensión, no el egoísmo; es un sueño, no un insomnio. Es un acto de fe, no una mentira; es una motivación, no una emoción; es una elección, no una obligación. Es un encanto que no solo hace temblar el ser, también enciende el alma, desnuda el espíritu y tranquiliza el ser.

El amor pleno a menudo implica pasar por momentos de sufrimiento. Esto no implica que el amor sea sufrimiento en sí mismo, pero eludir el sufrimiento también podría significar perder la oportunidad de experimentar la verdadera felicidad. En términos humanos, la capacidad de amar plenamente está vinculada a nuestra capacidad de enfrentar y superar el sufrimiento. Por lo tanto, la afirmación de que aquellos que no han sufrido por amor nunca han amado puede tener fundamento, porque, en última instancia, el amor se nutre de sí mismo.

No permitas que el mundo exterior defina lo que es el amor. Para algunas personas, el sexo es amor, confundiéndolo con emociones y momentos de placer. Con el sexo, las únicas que se enamoran son las hormonas, que son como los juegos pirotécnicos: suenan, hacen ruido y brillan por un momento, para después morir, quedando solo silencio y soledad. Para la mayoría de las personas, el amor y la pasión van cogidos de la mano, pero no lo definen. Sería hipócrita pedir respuesta sexual para demostrar amor, porque el amor tiene un valor supremo que está por encima del placer y todo lo demás, gracias a que el amor no tiene término medio, como tampoco lo tiene Dios.

La desconfianza, el orgullo, la soberbia, la prepotencia, un ego demasiado elevado y el miedo son los desperfectos más grandes que existen en el camino del amor. Debido a que obstruyen la puerta de la comprensión, confundiendo la navegación en el mar de los sentimientos. La confianza y la tolerancia nos permite llegar a sentirlo y vivirlo con plenitud. En el amor, toda acción de buena fe es buena. Si embargo, en la confianza es donde reside su mayor fuerza, su plenitud, crecimiento y sostenimiento. Hace sentir una seguridad infinita que invita a sumergirnos en la eternidad de sentir, vivir y amar con determinación.

Cuando la confianza del amor se rompe, es igual a cómo cuando se rompe una hoja de papel, por mucho que se esfuerce en arreglarlo este jamás podrá ser lo mismo. Causa lejanía, distanciamiento, dificultades para expresar los sentimientos, afecta la comunicación. No importa lo que haga, siempre habrá recelo y desconfianza. No importa lo que haga, siempre habrá recelo y desconfianza. Por esta razón, continuamente se debe fortalecer la confianza en el amor, no utilizar la rudeza ni el enojo ni la mentira. No guarde rencor ni resentimiento, ya que el amor es bondadoso, paciente y generoso, porque el amor se sustenta en estas cualidades.

La oportunidad de amar es para todos, así que, si alguien lo respeta y lo ama, nunca le falle. Puede suceder que en esta vida nunca se encuentre a la misma persona dos veces. Debido a que, por circunstancias del destino, hay quienes solo se presentan una sola vez para enseñarnos una lección que, cuando se aprende el dolor desaparece, dejando enseñanzas en el corazón.

El propósito de vivir en este planeta es amar, rectificar, trascender y ayudar a otros. Si usted no puede amar al menos no hiera, no bloquee el camino en búsqueda del amor. El soñador más grande que existe es quien cree en el amor incondicional. Igualmente, es mejor no tener deudas con nadie, únicamente que sea la de amarnos unos a otros, puesto que cuando el amor llega, transforma vidas.

CÓMO DESCUBRIR EL AMOR

¿Cómo descubrimos el amor? Cuando sabemos que amamos o nos aman, sin caer en ilusiones falsas ni esclavitud sentimental ni en momentos de romanticismos emocionales que pasan fugazmente. Existen pasiones fugaces e intensas, que se confunden con el amor, nos hacen caer en un laberinto de emociones cruzadas confundiendo nuestro ser. Un verdadero amor nunca será fugaz. Simplemente, porque no es fugaz el amor de Dios. Un amor verdadero requiere paciencia, domesticación y tolerancia. Igualmente, el poeta amoroso que hay dentro de nosotros sale a expresa lo que siente. Es quién nos dice que el amor no debe ser forzado ni obligado, sino que debe ser conquistado.

Los ojos son el reflejo del alma y también, son su lámpara. Ese es el verdadero amor, sin desnudos ni capullos artificiales. Es donde la pareja crece en conjunto, sin chantajes impuestos, aportando una felicidad sincera, donde cada uno es importante en la construcción de la felicidad. No se tiene como referencia la literatura ni la opinión ajena, sino más bien la vivencia y nuestro sentir personal. Compartiendo con el cónyuge en un esfuerzo y dedicación, construyendo mejores días que el anterior. Gracias a esto, existirá una intimidad hermosa y una complicidad conjunta que, junto con el amor, siempre crece más.

El amor es una sensación preciosa que, cuando llega, no podemos dejar escapar. Siento amor si soy correspondido, cuando cuido a mi pareja como a la niña de mis ojos, como a una parte de mi cuerpo. Como cuando me cuido la boca, las manos, los pies, y percibo lo mismo de mi pareja hacia mí. La pertenencia del amor es como las flores que pertenecen al árbol y este pertenece a la tierra.

Es gozar de una unión inseparable de la verdad, algo bello y justo en un vínculo eterno entre lo necesario y lo puro. Así mismo, cuando él se convierte en la seguridad y ella se transforma en su debilidad, es un deleite universal para alegría de nuestros corazones. Y, mejor aún, cuando te dicen: "Estoy distraído porque todos mis sentidos están ocupados soñando contigo".

En las locuras del amor, existen ocasiones en la vida en que nos arrojamos a un amor, como quien se arroja a un vacío sin calcular cuánto nos falta para llegar al fondo. Al hacerlo, no vemos que es una locura, sino simplemente que somos de esos soñadores que consideramos ciegamente que ese amor nos dará las alas que nos permitirán volar al amor soñado y esperado. Y, aunque en algún momento tengamos lucidez y sabemos que podemos caer, no nos importa.

Pues a veces consideramos que es mejor querer y perder que nunca haber vivido un amor, por miedo a no ser correspondido. Si hay algo eterno y sagrado, eso es el amor, es decir, como el mismo Dios, quien lo convierte en una fiesta sagrada para su deleite. Cuando sienta el fuego del amor en su corazón, de un solo grito podrá decir: ¡Yo estoy en el corazón de Dios!, ¡puro amor absoluto e incondicional, porque el Creador nos ama con un amor que trasciende toda comprensión humana!

Y, cómo está escrito:
«Ningún ojo ha visto,
ningún oído ha escuchado,
ninguna mente humana ha concebido,
lo que Dios ha preparado para quienes lo aman».

Amor también se escribe con "T" de tiempo, para dedicarle a la persona amada, tiempo de calidad, tiempo de entendimiento, tiempo de coqueteo. El tiempo de saber amar es una elección personal; es como el principio de todo. Le invito a que escriba con sus propias palabras lo que significa para usted el amor verdadero. Para mí verdadero amor es. _____

_____

_____

_____

_____

Así mismo, debemos amar con gracia al prójimo, con amor genuino y las mejores cualidades que tenemos. Amar a quien nos ama es ser recíproco. Sin embargo, amar con gracia nos trasciende. Dar a quien no se lo merece, ayudar a quien no pide ayuda, pero la necesita, amar a quien no pide amor, pero lo necesita, tener presente al marginado, al despreciado, al odiado; eso es amar. Jesús de Nazaret, en todas sus obras, nos enseñó lo que es la gracia.

« El amor y la familia son esenciales para nuestro continuo proceso de cambios y mejoras en la preservación del ser humano».

EL CÍRCULO DE LA ACCIÓN

"Del dicho, al hecho, hay mucho trecho". Esta frase, conocida por muchos e ignorada por otros, tiene toda la razón del mundo. Usted podrá tener buenas ideas, los mejores planes y una meta definida, pero si no actúa, nada podrá lograr, porque es la acción la que define, no las emociones. Si logra encontrar el enlace entre las dos cosas, es aprender a vivir consigo mismo. Sin acción, de nada sirve lo que aprendemos. Recuerde que hasta la acción más pequeña es mejor que la intención más grande.

El pensamiento crea las ideas, pero es la mente, el cuerpo y la acción los que logran el propósito impulsándolas y activándolas. Aquí está la diferencia entre la acción del activo y la mediocridad del pasivo: quien quiere que todo llegue por inercia, sin hacer nada para lograr una idea. El mediocre, el acomodado y el miedoso siempre demoran una idea hasta poder demostrar que no debe hacerse, que no se puede o que es demasiado tarde para hacerla. ¡Qué hipocresía!

Entre el pensamiento y la acción existen dos puentes: el primero se llama decisión y el segundo se llama tiempo. En la decisión, usted lleva el pensamiento a la acción, y su potencial se mide en el límite de tiempo para obtener resultados. Debe ser consciente de que el poder de una decisión puede cambiar su vida y la de quienes lo rodean, por eso es importante analizar el curso de una acción. Teniendo en cuenta que las personas buscan caminos, métodos y acciones para alcanzar los propósitos de su interés personal. Debemos recordar que lo importante no es ser mejor que los demás, sino ser mejor que ayer. Por esto, debe vigilar su corazón de cerca, sin mentirse, porque de él brota la verdad de la vida o el engaño de esta.

√ Steve Jobs, inventó los computadores de Apple, el iPod, el iPhone, el iPad revolucionando la tecnológica.
√ Bill Gates, inventó el sistema operativo de Windows.
√ Elon Musk, creo PayPal, Tesla y SpaceX.

La lista es interminable, gracias a que Dios ha permitido la llegada de grandes genios para ayudarnos a evolucionar. Los antes mencionados son referencia para hacer notar la diferencia que, los pensamientos y las ideas llevadas a la acción, tienen resultados. Si estas mentes brillantes no se hubieran atrevido, no tendríamos los avances y comodidades que tenemos. Esto indica claramente que es la acción lo determinante de un pensamiento convertido en idea. Lo demás únicamente son pensamientos muertos, ideas que se las lleva el viento.

Le invito a escribir sus ideas y el plan de acción que tiene para

¿QUÉ IMPIDE QUE UNA IDEA SE HAGA REALIDAD?

Incuestionablemente, son los miedos, la inseguridad y las ideas de que no pueden salir bien. Los miedos se interponen, las indecisiones abundan y las especulaciones se desbordan en la nada. Hablar mucho sin hacer nada es un espectáculo grotesco que da pena. Algunos pueden, pero no usan ni prestan el hacha, dejando ir las oportunidades. Los arriesgados son afortunados que, a pesar de los obstáculos, se han atrevido a luchar por sus ideas y hacerlas realidad.

Analicé el mundo en el que vive: disfruta de Internet, televisión, celular, películas, literatura, automóviles, aviones, computadoras, etc. Tenemos todo esto gracias a los personajes que, con locura o no, se han atrevido a pasar a la acción. Materializaron sus ideas sin importar el número de intentos fallidos, lo arriesgaron todo para lograrlo. Analicemos varios ejemplos:

Thomas Edison, inventor del bombillo, hizo más de 5,000 intentos antes de poder hacer realidad su idea. No fracasó; simplemente descubrió 5,000 maneras que no funcionaban. Edison es el inventor más prolífico de la historia, tiene 1.903 patentes (un récord sin superar). Si este inventor no hubiese llevado sus ideas a la acción, posiblemente la tecnología eléctrica no estaría donde está.

- √ Nikola Tesla, invento el motor de inducción y de corriente alterna.
- √ Johannes Gutenberg, con el invento de la imprenta.
- √ Charles Tellier, con el invento del frigorífico (la nevera).
- √ Alexander Graham Bell, con el invento del teléfono.
- √ Michael Hart, considerado el padre del libro electrónico.
- √ Wilson Greatbatch, creador del marcapasos, el inventor que más vidas ha salvado en los últimos 50 años.

hacerlas realidad. Yo tengo las siguientes ideas.

_____

_____

_____

_____

_____

_____

_____

_____

_____

El plan que tengo para realizar mis ideas es.

_____

_____

_____

_____

_____

_____

_____

_____

Debemos entender que las buenas ideas, junto a la acción, nos llevan al triunfo de nuestras metas, no solo la emoción. Así mismo, los secretos del éxito y la paz interior residen dentro de cada uno de nosotros, lo que nos invita a analizar, mejorar y dominar las pasiones tóxicas. También, sabemos que poseemos grandeza y capacidad para transformar nuestra existencia y, por qué no, transmitirla a otros. Contribuyendo de esta manera, a mejorar la creación, haciendo de nuestro entorno un lugar agradable y mejor para vivir, e incluso, del mundo entero.

«Recuerde que tiene más posibilidades cuando decide actuar, que cuando debe reaccionar».

EL CÍRCULO DEL AGRADECIMIENTO

¿Es usted alguien que encuentra difícil expresar gratitud o decir "gracias"? ¿Quizás incluso rechaza el reconocimiento personal? Si tiene dificultades para expresar sentimientos de agradecimiento, esto podría indicar una tendencia emocional negativa. Algunas personas pueden enfrentar este desafío debido a traumas pasados o miedos, mientras que otras lo hacen debido a un egoísmo u orgullo inexplicables. En tal caso, le animo a abrirse emocionalmente a expresar y manifestar la gratitud, demostrando que su corazón tiene memoria.

El agradecimiento beneficia en todas las áreas de la vida: física, mental, emocional y espiritualmente. Contribuye al desempeño en su vida diaria, adoptando actitudes positivas. Sería genial adoptar esta costumbre, ya que la gratitud y el agradecimiento son uno de los mejores regalos que podríamos dar, transformando vidas con esta actitud.

Dar gracias hace cambios, pues la expresión de agradecimiento está íntimamente relacionada con la felicidad y el estilo de vida. Quien expresa gratitud experimenta sentimientos positivos, sabe disfrutar de los buenos momentos y se enferma menos. Tienen mejor salud que los ingratos y orgullosos. Afrontan mucho mejor las dificultades y tienen mejores amistades, con excelente calidad de vida.

Expresar agradecimiento es algo más que tener la boca llena de palabras y decir "gracias". Debemos aprender y saber darla, sin que esta acción nos haga pensar que necesitamos un trato delicado o especial elevando la arrogancia. La acción del agradecimiento es un idioma que los sordos pueden oír y los ciegos pueden ver. Saber dar un reconocimiento, es decir: "Yo te reconozco y te acepto por lo que eres, por tu espíritu, por tu manera de ser, y la forma especial en que contribuyes a enriquecer mi existencia, ayudándome a sobrellevar los momentos en que me sumerjo en la incomprensión y desesperación".

La gratitud que guardamos en silencio, aunque esté presente, no cumple su propósito ni beneficia a nadie. Es esencial expresarla y darla a conocer. Cuando expresamos gratitud hacia alguien, generamos un sentimiento que motiva a esa persona a seguir contribuyendo en causas justas. La reflexión del corazón conduce al entendimiento mutuo. La gratitud, cuando se da con el corazón, es el mejor regalo que podemos dar y, con esta acción, la hacemos valer dos veces.

Cuando agradecemos de corazón a quien nos ha hecho un favor, nos ha dado un regalo o nos ha ayudado en algo, contribuimos a que esa persona continúe haciendo lo mismo. Porque hacemos que se sienta valorada y apreciada, dándole incentivos e invitándola a dejarnos la puerta abierta, porque nunca sabemos cuándo la volveremos a necesitar. Hay que dar las gracias por la comprensión, por la ayuda recibida, gracias a la mascota que le ofrece amor eterno y verdadero, porque nos enseña que, con amor, se puede alcanzar la plenitud.

Gracias a que el agradecimiento nace de un corazón con memoria, ayudando a construir un futuro con gratitud e invitándonos a imitar. Si usted es una persona agradecida por todo, con la familia, los amigos, la pareja y las personas que entran y salen de su vida dejando huellas. ¿Se ha agradecido a usted mismo? Reconocer y valorar nuestro propio esfuerzo y autenticidad no es un acto egoísta ni idólatra, sino un acto de amor propio y autocuidado que contribuye a nuestro bienestar emocional y fortalece nuestra relación con los demás.

El auto-reconocimiento y la auto-recompensa son normas básicas para reforzar la autoestima y el fortalecimiento emocional y espiritual. El poder de la gratitud y el agradecimiento tiene un efecto emocional y espiritual incalculable, tanto para quien lo da como para quien lo recibe. El sentimiento de gratitud está vinculado al amor, de la misma manera que la carne está vinculada a la uña. Desarrollan una atracción y un crecimiento mutuo, compartiendo los beneficios que traen cosas buenas a nuestra vida, eliminando negatividad y atrayendo emociones y sentimientos positivos. Recuerde que como un hombre piensa, así actúa, y como actúa edifica su existencia.

Con el agradecimiento, no hay lugar para quejarse, lamentarse, tener rencor, orgullo ni tristeza. El agradecimiento atrae gratitud, de la misma forma en que la positividad atrae positivismo y la alegría atrae alegría. Funciona como un imán; es decir, con actitudes de agradecimiento atrae a su existencia personas alegres, positivas, agradecidas y con bienestar. Es imposible atraer consecuencias buenas y positivas a su vida si es una persona ingrata y desagradecida, ya que el descontento y el desagradecimiento siempre traerán situaciones negativas a nuestra vida.

El día tiene 24 horas, la hora tiene minutos y los minutos segundos, así que Dios le ha regalado 86.400 segundos hoy. Yo le pregunto: ¿ha utilizado algunos segundos para decir gracias por algo? Debemos vivir agradecidos. De hecho, solo debería existir un exceso recomendable en este planeta y debería ser "el exceso de gratitud". Hoy doy gracias a Dios por el don de la vida, por el aire, el agua y la tierra, gracias por el planeta, porque respiro, camino, veo, hablo, trabajo, estoy con salud, me río y, además, me regala un día más de vida. Por mi familia, mi trabajo, mi salud. Gracias por lo que soy y lo que no soy, por lo que tengo y gracias por la esperanza.

Para agradecer de manera propia a Dios Padre "Hashem", necesitamos algo más que emociones y la boca llena de palabras; también necesitamos acción y obras con verdadera fe. Tenemos muchas cosas por las que agradecer, y dar es sentir gratitud y amor. Doy gracias ayudando al niño huérfano y solitario, vistiendo al desamparado, dando de comer al hambriento, ayudando al enfermo y visitando al encarcelado. Es decir, ayudando a Dios con los más desfavorecidos de la creación.

Debemos entender el entorno que nos rodea, el mundo donde vivimos y lo que hacemos, haciendo caminos al andar y, por qué no, haciendo brillar la luz interior que tenemos, llevándola allí donde sea requerida. Así mismo, iluminando la vida de otros y dándole más valor a la existencia en este planeta. Le invito a expresar cómo usted da o le gustaría dar agradecimiento a Dios y a quienes le han ayudado.

Yo, muestro agradecimiento de la siguiente manera._____

_____

_____

_____

Doy gracias por. _____

_____

_____

_____

_____

Agradecer es tener conciencia que la felicidad también depende de cómo percibimos a los demás, de nuestra relación con el prójimo, con Dios y con nosotros mismos. Debemos aprender a desarrollar sentimientos de amor y de comprensión iluminados por la razón, buscando fines mayores.

Que esto guíe nuestros pasos, de manera que superemos el egoísmo y el orgullo, grandes obstáculos para una vida saludable con los demás. Además, es tan grande el placer que se experimenta encontrar a una persona agradecida que, vale la pena arriesgarse a no ser ingrato. Debido a que quien camina con humildad y Dios en su corazón, deja huellas donde quiera que pise.

«Dar gracias y saberlo demostrar es valer dos veces, porqué agradecer habla bien del corazón y de quién lo posee».

EL CÍRCULO DEL ARREPENTIMIENTO

Arrepentirse es reconocer un error cambiando de actitud, pensamiento y opinión. Es retractarse, rechazar, lamentarse, perdonar y pedir perdón, rectificar corrigiendo acciones pasadas que fueron mal hechas o indebidas. Algunos actos atormentan nuestra conciencia conflictiva que a veces nos defiende y otras, nos acusa sin dejarnos vivir en paz. Y, en ocasiones nos lamentamos y lloramos, pero únicamente son emociones pasajeras.

Cuando nos arrepentimos sinceramente, primero examinamos nuestras acciones con conciencia. Segundo, rectificamos y cambiamos de actitud y, como tercero, reparamos el daño causado. En esta vida, todas las cosas que salen de nosotros sean buenas o malas, también se nos regresan. Así que no se preocupe por lo que va a recibir, preocúpese más por lo que va a dar. Si en verdad el arrepentimiento existe dentro de usted, entonces podrá experimentar las mejores medicinas y alivios que tiene el alma y las emociones del ser humano. El verdadero arrepentimiento requiere cambios de corazón, mente, actitud y vida.

Lo hecho, hecho está, del pasado no podemos cambiar ni un segundo de lo que se hizo. De hecho, no se puede cambiar nada, pero sí podemos arrepentirnos del tiempo perdido con la gente equivocada. Arrepentirnos de las equivocaciones y los errores siempre es un buen comienzo, con la idea de un cambio de pensamiento y actitud frente a los sentimientos de culpabilidad. El verdadero arrepentimiento no consiste solamente en reconocer las equivocaciones y errores.

Es más bien ir un poco más lejos, rectificar y cambiar de actitud, reparar el daño causado y pedir perdón sinceramente. Debido a que nunca es tarde para una reparación equitativa y hacer un cambio en una experiencia personal, emocional y espiritual que se manifiesta exteriormente abriendo nuestra conciencia. Así experimentamos la paz interior y la conexión con Dios, gracias a que no hay nada más útil y liberador como el verdadero arrepentimiento que, nos lleva a un cambio de conciencia y estilo de vida.

Se puede decir que es como una metamorfosis, con un cambio de juicio, de las convicciones y nuestras dedicaciones. Junto al cambio viene cierto dolor, no existe ningún cambio sin dolor, se debe aceptar y saber superarlo. Dejar de lado todo lo que no le permite salir del lastre emocional y espiritual. Todos cometemos errores, esa es la marca de ser humano. Gracias a esto, aprendemos de nuestras lecciones que, a la vez, se pueden convertir en oportunidades. Necesitamos arrepentirnos y corregir, porque merecemos oportunidades para aprender a hacer las cosas bien en esta fugaz y maravillosa vida.

Es esencial comprender que pedir perdón a Dios y pedir perdón a un ser humano son dos asuntos distintos. Cuando buscamos el perdón de Dios, es "absolución espiritual", ya que Él nos perdona por amor y consideración. Sin embargo, cuando se trata de problemas con otros seres humanos, es nuestra responsabilidad resolver esas ofensas o faltas directamente con la persona afectada. Es muy probable que Dios no desee meterse en un asunto que usted mismo haya causado. Eso es algo que usted mismo debe resolver.

Debe agotar recursos con esa persona y después pasa a Dios. Así no tendrá quien le acuse ante Él. Recuerde que si somos acusados ante "Dios él es un justo juez a unos derriba y a otros ensalza" 1, y como tal, será severo, debido a que, siendo severo, es la única manera de ser justo. Jesús enfatiza la importancia de buscar la reconciliación y resolver los conflictos con los demás antes de que lleguen a un juicio legal 2.

Ahora bien, si usted se arrepiente de corazón y pide perdón a quien ofendió, pero a quien usted le pide perdón, no le perdona ni desea hacerlo, porque esperaba algo más, o por orgullo. Por lo tanto, quien no perdona seguirá en su cárcel emocional y espiritual. Ese ya no es su problema, quien no le perdona vivirá con su propia conciencia, por bloquear su búsqueda en el camino de la sinceridad y la reconciliación.

Cada uno vivirá según su propia conciencia y acciones. La suya podrá estar tranquila, pues ha buscado sinceramente el perdón, incluso usted se ha quitado un gran peso de encima.

Le invito a que se haga un examen profundo de conciencia, sobre los actos y acciones de las cuales desea o tiene que arrepentirse. Haciendo un acto de "mea culpa", sinceramente yo reconozco que

_____

_____

_____

Para reconocer el dolor voy a. _____

_____

_____

_____

_____

1. Me arrepiento de haber ofendido a._____
   _____ necesito reconciliarme y pedir
   perdón.

2. Me arrepiento de. _____ y en
   el nombre de Dios te pido perdón por todo lo que te hice sufrir.

3. Me arrepiento profundamente de. _____ y lo
   digo porque tú y yo merecemos una vida mejor.

4. Me arrepiento de. _____
   y pido perdón por mi proceder, prometo recompensar en la
   medida que pueda por los daños causados.

5. Profundamente, me arrepiento de. _____y
   necesito su perdón, por favor _____perdóname.

Me arrepiento profundamente de. _____

_____

_____

_____

_____

_____

_____

Ahora, puede hacer un compromiso con usted mismo(a).

- Me comprometo a corregir y cambiar mi actitud, porque
  yo merezco una vida mejor. Sin malos recuerdos, sin odios
  ni culpas que me aten y encadenen.

- Me comprometo a recapacitar y salir del clóset espiritual.
  Le pido a Dios que envíe su luz dentro de mí, para hacerla

40

brillar y hacerla útil.

- No me aferraré más a lo material, sino más bien a los conocimientos que eleven mi conciencia y alma.

- Buscare lo que me haga crecer interiormente, aprendiendo a vivir el presente con visión prometedora.

- He aprendido que todo ser evoluciona en la suma de sus luchas, sean estas positivas o negativas. Esto me ayuda a desarrollar sensibilidad espiritual, para contribuir con mejores recursos a favor de mí mismo y con quienes tengo a mi lado y porque no, con el mundo entero.

- Dios mío, ayúdame con la parte que me toca vivir en este planeta, para corregir mis errores.

- Dadle un poco de brillo a mi existencia, haciendo una pequeña diferencia.

- Fijare mis ojos hacia adelante, en el horizonte y ver qué puedo hacer para mejorar y no mirar hacia atrás, donde ya nada puedo cambiar.

«El perdón es necesario para el desarrollo de la inteligencia, la conciencia y el espíritu».

EL CÍRCULO DE LA AVARICIA

La avaricia, también conocida como codicia, rapacidad y avidez de dinero, conduce al ser humano a cometer engaños, asesinatos, traiciones, acaparamiento y robos, además de la tacañería y la soberbia. El avaro solo vive para sí mismo, sin importarle nada ni nadie más que su propia miserable existencia. Su codicia no tiene límites, por lo que nunca siente que tiene suficiente. Suele admirar todo lo que acumula, disfrutándolo superficialmente sin comprender que su avaricia lo aprisiona. Se olvida de su propia mortalidad, de que fue gestado en un vientre materno y que necesitó nueve meses para formarse, olvidando incluso el dolor que su madre sufrió en el parto.

Una persona avara nunca está satisfecha con su suerte ni con lo que posee, porque la mezquindad seca su alma, cierra su entendimiento y aísla su existencia. Cuanto más tiene, más desdichado se vuelve, y al final muere en la miseria espiritual. Acumula riquezas sin disfrutarlas, y si alguna vez hace un bien, lo hace solo por descuido. Siempre está ideando maquinaciones para engañar y abusar de los pobres e incautos que exponen sus necesidades.

La avaricia es un vicio malvado y perverso que jamás sacia su voraz apetito: después de comer, tiene más hambre que antes. ¿De qué le sirve ganar el mundo si para ello debe perder su vida y su alma? ¿De qué le sirve acumular riquezas si en el camino pierde el amor, los valores, el corazón, las emociones y la alegría? ¿De qué le sirve tener muchas posesiones si nada se las podrá llevar cuando muera? Se olvida de que la avaricia y la paz son incompatibles, y lo más seguro es que todo lo que acumuló lo disfrute otro que ni siquiera conoce, porque la avaricia lo pierde todo por quererlo todo. Este vicio siembra males como la deslealtad, la traición deliberada, el soborno y el robo, corrompiendo todas las causas justas.
La avaricia ejerce su influencia sobre la mayoría de los errores humanos, ya que impulsa a las personas a gastar una energía desmedida en la búsqueda obsesiva de dinero y poder. Esta

característica es astuta y engañosa, a menudo adoptando diferentes apariencias para justificar la lucha entre la virtud y el vicio, sugiriendo que incluso la virtud tiene un precio.

Sin embargo, tarde o temprano, la avaricia no puede ocultar su verdadera naturaleza y termina revelándose a sí misma, llevando consigo la mezquindad y simbolizando su propia bajeza. Lo que la avaricia no reconoce es que todos sus esfuerzos acumulativos carecen de valor en el destino final, ya que todo lo material en este mundo es vana ilusión.

¿Dónde está el límite de la Avaricia? No existe; el avaricioso nunca encuentra satisfacción y está atrapado en un abismo sin fin. Este estado de ceguera lo desconecta de las conexiones humanas y lo encierra en su propio laberinto oscuro. Algunos caen en la psicosis, distorsionando la realidad, mientras que otros pueden llegar a la psicopatía, desconectándose emocionalmente de los demás.

Llega el momento en que el avaricioso, para vivir sumido en su mezquindad, se olvida de que necesita el aire común, el mismo que todos respiramos. Se olvida de que le pusieron pañales y necesitó cuidados para sobrevivir; se olvida de la fragilidad de su ser. Para el avaro, el dinero y su acumulación son insaciables, como insaciables son los deseos del hombre.

En el momento en que el avaricioso cruza el umbral hacia lo desconocido, ¿qué cree que le preguntarán? ¿Acaso creé que lo van a felicitar ?, ¿cree qué le preguntarán?

- ¡Oye!, dígame, ¿cuántas propiedades tuvo?
- ¿Cuántos vehículos compró?
- ¡Felicidades por todo el dinero que acumulo y la fama que tuvo!, ¿y qué hizo con todo eso?
- ¿De todo lo que acumulo, ¿qué se pudo llevar?, nada,
- ¡verdad!, ¡qué necedad! ¡ignorante!, ¡iluso!
- Se dejó dominar de la mezquindad y sus bajezas, perdiendo todo control y para que sepa, todo lo que acumulo, otro se lo va a disfrutar.

El avaro es un ser miserable consigo mismo. ¿Con quién podrá ser generoso si no puede disfrutar ni siquiera de su propia riqueza sin sentir que se está torturando a sí mismo? Llega al extremo de escatimar incluso en las necesidades básicas de la vida, como la comida, y en su propia mesa, sufre de hambre. Incluso en la elección de un colchón, opta por lo más barato sin considerar que pasará una gran parte de su vida descansando sobre él.

La avaricia, natural enemiga de la caridad, la devora de la misma manera que un pez grande se traga a uno pequeño. La avaricia se disfraza a veces como el capitalismo desmedido o la acumulación excesiva de riqueza en las naciones poderosas. Bajo la máscara de la búsqueda del beneficio propio, esta teoría mezquina es utilizada por el hombre para justificar su orgullo, egoísmo y ambición sin límites.

Las consecuencias nefastas de la avaricia. La avaricia lleva a abusar de los más vulnerables, incluyendo niños, desamparados, viudas, minusválidos y ancianos. Fomenta la explotación y esclavitud de los necesitados, promueve la prostitución y roba la fe de muchos. Por avaricia, se desencadenan guerras que cobran vidas inocentes y traicionamos al Creador, crucificando a Jesús una y otra vez con un dolor más profundo que el de aquellos que clavaron los clavos. Todo esto sucede sin que el avaro tenga en cuenta cuándo llegará su hora de la muerte, sin estar preparado para rendir cuentas por sus acciones. Trata de justificar todo en un relato confuso de amor y traición, fe y mentira, metas, promesas y abandono.

A lo largo de la historia, la avaricia ha sido responsable de la caída de imperios como el español, el británico, el bizantino y el romano. Ha llevado a traiciones familiares, robos de tierras y guerras. Los traficantes de esclavos, el robo de territorios y la violencia en nombre de la riqueza son producto de la avaricia. Los líderes y poderosos han derramado sangre inocente innecesariamente debido a esta insaciable búsqueda de tener más. Por avaricia empezó el caos, seguimos en caos y por la misma, parece que todos nos exterminaremos.

Puede utilizar las siguientes líneas, para que hagas un examen de lo que tiene y, de la manera que lo ha conseguido. Mi avaricia es,

_____

_____

_____

_____

Todo lo que he conseguido con avaricia, lo voy a utilizar en.

_____

_____

_____

_____

_____

Analicé conscientemente y se podrá dar cuenta de que no hay razón para ser mezquino. De nada vale las privaciones, las comparaciones ni la negatividad. Puede mejorar haciéndose un examen de conciencia, adquiriendo un compromiso con usted mismo y con Dios, para poder obtener un verdadero cambió y, así ver y poder disfrutar las maravillas de la vida.

«En este planeta hay suficiente para satisfacer las necesidades de todos, pero no nunca existirá lo suficiente para satisfacer la avaricia de algunos». (Mahatma Gandhi).

EL CÍRCULO DEL DOLOR
Y EL SUFRIMIENTO

Desde el primer instante en que salimos del vientre materno, el dolor nos recibe con los gritos de nuestra madre por el dolor del parto. Sin embargo, en ese mismo instante, la vida nos regala un regalo inesperado: la felicidad de haber nacido. Esta dualidad, esta danza entre el dolor y la alegría es una realidad innegable en el vasto océano de las emociones humanas.

El dolor se manifiesta de mil maneras en cada individuo, como un reflejo de nuestra fragilidad. La aflicción y el sufrimiento son inevitables, pues la vida está plagada de desafíos, como las chispas que buscan elevarse. Sin embargo, aquellos que tienen la valentía de transformar su dolor en aprendizaje y crecimiento, pueden encontrar el perdón, la sanación y la liberación. En lugar de permitir que el dolor se convierta en un ciclo vicioso que nos consume, podemos elegir disfrutar de la vida a pesar de las dificultades.

Todos transitamos por momentos difíciles en este viaje emocional que es la vida. Temer al sufrimiento solo aumenta su poder sobre nosotros. Evitarlo no lo hace desaparecer, sino que lo intensifica. En algún momento, debemos enfrentarlo de frente, por doloroso que sea. Cada uno de nosotros lleva su propia carga, sus propias batallas. Si bien no siempre podemos cambiar las circunstancias que nos causan dolor, sí podemos elegir la actitud con la que las afrontamos.

Por ejemplo: Imagina a un alpinista escalando una montaña empinada. El camino está plagado de obstáculos, caídas y raspaduras que le causan dolor físico. Sin embargo, a medida que asciende, también experimenta una profunda satisfacción y alegría al contemplar la belleza del paisaje y la sensación de logro al superar cada desafío. El dolor y la felicidad coexisten, y la clave está en encontrar la fuerza para seguir adelante, aprendiendo y creciendo en cada paso.

Te invito a expresar tus propias experiencias de dolor.

Yo siento dolor y sufro por qué. _____

_____

_____

_____

_____

Lo que me causa más dolor y nostalgia, es cuando. _____

_____

_____

_____

_____

El abandono, el abuso y la agresión, en cualquiera de sus formas, dejan profundas cicatrices en el alma. Decepción, injusticia y violencia, infligidas por aquellos que deberían cuidarnos y protegernos, como padres, hermanos, familiares, amigos o incluso desconocidos, pueden marcarnos para siempre.

Estas experiencias traumáticas, incluso desde el vientre materno, no discriminan por edad ni género. Las heridas emocionales que producen van más allá del dolor físico, rompiendo nuestra inocencia y sembrando resentimiento y frialdad. Son gritos silenciosos de aflicción que resuenan en el tiempo, saliendo con más fuerza en la edad adulta.

Los daños emocionales pueden infligir heridas que causan un dolor profundo, pero las más despiadadas son aquellas que nos privan de disfrutar plenamente de la vida. Estas heridas persistentes, que nunca dejan de sangrar, y el dolor acumulado se transforman en una amargura que arraiga en nuestro ser, afectando tanto al cuerpo como a la mente. Se convierte en una entidad invisible, haciendo que nos sintamos atrapados por oscuros sentimientos, rodeados de dolor y amargura atrapándonos en un ciclo de dolor y oscuridad.

El peso del sufrimiento es real, pero aún más pesado es saber que estos sentimientos no nos llevan a ningún lado. La inconsciencia de quienes nos lastimaron solo aumenta nuestra carga. Sin embargo, a través de la experiencia, aprendemos que la única retribución por este dolor es el aprendizaje mismo. Esforzarnos por vivir, por sanar y encontrar la luz en medio de la oscuridad es la verdadera victoria.

La gente que abusa de usted y la trata mal, lo hace porque usted no se da valor y sabe que usted no sabe lo que vale y lo mucho que puede brillar. Los abusos vienen en diferentes presentaciones y paquetes de enseñanzas. Aparecen los maltratos físicos, cuando maltratan su humanidad y se burlan o se ofenden de sus acciones.

Más doloroso aún, cuando nuestro dolor otro lo transforma en espectáculo morboso. Sin embargo, los sufrimientos y tormentos que dejan una huella profunda son aquellos causados por las personas a quienes amamos. Cuando sufrimos por esta razón, cualquier dolor adicional parece soportable e insignificante. Así como el fuego forja una espada, el sufrimiento forja el coraje, y este, a su vez, da lugar a la esperanza y la fe.

En lo más profundo de nuestro ser, comprendemos que aquellos que no han sufrido no saben realmente nada, no han experimentado la plenitud de la vida ni conocen el bien ni el mal en su totalidad. Quienes no han conocido la adversidad no pueden apreciar plenamente la felicidad ni comprender a los seres humanos en su totalidad. Es como si alguien afirmara haber amado sin haber sufrido por amor, sin conocer los límites de sus sentimientos ni de sí mismo. Porque el sufrimiento y el amor tienen una gran capacidad de redención que algunos hemos olvidado y otros no conocen.

¿Quién puede permanecer igual después de perder a un hijo, una hija, a un padre, una madre o a un ser querido? ¿Quién puede sanar un dolor de esa magnitud sin dejar heridas y vacíos? ¿Cuándo podremos borrar de nuestras almas los recuerdos felices del pasado que ahora nos causan dolor y sufrimiento? ¿Cuándo podremos abrir los ojos y dejar de estar cegados para descubrir las maravillas de la voluntad de Dios?

No debemos buscar el sufrimiento, pero si este llega a nuestra vida, no debemos permitir que se quede mucho tiempo. Debemos mirarlo de frente, enfrentarlo con todas nuestras fuerzas, con todo nuestro ser, con determinación, con fe en Dios. Debemos desafiar nuestros propios límites y aprovechar nuestra capacidad de superación y renacimiento. De esta manera, podremos vencer y comprender que del dolor y el sufrimiento surge la raíz que nos proporciona la fuerza y el coraje para enfrentar las dificultades de nuestra existencia.

CLAVES PARA SUPERAR EL DOLOR Y EL SUFRIMIENTO

El dolor y el sufrimiento emocional son experiencias muy dolorosas e incómodas que nos hacen sentir tristes, desesperados, angustiados y ansiosos. Sin embargo, es importante recordar que el sufrimiento puede ser aliviado y detenido. La clave para superarlo radica en tomar consciencia de su existencia y buscar ayuda profesional si es necesario.

Según el Centro Nacional para el Trastorno por Estrés Postraumático (PTSD) y la Asociación de Ansiedad y Depresión de América (ADAA), existen diversas claves que pueden ayudarnos a superar el sufrimiento emocional:

- √ Entender que origina el sufrimiento
- √ Iniciar un proceso terapéutico
- √ Aprender a ser resistente al estrés
- √ Tener empatía con los demás
- √ Desarrolla una comunicación efectiva
- √ Fortalece tus habilidades para solucionar problemas
- √ Establecer, metas y expectativas realistas
- √ Aprende tanto del éxito cómo del fracaso
- √ Sé compasivo y contribuyente
- √ Lleva una vida responsable, basada en una serie de valores sensatos
- √ Sentir la fuerza y necesidad de ayudar a los demás

Desde mi experiencia y conocimiento, te recomiendo que leas mi libro "Taller de Sanción Emocional e Interior". Basado en mi experiencia impartiendo talleres, retiros y conferencias, puedo decir que además de seguir las recomendaciones que ofrezco en mi libro, si tienes fe en Dios.

Practicar el Perdón. El perdón es una herramienta poderosa para liberar el sufrimiento.

Asistir a talleres, conferencias y retiros que te ayuden a sanar emocionalmente también es altamente beneficioso.

Entregar tu sufrimiento a Dios, y a orar con toda tu fe, ya que la oración y la confianza son fuentes de fortaleza.

Es importante recordar que el proceso de superar el dolor emocional es un viaje personal que requiere tiempo, esfuerzo y paciencia. No hay una solución única para todos, y lo que funciona para una persona puede no funcionar para otra. Lo importante es buscar ayuda profesional si la necesita y encontrar las estrategias que mejor le funcionen para superar el dolor y construir una vida más plena y significativa.

Ahora te invito a que escribas cómo planeas superar el dolor y el sufrimiento en tu vida.

Para superar el dolor y el sufrimiento, haré lo siguiente.

_____

_____

_____

_____

_____

_____

De ahora en adelanté no sufriré más, porqué.

_____

_____

_____

_____

- ¡Dios mío!, ¿por qué será que ningún ser humano puede librarse de la experiencia del sufrimiento?
- Te pido que me ayudes a comprender el sentido de lo que no queremos ni comprendemos.
- Líbrame los pesares de la vida, donde en vez de sufrimiento
- tenga fuente de vida y reflexión. Para entender que quien todo sufre, a todo puede atreverse.
- Porque tal vez de la vida reciba golpes, del amor sufrimiento, del amigo traición, pero de ti, Dios mío, solo espero bendición. Por eso te pido, escucha mi lamento, abrázame, toca mi corazón y mi dolor.

«Dios es mi luz y mi salvación; ¿a quién temeré? Dios es el baluarte de mi vida; ¿quién podrá amedrentarme?» (Salmo 27,1).

EL CÍRCULO DE LOS ERRORES
Y LAS EQUIVOCACIONES

► Cometer errores es de humanos
► Un error lo comete cualquiera
► Dónde no hay buen consejo, cualquiera cae

Estas frases son universales y aplicables en diversas culturas, circunstancias, ideologías y condiciones en todo el mundo. Todos somos propensos a cometer errores, ya sea en el ámbito médico, político, militar, gubernamental, religioso, educativo, en las relaciones familiares, laborales o personales. En otras palabras, nadie está exento de cometer errores, y decir que es perfecto, sería hipócrita.

La pregunta clave es cómo reaccionamos cuando cometemos un error. ¿Estamos dispuestos a asumir la responsabilidad por nuestras acciones o buscamos a alguien a quien culpar? ¿Nos cuestionamos a nosotros mismos, nuestras creencias y emociones? Además, es importante reflexionar sobre por qué cometemos errores. Evidentemente, los cometemos por una o varias de las siguientes circunstancias:

√ Errores por omisión
√ Errores intencionales o con culpa
√ Errores por olvido
√ Errores por Ignorancia, desconocimiento, o inexperiencia
√ Errores por descuidó
√ Errores por negligencia
√ Errores por orgullo y prepotencia
√ Por temor y miedo
√ Por testarudez o terquedad
√ Por falta de fe

Los errores son parte natural de la experiencia humana, son equivocaciones y desaciertos en nuestras acciones, conceptos o decisiones. Todos los seres humanos cometemos errores en algún momento de nuestras vidas. Sin embargo, cómo reaccionamos ante los errores puede variar ampliamente. Algunos de nosotros respondemos con miedo, autoculpabilidad, auto rechazo, temor y frustración cuando reconocemos un error. Son varias las emociones que nos invaden cuando no reconocemos un error. En lugar de reconocerlo, lo ignoramos, lo negamos, o lo ocultamos.

A menudo, existe falta de conciencia general sobre la gravedad de los errores, perdimos la capacidad de evaluar las consecuencias de nuestras acciones a largo plazo. Muchas personas actúan como si fueran perfectas y evitan reconocer sus errores. Sin embargo, cometer errores es una realidad inevitable y universal. Ignorarlos es una respuesta normal para aquellos que carecen de claridad mental o autoconciencia.

En ocasiones reconocemos que hicimos algo mal y cometimos una equivocación y, hacerlo es el mejor inicio para mejorar. El hombre es el único ser racional que se atreve a meter la pata dos y tres veces en el mismo hueco, es decir, somos duros y difíciles para asimilar. Así mismo, es la única manera de aprender, porque el único hombre que no se equivoca es aquel nunca hace nada y como resultado nada tiene, nada hace, nadie es.

No podemos erradicar las equivocaciones ni las estupideces cometidas. Pero sí podemos evaluar las causas y de esta manera estar mejor preparados para prevenirlos. Los errores en realidad forman parte de la naturaleza misma del ser humano, es decir, no existe error que no sea humano y no existe ser humano que no cometa errores. Son maestros de vida que nos enseñan lo que no se debe decir ni hacer. Nos enseñan que los tiempos difíciles se pueden transformar en tiempos de oportunidades, enseña cómo y cuándo hacer las cosas. Lo peor de cometer una equivocación es justificarla sin razón válida. Más bien se debe utilizar como señal para perfeccionar las cosas.

Cometiendo errores y equivocaciones, caemos en un abismo existencial. Podemos ir a terapias psicológicas, a seminarios, talleres, pero si no rectificamos de corazón no hacemos nada. Por consiguiente, repetimos ciclo, tras otro ciclo y después otro, dando vueltas en el mismo abismo sin poder salir. Somos conscientes al reconocer este error, todos nos disculpamos, pero volvemos a cometer el mismo error y nos seguimos disculpando. Y, lo que estamos haciendo es disculparnos, para seguir cometiendo el mismo error y en el peor caso, agregamos más errores. A estas reacciones es lo que llamamos arrepentimiento y así seguimos porque somos parte de la humanidad, siguiendo el mismo ciclo repetitivo de errores. Todas estas acciones terminan en una serie de emociones intensas adversas y altamente dolorosas en nuestra existencia. En verdad que ¡tenemos de despertar!

Por eso, quien comete un error y no lo corrige está cometiendo dos, ya que es mejor admitir un error que corregirlo con una estupidez. Cometemos errores por naturaleza; lo malo no sería cometerlos, ni tampoco debemos ver todas las equivocaciones como necedad, auto culpándonos. Si no hace nada por temor a equivocarse, le está cerrando la puerta a la oportunidad de saber cómo se hace.

Por esta razón, si quieres ver algo grande en tu vida, primero debes reconocer tu pequeñez apreciando la ocasión. Perder tiempo es perder lo más valioso de la vida, porque existen oportunidades que solo pasan una vez. Incluso muchas metas se quedarán afuera navegando en la espiral de la duda. Esto se debe a que cada vez que se comete una falla, también se descubre una verdad desconocida.

Los seres humanos cometemos errores y los seguiremos cometiendo. Esto se debe a que todos los intentos tienen riesgos. Estos se vuelven más peligrosos cuanta más cantidad de riesgo tengan. Además, no importa el tiempo ni el tamaño, porque todo error cometido siempre entristece. Pero tengamos presente que los fracasos no son para siempre. La vida nos ofrece diferentes oportunidades para seguir creciendo como personas. Para muchos, estas oportunidades se encuentran en los errores que cometemos, porque han descubierto otra manera de hacer las cosas.

Educando a los hijos, cometemos errores; algunos lo hacen con la idea preconcebida de que más adelante recibirán una recompensa de parte de ellos. Por ejemplo, que les ayuden a vivir económicamente mejor y les den un mejor cuidado por el esfuerzo de haberles dado educación. Debemos tener en cuenta que el propósito de proporcionar educación y superación es para que los hijos sean libres en pensamiento, elección y obra, y no para cumplir los caprichos de sus progenitores. Ahora bien, si los hijos, por responsabilidad y amor, ayudan a cuidar de sus padres en la edad adulta, estos serán bendecidos.

Sobre las personas que cambian frecuentemente de pareja: en diez años pueden tener dos, tres o más parejas. Indudablemente, algo está mal con ellos y con sus parejas. Esto se debe a que no somos conscientes de la acumulación de errores en nuestra vida. Algunos viven ciegos con orgullo y soberbia, alimentos principales del fracaso, la frustración y la soledad. Desconocen sus heridas emocionales sin poder encontrar la dimensión de su existencia ni la máxima motivación en el logro de sus metas. Para lograrlo, primero deben hacer una de las tareas más difíciles de un ser humano. Que es estudiarse a sí mismo y hacer un reconocimiento real en el corazón y la conciencia, haciéndose varias preguntas, cómo.

√ ¿Quién soy yo?
√ ¿Qué hago acá?
√ ¿Cuál es el propósito de mi existencia?

A nadie le gusta que le recuerden la cantidad de basura mental que tiene acumulada, ya que nos gusta creer que tenemos la razón, y más aún, que nadie más la tiene y que los únicos que estamos bien somos nosotros. Gran error, que nos lleva a cometer otros más grandes. Debemos hacer un escaneo mental veraz y sincero de nuestra conciencia, creencias, palabras y acciones.

Por esta razón, debemos aprender a ser pacientes. Por ejemplo, un grano de trigo no brota en un día, tampoco esperemos que el sol salga a medianoche. Es decir, todo asunto tiene su tiempo y su cómo. La paciencia es el arte de saber, y el que sabe esperar comprende que cuando se aprende la lección, la frustración y el dolor desaparecen.

Es simple vivir la vida, pero como seres humanos nos gusta complicarla; somos especialistas en buscar problemas, frustraciones y conflictos. Pero el más enorme y grave error que podemos cometer es enfrentar una equivocación con una actitud negativa. Y qué decir de un error más grande aún, cuando las fallas son calificadas por otra persona. La pasión de saber vivir es también admitir los errores. De hecho, si nunca has fracasado, esto indica que no has vivido con intensidad. Ahora, te invito a analizar lo siguiente.

Todas las personas de éxito siempre han cometido errores que, a la vez, convirtieron en oportunidades, intentándolo muchas veces. No permitieron que otros manipularan sus emociones ni sus metas. Por ejemplo:

Walter Disney, creador de "Walt Disney Park" trabajaba en un diario y el director, lo despidió por "falta de ideas creatividad e imaginación", incluso se declaró en bancarrota cinco veces, antes de crear el parque de recreaciones más grande y famoso del mundo. Alexander Fleming, descubrió la penicilina por un error al dejar abierto por algunos días uno de los frascos en su laboratorio y, a estos le invadió un moho que Fleming descubrió que podía matar una bacteria. Investigó y creó la penicilina, un antibiótico que ha salvado a millones de personas.

Michael Jordán dijo lo siguiente: "He fallado más de 9,000 tiros en mi carrera, he perdido casi 300 juegos, 26 veces han confiado en mí para tomar el tiro que ganaba el juego y lo he fallado. He fracasado una y otra vez en mi vida y es por eso por lo que tengo éxito". Si se calificara a Michael Jordán por sus errores, nunca hubiese sido lo que es.

Cambiar por solo cambiar es lo mismo que llorar por llorar; no lograrás mucho con eso. No te aventures a ser sembrador de sueños si no haces cosecha. ¿Sabes cuál es tu camino, o simplemente caminas por caminar? Te invito a que hagas una lista de tus errores e intentos para hacer tu idea, tu trabajo, tus estudios y tu proyecto una realidad.

√ ¿Usted ha cometido errores y ha fracasado en algo?
√ ¿Reconoce esos errores?
√ ¿Los ha corregido?

Reconozco que he fracasado por las siguiente causas.

_____

_____

_____

_____

_____

Me prometo sacar adelante mi proyecto, mi idea, mis trabajos, no importa cuántas veces he fallado. Intentaré cuantas veces sea necesario. Tengo fe en mis capacidades y en Dios. Tengo la certeza de que todo asunto tiene su cuándo y su cómo, y ¡el mío es ahora! No permitiré que el pesimismo me invada. Lo único que no me permitirá alcanzar mi meta es no hacer nada. Todo ser humano tiene su tiempo para perder y para ganar; yo he decidido que es mi tiempo de intentar y lograr mi meta, mi proyecto, mi sueño es ahora, no después. Abriéndome un camino nuevo, voy a hacer todo para salir del estancamiento, y empezaré por.

_____

_____

_____

_____

_____

Su suerte depende de las circunstancias que está creando en este momento. Los seres humanos podemos generar nuestra mala o buena suerte evitando los errores. Debemos tener la preparación y la inteligencia suficientes para reconocer la suerte. Digamos técnicamente que tiene suerte, pero si no tiene la preparación para reconocer y recibirla, simplemente no tienes nada. Recuerde que "las casualidades no existen". Todo sucede por un motivo y también debe tener en cuenta que, a quien Dios le falta, todo le falta y, quien a Dios tiene, nada le falta. Donde hay fe, hay amor; donde hay amor, hay paz; y donde hay paz, allí Dios está, y donde está Dios, hay felicidad.

«Pedir con fe, buscar con perseverancia y llamar con confianza, porque aquel que busca con sinceridad, hallará las respuestas que necesita en su camino».

EL CÍRCULO DEL ENGAÑO
Y LA MENTIRA

Le invito a realizar un viaje al pasado, comparando su experiencia anterior con su presente. En este recorrido, descubrirá que la mentira y el engaño se presentan en múltiples formas, camuflados bajo diversas máscaras. Desde las relaciones de pareja hasta los negocios, la educación, el trabajo e incluso la fe, la mentira se infiltra en todos los ámbitos de la vida.

Algunos la llaman trampa, otros la disfrazan de "estrategia", y algunos más la minimizan como una simple "falta". Sin embargo, la realidad es que quien busca engañar, miente; y quién miente, engaña. La intención de engañar es inherente a la mentira, pues se opone a la veracidad de los hechos.

Si la mentira, al igual que la verdad, tuviera un rostro único, la vida sería más sencilla, ya que podríamos discernir fácilmente lo cierto de lo falso. Lamentablemente, la mentira posee un sinfín de rostros y un campo de acción ilimitado. Convivir con personas engañosas y tramposas es como vivir en un campo de batalla constante, donde decir la verdad se convierte en un acto revolucionario de gran valor. La mentira más peligrosa es aquella con la que nos engañamos a nosotros mismos. Al ajustar la mentira a nuestra propia conveniencia, aumentamos la probabilidad de caer en nuestro propio engaño.

Observé el contraste entre lo brillante y lo oscuro, entre la paz y la guerra, entre la seguridad y la duda, entre lo fácil y lo difícil, entre lo blanco y lo negro. De la misma manera, existe un contraste entre ser fiel y no serlo, entre la verdad y el engaño. El tipo más grave de mentira es la calumnia y el chisme. Hay mucho en juego, ya que se acusa a un inocente por una falta que no cometió, en provecho malicioso de otro. Esto ocasiona problemas, peleas, divisiones, frustración, odios y, en casos extremos, incluso la muerte puede aparecer. El engaño se origina en la malicia del corazón, donde algunos hombres incurren en acciones para dañar su hogar y ser infelices. No aceptamos que los placeres que colman los sentidos con traición y mentira solo fabrican toneladas de angustias reflejadas ante la realidad.

Quienes viven engañados en la vida de los negocios, el sexo y los placeres, dilapidan su fortuna, pierden su orgullo y erosionan su fe. Con el tiempo, el hábito de engañar puede volvernos insensibles a la voz de nuestra propia conciencia. El resultado final es la soledad y la confusión, donde uno se encuentra enfermo y atrapado en un entorno de engaño, vergüenza y desolación.

De manera similar a la naturaleza, como árboles que producen frutos según su naturaleza, tenemos la responsabilidad de esforzarnos por dar frutos buenos en la tierra fértil en la que fuimos plantados por el Creador. La mentira fomenta la desconfianza, la duda y la incredulidad, y mina la confianza depositada en nosotros. Quienes mienten a menudo tratan de encubrir sus faltas con más mentiras, creando un ciclo vicioso que solo perpetúa defectos vanos. El medio más fácil de engañarse a uno mismo es creer que los demás son idiotas, sintiéndose más listo que nadie.

Cuando el mentiroso es descubierto, a menudo adopta la posición de víctima o se enfurece, buscando escapatorias. La discusión con alguien que se aferra a sus mentiras puede ser extenuante. Es preferible la verdad, aunque no siempre traiga consigo una sonrisa, que una sonrisa engañada por falsedades. Un embustero carece de brillo y luz, como un sol opaco o una lámpara sin mecha. La palabra de un calumniador no tiene valor, como la sal insípida o la lámpara apagada. La mala reputación sembrada por las mentiras conlleva desconfianza, vergüenza, desprecio y soledad.

La calidad de vida de un mentiroso nunca superará la cantidad de sus farsas. Conózcase a sí mismo y pregúntese a su pasado: ¿dónde se originaron estas mentiras?, ¿por qué existen? La honestidad consigo mismo es el primer paso para cambiar y mejorar. Practicar la honestidad puede llevarnos a distanciarnos de personas negativas, y esto no debe ser doloroso, sino un proceso saludable. La vida se simplifica cuando nos alejamos de personas mentirosas y destructivas. No olvidemos que quien cultiva la mentira cosechará amargura y desgracia, sembrando desdicha y soledad.

El hábito de mentir se convierte en una prisión que nos aleja de los demás, de nuestro propósito de vida y de nuestros valores. Observar cuán críticos somos con los demás puede revelar la rigidez de nuestro propio razonamiento. Algunas personas pueden pensar que la mentira les permite avanzar, pero solo logran hipotecar su futuro y perder oportunidades, ya que quien siembra mentiras cosecha sufrimiento y pierde oportunidades.

> *«Puedes engañar a todo el mundo algún tiempo. Puedes engañar a algunos, todo el tiempo. Pero no puedes engañar a todo el mundo todo el tiempo». (Abraham Lincoln).*

√ ¿Cuántas veces ha engañado y mentido?
√ ¿Alguna vez ha pensado en cambiar esa actitud?
√ ¿Sabe rectificar y reparar el daño causado?

Le invito a que haga un análisis de la costumbre de mentir escribiéndolas, así podrá encontrar los motivos y las razones. De esta manera, podrá buscar las herramientas necesarias para dejar este hábito. Recuerde que solo se cura el que admite que está enfermo.

Miento y engaño por la siguiente razón. —————————————

——————————————————————————————————

——————————————————————————————————

——————————————————————————————————

——————————————————————————————————

También me han engañado las siguientes personas.
————————————————————,por ———————————————
————————————————————,por ———————————————
————————————————————,por ———————————————
————————————————————,por ———————————————

Si usted, desea hacer un cambio sinceró sobre su costumbre de mentir y engañar. Le recomiendo los siguientes siete pasos, adquiriendo así, compromisos con usted mismo.

1. Prometo no aceptar más la desorientación ni la mentira
2. Admito que tengo heridas que tengo que sanar
3. Admito que necesito ayuda para superar mis defectos y salir adelante
4. Admito que el engaño y la mentira únicamente me han traído problemas, inseguridad y enemistades
5. Prometo aprender donde está la prudencia, la fe, la fuerza y la inteligencia, eliminando el dolor de mi vida
6. Prometo que lo que no vea con mis ojos, no lo inventaré con mi boca
7. Prometo que hoy renaceré y seré un nuevo yo, lleno de fuerzas para luchar y salir adelante. Dejaré la confusión confiando más en Dios y en mí, dejando atrás todo lo que me perjudica.

Mucha gente no es fiel, solo son leales a lo que necesitan de usted. Una vez que su necesidad se satisface, también cambia su lealtad. Si usted es una de estas personas, debe saber que su actitud le afecta a usted mismo y a los demás. También debe saber que no puede solucionarlo solo. Necesitará ayuda, que puede obtener de sus padres, familia o un profesional.

Si tiene fe, puedes acudir a Dios, es decir, si de su parte no ha podido hacer mucho, ahora tienes la opción de poder sanar. El amor de Dios lo semejamos con muchas cosas. Es grande como el océano el cual no sabemos dónde comienza ni dónde termina, pero sabemos que hay siempre esta. Puede ir a retiros, talleres y seminarios con la confianza de poder sanar su interior.

Para dejar el hábito de engañar y mentir voy a empezar por.

_____

_____

_____

_____

_____

_____

_____

Tengo la disposición de hacer los siguientes cambios

_____

_____

_____

_____

_____

Tenga en cuenta que usted es el principal responsable de lo que le ocurre y lo que le pueda suceder en el futuro. Por lo tanto, tome su destino en sus manos, enamórese de un proyecto, de un plan de vida y, con honestidad, llévelo a la realidad. Viva con la certeza de que usted existe, es real que la vida tiene mucho para darle. Apasiónese por la verdad, por lo que es justo, moral y ético. Y, por qué no, enamórese de Dios, porque Él ya se enamoró de usted.

«Con una mentira suele irse muy lejos, pero sin esperanzas de volver». (Proverbio judío).

EL CÍRCULO DE LAS EMOCIONES

En un seminario se encontraron dos viejos amigos, quiénes desde hacía tiempo no se veían Aldo: Un hombre de mediana edad, preocupado por la próxima operación de su hija Ariana. Y Laura: Una mujer amable y empática, compañera de Aldo en el seminario. Después de un corto saludo empezaron a hablar.

Aldo: (Con semblante serio y preocupado) --- Laura, ¿qué tal? Hace tiempo que no nos veíamos.

Laura: (Sonríe cálidamente) ---Hola, Aldo. ¡Qué gusto encontrarte aquí! ¿Qué te sucede? Noto que tienes una expresión de inquietud.

Aldo: (Suspira profundamente) --- La verdad es que estoy un poco agobiado. En dos días operan a mi hija Ariana de la rodilla y no puedo evitar sentirme intranquilo.

Laura: (Comprendiendo su preocupación) --- Entiendo perfectamente, Aldo. Es normal que te sientas así en una situación como esta. Tu hija está a punto de pasar por una intervención importante y es natural sentir cierto grado de ansiedad.

Aldo: (Asiente con la cabeza) --- Sí, tienes razón. Además, hace seis años yo mismo tuve una operación similar y las secuelas aún persisten. Eso me genera ciertos temores.

Laura: (Observa a Aldo con compasión) --- Es comprensible que esos recuerdos te generen inseguridad. Sin embargo, es importante recordar que cada caso es diferente y que la medicina ha avanzado mucho desde entonces.

Aldo: (Con cierto tono de resignación) --- Tienes razón, Laura. Pero es difícil no sentir miedo cuando se trata de la salud de un hijo.

Laura: (Le toma la mano con amabilidad) --- Aldo, quiero compartir contigo algo que aprendí hoy en clase:

Aldo: (Intrigado) --- ¿Qué aprendiste, Laura?

Laura: (Sonríe con entusiasmo) --- Me hablaron sobre el "círculo de las emociones", una herramienta para gestionar nuestros sentimientos de manera más efectiva.

Aldo: (Levanta una ceja con curiosidad) --- ¿Círculo de las emociones? ¿Cómo funciona eso?

Laura: (Explica con detalle) --- La idea es que cuando nos sentimos abrumados por una emoción negativa, como el miedo o la tristeza, podemos contrarrestarla con una acción positiva que genere una emoción opuesta.

Aldo: (Reflexionando sobre lo dicho) --- Me suena interesante. ¿Y qué tipo de acciones se recomiendan?

Laura le dice, --- Si siento depresión, la mejor medicina es cantar. --- Si la tristeza se asoma, reiré. Si me siento cansada, trabajaré un poco más. ---Si siento miedo, seguiré adelante dando un paso más.

- Si se me agotan los recursos económicos, pensaré en la riqueza.
- Si me siento insignificante, repasaré mis metas.
- Si triunfo y me siento muy importante, miraré un cementerio.
- Y todo eso, ¿con qué propósito? Le pregunto Aldo.

Laura le sonríe --- Para aprender que el destino y la fe necesitan una buena dosis de humildad y confianza en Dios, mejorando mis emociones.

--- Además, si tiene dudas, pregúntele a Dios.

Aldo: --- Lo tendré en cuenta, Laura, eres una gran amiga.

Nuestra vida no tendría sentido ni propósito sin las emociones. Desde antes de nacer, comenzamos a tejer nuestra historia emocional, una trama que matiza nuestras experiencias y da vitalidad a nuestra existencia. En el baúl de nuestro inconsciente se encuentran grabadas todas las emociones que hemos recibido desde el vientre materno, conformando la base de nuestro ser. A medida que crecemos, aprendemos y nos desarrollamos, nuestro sistema emocional se va formando y complejizando, moldeado por todo lo que vivimos y aprendemos.

Si observáramos nuestro planeta desde una perspectiva diferente, podríamos verlo como un laboratorio de emociones, un escenario donde desde hace miles o millones de años se han desarrollado y expresado las más diversas emociones. A pesar de este largo recorrido, aún no hemos encontrado la fórmula mágica para estar siempre bien. Sin embargo, debemos reconocer que las emociones, tanto positivas como negativas, forman parte fundamental de nuestra existencia.

Los humanos somos seres inteligentes, ingeniosos, transformadores y creativos por naturaleza. Sin embargo, esta misma complejidad nos lleva a veces a perder el control sobre nuestras emociones, creando crisis existenciales innecesarias. Impaciencia, impulsividad, conductas dañinas, miopía y un potencial destructivo son solo algunos ejemplos de cómo las emociones descontroladas pueden afectar negativamente nuestras vidas. Conflictos, guerras y la destrucción de nuestro entorno, incluso de nosotros mismos, son consecuencias nefastas de una gestión inadecuada de las emociones.

Desde el vientre materno, en la infancia y a lo largo de toda nuestra vida, experimentamos la amplia gama de emociones que caracterizan al ser humano. Sin embargo, antes de que ocurra un evento traumático, nuestra percepción del mundo suele ser más positiva: creemos en la justicia, en el significado de las cosas y en la bondad de Dios. Tras una herida emocional profunda, esa visión idílica se resquebraja. Sentimos que perdemos el control sobre nuestras vidas y lo que nos rodea, y podemos llegar a sentirnos traicionados por Dios. Vulnerabilidad, decepción, ira, depresión y resentimiento se apoderan de nosotros, transformando por completo nuestra visión del mundo.

El impacto del dolor acumulado. La suma de todas las experiencias dolorosas que adquirimos a lo largo de nuestra existencia se agrupa y entra en conflicto dentro de nosotros. Esta acumulación da origen a un dolor oculto, compuesto por traumas, incomprensión, miedo, odio, complejos y estrés, que generan confusión y enfermedades. Nos hace vivir y experimentar en carne propia las diversas angustias y etapas del dolor emocional. Nos lleva a confundir la relación con nosotros mismos, con todo lo que vivimos y hacemos con los demás.

Las respuestas naturales del ser humano a ciertas emociones dependen de diversas circunstancias. Surgen y se controlan según la situación, el conocimiento, el estilo de vida y las personas que nos rodean. Son respuestas inmediatas de nuestro interior ante las acciones y hechos del exterior. Esto nos hace reaccionar con el pensamiento, la actitud y el semblante según lo que recibimos.

Los seres humanos expresamos emociones generando diversos estados, dependiendo de la situación. Alegría, optimismo, tristeza, ira, miedo, disgusto, confusión, dolor empático, horror, ansiedad, envidia e inseguridades son solo algunos ejemplos. Sin embargo, estas emociones también pueden encarcelar nuestra alma y entendimiento sin que nos demos cuenta. Consecuentemente, y de manera lenta pero segura, destrozan nuestra vida, la mente, la fe y la confianza, bloqueando todo nuestro potencial.

Nota. El periódico (Berkeley New) de la Universidad de California en USA, en su publicación del 6 de septiembre de 2017, reveló que la cantidad de emociones humanas es de 27, según una investigación de la misma universidad.

Instintos Desvirtuados: En la vorágine de la vida moderna, nuestros instintos de supervivencia se han visto distorsionados. Priorizamos la gratificación inmediata sin considerar las consecuencias a largo plazo, perdiendo la capacidad de valorar el impacto de nuestras palabras y actos. Esta miopía emocional nos convierte en seres insensibles, incapaces de discernir entre el bien y el mal.

Si bien el corazón juega un papel fundamental en nuestras experiencias emocionales, es el cerebro el responsable de procesarlas y traducirlas en acciones. Lamentablemente, son las emociones negativas y tóxicas las que más influyen en nuestro comportamiento. Nos nublan el juicio, nos impulsan a actuar de forma hiriente y dañan a quienes nos rodean, incluso a aquellos que más queremos.

Las profundas heridas emocionales que llevamos son como cicatrices, producto de experiencias como el abuso, el abandono, la agresión, la decepción y la injusticia, nos sumergen en un torbellino de vacilación, inseguridad e incertidumbre. El miedo, la ansiedad, la desilusión, el terror, la ira y el resentimiento se convierten en compañeros inseparables, afectando nuestro estado de ánimo de forma drástica e inconstante.

El Vaivén Emocional: Nuestras emociones son como una montaña rusa, fluctuando entre picos de alegría y abismos de tristeza. El estado de ánimo va y viene, sube y baja como una pluma en el viento, sin control ni dirección. La ansiedad se apodera de nuestro corazón, nublando nuestra visión y generando una profunda angustia que nos impulsa a sacar a la luz los deseos ocultos que yacen en nuestro interior.

Sociedad Afectada: Las emociones tóxicas no solo nos perjudican a nivel individual, sino que también tienen un impacto negativo en la sociedad. La desorientación, la violencia, la soberbia, la falsedad y la falta de autenticidad son algunas de las consecuencias que observamos en nuestro entorno. Decir la verdad se ha convertido en un acto de valentía, ya que nos arriesgamos a perder amistades y relaciones. La hipocresía y la superficialidad reinan, mientras que la autenticidad y la honestidad se convierten en valores cada vez más escasos.

No permita que las emociones negativas y mal canalizadas encarcelen su lógica y razonamiento ni que la fantasía opaca su entendimiento. El hombre que actúa con prudencia obtiene mayor ganancia que el dinero y más rentable que el oro, con nada se le puede comparar. En su mano derecha hay larga vida, en su izquierda riqueza y gloria; en su corazón, perdón y amor. Hace de sus caminos una delicia, porque controla sus emociones de manera consciente, transformándolas en ventaja de vida.

Quien pierde el control se pierde a sí mismo, se hace un auto secuestro emocional que en ocasiones es difícil de recuperar. Debido a que cuando se ofende o se hace una mala acción es difícil corregirla y, de alguna manera, alguien ha salido herido. Si no rectificamos esto, se convierte en un estilo de vida, generando hábitos de una persona odiosa y fastidiosa en lo que dice y hace.

Así mismo, cae en estados emocionales intensos que hacen perder el control. En consecuencia, esto nos hace reaccionar con violencia e insensatez con resultados desastrosos. No medimos las consecuencias de nuestros actos y palabras a largo plazo. Nos causamos daños espirituales, mentales y físicos irreversibles, afectando la salud, la paz interior, la forma de percibir y vivir la vida.

Además, la información en Internet y las redes sociales invaden cada día más nuestra privacidad, gracias a las nuevas plataformas y servicios informáticos que cada día crecen más. Nos hacen vivir en una sociedad que analiza y juzga cada una de nuestras palabras y acciones, aunque cada vez parece más permisiva y liberal. Sin embargo, es importante recordar que siempre habrá quienes analicen y juzguen cada uno de nuestros actos.

No es malo ser competitivo, pero la lucha por ser el más popular nos hace hacer estupideces. También limitan nuestra forma de ser y actuar y en cierto modo, nos obligan a aparentar lo que no somos. Como resultado, cambiamos nuestra manera de pensar y hacer las cosas en la vida. Como resultado, queda confusión y desolación en nuestra vida emocional, perdiendo el control de nosotros mismos.

Existe algo que buscamos con afán, con deseo ferviente y después de mucho vagar y buscar, la he encontrado: se llama "calma" que trae "paz". Me costó muchas tormentas obtenerla. Gracias que entendí que no debo esperar que los demás entiendan mi camino. Aprendí a exigirme a mí mismo sin esperar que alguien lo haga por mí, ya que al final no soy producto de lo que otros digan de mí, sino de mi visión y mis propias decisiones. Así que piense en eso que le duele hoy, sea físico o emocional y pregúntese lo siguiente.

> ► ¿Cuáles son los ingredientes que lo componen?
> ► ¿Cómo puedo superarlo de forma diferente y efectiva?

Los seres humanos tenemos planes y sueños personales. Para analizar y tomar las decisiones correctas, primero debemos aprender a conocer y dominar las emociones que nos bloquean y limitan. Es una invitación a reflexionar sobre la ignorancia, el egoísmo y el orgullo que nos confunden, sobre la soberbia que nos invade. Aprender que a veces, para amar verdaderamente, significa romper con todo lo que nos confunde y bloquea. Comprender que en ocasiones lo mejor se convierte en enemigo de lo bueno, debido a la incomprensión que tenemos del propósito de nuestra existencia y al desconocimiento de nuestra misión en este planeta.
Si usted es una persona que pierde fácilmente el control de las emociones, le invito a que escriba las causas. Utilicé un papel por separado si es necesario. Pierdo fácilmente el control cuando.

_____

_____

_____

_____

Me enojo mucho cuándo.

_____

_____

_____

_____

Me deprimo mucho por qué.

_____

_____

_____

_____

Siento miedos cuándo.

_____

_____

_____

_____

Percibo inseguridad por qué.

_____

_____

_____

Enumerar todas las emociones qué sentimos en unas cuantas líneas, es imposible, pero tenemos la idea qué hacer y cómo empezar. Es recomendable asistir a talleres, seminarios y retiros de sanación emocional y espiritual. Igualmente, leer libros y si tiene fe, acercarse más a Dios. Cualesquiera que sean sus emociones, buenas, tóxicas y negativas, usted puede practicar lo siguiente.

√ Antes de juzgar, examínese usted mismo
√ No falte ni en lo grande ni en lo pequeño
√ Aprenda a esperar, debe tener conciencia y paciencia
√ Expresé sus emociones y sentimientos
√ Piensa y analiza antes de actuar
√ No actúe solo por impulso
√ No tome las cosas muy personales

Y dentro de su ser, dice lo siguiente.
- Prometo controlar más mis emociones y acciones.
- Pensaré dos veces antes de actuar, tendré siempre presente mis logros y virtudes.
- Reflexionaré sobre mi futuro, escribiré mis planes y tendré presente que las emociones no sirven mucho en mi la relación con Dios.
- No me quedaré en la inercia esperando qué las cosas cambien por si solas, son las decisiones con acciones lo que hacen la diferencia.
- Porque somos la medida según los resultados que tenemos y, poder decir con fuerza y fe.
- ¡no fue fácil, pero lo logré!

«Las mejores cosas de la vida no son cosas, son momentos, emociones, recuerdos [amor, ilusiones, fe y metas]».

EL CÍRCULO DE LOS ENEMIGOS

Nacemos sin enemigos, destinados a la felicidad. Este es el propósito de Dios para nosotros. Sin embargo, como seres humanos, a menudo encontramos obstáculos en nuestro camino hacia la realización de nuestras metas. En este universo, los enemigos hostiles son una realidad: existen, son peligrosos y letales. Aunque todos nos sonríen a su manera, son tan reales que incluso el Creador del universo tiene enemigos.

Nos pueden odiar por ser gordos o por ser flacos, por ser bonitos o por ser feos, por ser alto o por ser bajito. Nos odian por ser inteligentes y si somos brutos también, si nos vestimos bien nos odian, igualmente, si nos vestimos mal, por ser millonario o por ser pobre. Es decir, no importa el motivo ni el porqué, siempre seremos una molestia para alguien, así seamos brillantes, sabios y santos.

La verdadera amistad se revela en la adversidad, mientras que el enemigo se oculta en la prosperidad. En las dificultades, incluso aquellos que se dicen amigos cercanos pueden abandonarnos. Por el contrario, cuando prosperamos y tenemos éxito, los enemigos se entristecen y se llenan de rabia.

Los fracasados nos odiarán si triunfamos. Y cuando nos salgan bien las cosas, habrá alguien que nos odiará porque nuestro brillo opaca sus fracasos. Por esta razón, es mejor no pregonar nuestros logros a voz en cuello, ya que la envidia tiene el sueño ligero y se despierta fácilmente. Debemos ser astutos, sigilosos y reservados.

Siempre hablarán de usted, cuestionando su identidad y minimizando sus logros. Dirán que sus éxitos son pasajeros, buscando causarle el mayor daño posible. Si no pueden dañarlo directamente, atacarán su imagen o a uno de sus seres queridos. Nunca confíe en un enemigo. Su maldad es como el bronce oxidado, producto de un alma dolorida. Aunque adopte una actitud humilde, desconfíe y tenga cuidado. Trátelo como quien pule y carga un espejo, sin permitir que se acerque demasiado, pues de hacerlo, podría arrebatarle su lugar.

Los enemigos siempre hablan con labios melosos, pero en su corazón están cavando tu tumba. Hasta lágrimas podrán salir de sus ojos con la ilusión de verlo sangrar. En cualquier desgracia que usted tenga, allí lo encontrará y cuando intente levantarse, zancadilla le pondrá y lastimado saldrá. Muchos tenemos enemigos por lo que expresamos, imagínese que sería si supieran lo que pensamos.

Por esta razón, no le proporcione tregua al enemigo, no lo meta en su casa, pues es astuto y peligroso. Aléjese de él y evítelo lo más que pueda, no sea que lo lastime y de mi consejo se acordará y es mejor evitar que lamentar. Debemos aceptar el hecho que no somos "hueso gustador" de muchos y en verdad, no nacimos para satisfacer a todo mundo.

Cuidado con quien está a su lado, los mentirosos siempre mentirán, los chismosos, siempre lo meterán en chismes, los que están resentidos son especialistas en desunir a los demás. Los que odian, necesitan hacer odiar, los que sufren, necesitan hacer sufrir; los que están frustrados, necesitan hacerte ver que no logrará sus metas; los burlones, necesitan burlarse de otros. Críticas mal intencionadas nunca van a faltar, es decir, siempre habrá alguien que trate de fastidiarnos y amargarnos la vida, sin importar la razón.

Tanto genios como ignorantes, millonarios y personas más desfavorecidas, todos tienen enemigos. Incluso figuras notables como profetas, filósofos y sabios a lo largo de la historia también tuvieron sus adversarios. Jesucristo mismo, y ni siquiera Dios Padre, lograron ganarse el favor de todos. En resumen, los seres humanos, sin importar quiénes sean, enfrentan enemistades en algún momento de nuestras vidas.

Sin embargo, todos tenemos la capacidad, el talento, el carisma, los dones y la pasión para realizar acciones significativas. Lo más importante es nuestra voluntad, que supera la energía eléctrica y es más poderosa que una bomba atómica.

Debemos actuar según nuestras capacidades, avanzando sin esperar la aprobación de los demás. Porque al final, la única aprobación que realmente importa es la que nos otorgamos a nosotros mismos. Aprender a expresar lo que sentimos en lugar de lo que suena elegante y políticamente correcto es fundamental para vivir auténticamente y sin temor al juicio ajeno.

«Para tener enemigos, no hace falta declarar una guerra, solo basta decir lo que se piensa». (Martin Luther King, líder de derechos civiles USA).

LOS ENEMIGOS OCULTOS

En la travesía de la vida, enfrentamos diversas batallas para preservar nuestro ser espiritual. Nuestra alma recorre este viaje experimentando sufrimiento y alegría, desafíos y escepticismo. Sin embargo, debemos lidiar con los enemigos ocultos que obstaculizan nuestro camino hacia la elevación de la inteligencia, la conciencia y el alma a niveles superiores.

Estos enemigos oscurecen nuestra percepción, enturbian nuestro entendimiento y nublan nuestra mente. Incluso pueden engañar nuestros pensamientos y, en momentos de desesperación, influir en nuestro corazón cuando buscamos consuelo en él.

Los enemigos ocultos pueden dividirse en dos categorías: internos y externos

Los enemigos Externos. Estos vienen de afuera, son los más evidentes y siempre forman parte de su círculo más cercano. Están escondidos entre los amigos y también dentro de nuestra familia. Sus ataques y heridas son mortales porque siempre nos toman por sorpresa. Incluso son peores que los enemigos declarados, ya que nunca sabe dónde ni porque atacarán. Cuando le ataquen e insulten, para defenderse lo mejor que puedes hacer es asumir la actitud de la pared. Para hacerlo, simplemente imagínese una pared y pregúntese. ¿Qué ganan con insultar una pared?, la cual nada puede oír.

Pues imite a la pared y no oirá los insultos de sus enemigos cercanos. Es decir: no oye, ni ve, ni siente, al fin y al cabo, cuando no se devuelve un insulto, este sigue perteneciendo a quien lo dice. Tolerar a quienes consideras enemigos o personas agresivas no te hace falso ni hipócrita; demuestra que posees la madurez y el carácter para sobrellevar esas situaciones. Existe una única forma de evitar tener enemigos: no hacer nada, no decir nada, no destacar en nada y desaparecer lo más pronto posible. Sin embargo, esta elección no es viable, porqué nos permite vivir plenamente ni crecer como individuos.

Los enemigos Internos. Todos los enemigos son de cuidado, pero estos son letales si no se manejan con precaución. El objetivo principal de este enemigo es no dejarlo vivir en paz. Empieza invadiendo su mente y razonamiento, lo envuelve muy sutilmente con diferentes facetas y máscaras, hace creer que es necesario. Lo acosa y arrincona, su propósito es destruirlo miserablemente.

¿Se preguntará cuáles son sus enemigos internos?, son aquellos que no los considera como tal, son silenciosos y sutiles. Lo envuelven despacio y lentamente, sus nombres son: "**el pasado auto-destructivo**" con los malos recuerdos, también tenemos los rencores, el odio, el resentimiento, la decepción, la mentira, la avaricia, la soberbia, la falta de perdón, el orgullo y una boca descontrolada. Estos destruyen sus valores y su moral, lastimando su pensamiento y manera de percibir la vida.

Ya conocimos los enemigos internos. Ahora podemos visitar la **antesala oculta del horror humano.** El lugar donde se confunde lo real e irreal, la lógica con la ilógica. Un sitio donde se adormece el razonamiento y la conciencia. Dónde se pierde a una pareja, la familia y hasta los hijos, y es en la espiral de los vicios. Creados por sus heridas emocionales, su carácter débil y falta de amor propio. Casi todos los seres humanos tenemos algún vicio, hábitos que afectan tristemente nuestra mente, alma y vida. Son como una fuerza destructiva que actúa de manera sutil y lenta, y a pesar de que tentamos nuestro propio beneficio, no oponemos resistencia a esta autodestrucción. **¡Qué heridos estamos!**

Estos enemigos silenciosos planean nuestra ruina de forma muy sutil. Se empieza con la máscara de cubrir una necesidad o una recompensa propia o gratificación que es como empiezan, el **jugador, el alcohólico y el drogadicto,** también, con el sexo y la comida. Hacen que quiera adquirir cosas hasta el punto de inclinarse ante la felicidad superficial del materialismo. Nos distrae haciendo que los ojos deseen cada vez más cosas.
También puede llegar cómo un consuelo, cuando empieza su

nefasta costumbre. Afecta el trabajo, la dignidad, la familia y la economía, hasta que finalmente nos quedamos sin nada. El enemigo encarcela nuestra alma, nos sumerge en la miseria con enfermedades y nos deja abandonados en la calle o en un hospital, esperando un final incierto.

Las drogas también siguen este patrón. Comienzan como una curiosidad o una necesidad para liberar tensiones, problemas y estrés, pero luego se convierten en una costumbre que nos envuelve lentamente y nos lleva a la miseria económica y mental. Nos despojan de nuestra identidad, destruyen nuestra familia, acaban con nuestro físico y, finalmente, terminan con nuestra vida de forma miserable. Este es el propósito final de este enemigo que, no es otro que las heridas emocionales e interiores sin sanar. El verdadero enemigo somos nosotros mismos, nuestra manera de ver y percibir la vida por falta de conciencia, de perdón, de amor y de comprensión.

Miré y analicé las calles, hospitales, cárceles y lugares de recuperación, lo único que podrás percibir y ver es miseria humana. En ese círculo el único ser que le puede ayudar y sacar de allí, es aquel a quien tanto ha olvidado e incluso ignorado, a Dios eterno. Ahora que ya conoce a su enemigo interno y su modo de operación, cuando aparezca y ataque ya sabe qué hacer, puede pedir ayuda o dejarse seducir, ¡es su decisión!

√ ¿Ya sabe cuáles son sus enemigos?
√ ¿Cree que son más fuertes que usted?
√ ¿Cómo vencería a sus enemigos internos?
√ ¿Sabe cómo debe prepararse para enfrentarlos?

Le invito a que describas a sus enemigos internos y externos. Mis enemigos internos son.

_____

_____

_____

Mis enemigos externos son.

_____

_____

_____

La manera cómo los voy a vencer es.

_____

_____

_____

Cómo dejar una adicción. Abrazar una adicción es un camino rápido y seductor, pero liberarse de sus garras es un proceso largo y desafiante. El cerebro a menudo se confunde entre la realidad y la fantasía, haciendo difícil el proceso de liberación. Antes de comenzar, pregúntate: ¿Estoy listo para dejar lo que me daña? El National Institute on Drug Abuse (NIH) sugiere estos pasos:

El proceso de curación de una adicción, según el National Institute on Drug Abuse (NIH), puede iniciarse con los siguientes pasos:

- √ Ser honesto consigo mismo
- √ Practicar la abstinencia gradualmente
- √ Reevalúe sus amistades y relaciones
- √ Cambie la rutina
- √ Descubrir qué desencadeno la adición
- √ Buscar ayuda para evitar las recaídas

Además, te recomiendo la lectura de libros de sanación y superación personal, así como acudir a Dios y la oración con una fe genuina. Mi libro "Taller de Sanación Emocional e Interior" puede ser una herramienta valiosa en tu proceso de sanación interior y liberación espiritual. Recuerda que la fe, la voluntad y la conciencia trabajan en conjunto para ayudarte a superar la adicción y recuperar tu vida.

«Quien vive entre los deleites y los vicios, ha de espiarlos luego con la humillación y la miseria». (Friedrich Schiller, Poeta Alemán).

EL CÍRCULO DE LA ENVIDIA

La envidia es un poderoso y destructivo trastorno emocional que afecta profundamente a los seres humanos. Esta aflicción actúa de manera gradual, cegando a quienes la experimentan. Se manifiesta como tristeza, enfado, malestar o dolor ante el éxito y logros de otros, y suele estar relacionada con la falta de aceptación propia. Es un sentimiento pernicioso que puede llevar a deseos de que a otros les vaya igual o peor, ¡qué feo es sentir eso!

Desafortunadamente, la envidia es más común de lo que solemos admitir. Es una emoción negativa, tóxica y destructiva que conlleva sentimientos de frustración y enojo hacia los logros ajenos. Además, desencadena otras emociones y actitudes negativas como el odio, la codicia, la crítica, el rechazo, la calumnia y la venganza. En casos extremos, puede dar lugar a la violencia e incluso la muerte, como se evidencia en la historia bíblica de Caín y Abel, así como en la rivalidad entre José y sus hermanos, muestras de que la envidia también está presente en la familia.

La actitud negativa de la envidia despierta el lado oscuro de la persona que la siente. Posiblemente, no la reconozca debido a que se presenta de dos formas: inconsciente y conscientemente. Es una emoción secreta, porque es imposible abrirse plenamente de corazón. Puede sentir alegría por el éxito de otros, pero vive comparándose con la vida de ellos sintiéndose inferior o superior.

Es decir, quien siente envidia carga un cuchillo de dos filos, porque la verdad la hace parecer mentira y la mentira la hace parecer verdad. Este resentimiento ocurre en personas del mismo sexo y de la misma profesión u oficio. Por ejemplo, un médico no va a sentir envidia de un carnicero, ni un futbolista de un escritor. El término popular de "envidia sana" es solo una máscara para tratar de quedar bien consigo mismo y con los demás. De hecho, esta rivalidad existe en aquellas personas que no aceptan la felicidad ni el éxito de otros, por ejemplo.

√ Siente irá, rabia o frustración, creando un malestar general por el éxito de otros
√ Cuando a otra persona le va mal, siente satisfacción porque usted no es la única persona que ha fracasado
√ Siente miedo de sentirse menor que los demás
√ Usted bloquea la alegría y bendiciones de otra persona, organizando otros eventos o situaciones para opacar a otros
√ Descalifica, critica y hace chismes de otra persona por los logros o metas conseguidas
√ Elogia falsamente
√ Minimiza los logros de otros

La envidia es un sentimiento dañino que carcome el alma y la conciencia de quien lo experimenta. Este sentimiento puede llevar a varias enfermedades, y aquellos que lo sienten y viven a menudo no hacen nada más que tratar de opacar el éxito y la imagen de otras personas. Sin razón aparente, buscan activamente la manera de perjudicar a otros, sin imaginarse la maldición que se echan encima. Quien devuelve un mal por envidia, nunca se librará del mal en su vida y su casa.

La clave para liberarse de los grilletes de la envidia radica en redirigir la atención y la energía hacia el crecimiento personal. Es fundamental dejar de lado la obsesión con la vida de los demás y, en su lugar, enfocarse en superar las propias debilidades y perseguir los objetivos de vida. Al cambiar el enfoque y la actitud, se puede experimentar una transformación profunda en la manera en que se percibe a los demás.

La envidia es una carencia mental, un signo de ignorancia y desacierto. Recuerde que quien no se aferra a nada, lo posee todo. En realidad, la envidia es aprovechada para el beneficio de empresas y grandes corporaciones, generando todo tipo de competencia. Por ejemplo:

► La envidia sexual es el combustible del morbo y la pornografía
► La envidia de la belleza robustece el negocio de la belleza y la moda
► La envidia económica se muestra en el desenfreno consumista en la sociedad que vivimos

Es decir, nos manipulan y nos dejamos manipular y sin darnos cuenta. Si por envidia alguien le desea el mal, lo que usted puede hacer es desearle el bien, porque en realidad, cada persona ofrece lo que tiene en su corazón.

Le invito a que haga un análisis de las reacciones y emociones, cuando usted sabe que otros tienen éxito o les va bien.

_____

_____

_____

Analice, porque o de qué tiene envidia. Qué es lo que provoca ese sentimiento en usted.

_____

_____

_____

_____

Para evitar ese sentimiento y emoción voy a.

_____

_____

_____

_____

Pregúntese que ha hecho esa persona para tener lo que usted quiere y, no ha podido conseguir. Ahora analice cuidadosamente las siguientes preguntas.

√ ¿Ya se puso en sus zapatos?
√ ¿Ya recorrió su camino?
√ ¿Cree poder tener lo mismo y lograr una mejor meta?

Dicho de otro modo, usted debe ponerse en el lugar del otro, ver como se sentiría si a usted le hicieran lo mismo, a ver si eso le agrada. Eso la falta a todo envidioso, de pronto esa manera toma conciencia y busca solución, como una sanación interior.

«La envidia es el veneno que bebemos esperando que el otro muera.»

CONSECUENCIAS DE LA ENVIDIA
EN LA SALUD

Las personas que experimentan envidia suelen lidiar con una baja autoestima y un temor constante a sentirse inferiores ante los demás. Esto, a su vez, las lleva a experimentar una soledad emocional, ya que les resulta difícil compartir sus experiencias con el mundo que las rodea. Ninguno de los síntomas emocionales asociados con la envidia aporta algo positivo a sus vidas; por el contrario, las atrapa en un ciclo de estancamiento emocional y personal, nublando hasta el sentido común. No obstante, esas no son las únicas consecuencias de tener envidia. Es decir, sus efectos también terminan desencadenando distintas dolencias y afecciones físicas, como:

► El signo más frecuente es el dolor de estómago que, fácilmente podría llegar a convertirse en una úlcera estomacal.

► La envidia hace que el sistema inmune se debilite, lo que le puede causar infecciones como, por ejemplo, en las vías respiratorias.

► Los pensamientos constantes de envidia generan estreñimiento, trastornos del apetito o del sueño e incluso cansancio crónico.

► El estrés resultante incita al cuerpo a producir más cortisol y adrenalina.

► La Universidad de Helsinki, hizo un estudio relacionó la envidia con el bruxismo, "que el hábito inconsciente de apretar o rechinar los dientes", lo que ocasiona daño dental.

► Dolor de cabeza, fatiga, temblores, mareos, una mala circulación y la incapacidad de concentrarse, son otras de las consecuencias de la frustración que provoca la envidia.

Con la información que tiene ahora, puede hacer un plan de vida, siendo consciente de que toda meta requiere disciplina, trabajo, riesgo, dedicación y esfuerzo. Es decir, si está estancado es porque así lo ha querido; esa ha sido su elección, pues decidió no hacer nada. Posiblemente, está en su zona de confort esperando beneficiarse del esfuerzo de otros. Ahora, si desea cambiar y mejorar, debe aprender a confiar en usted y en Dios. Busque ayuda profesional (terapias, talleres, retiros, conferencias). Hable con su líder espiritual, acérquese a Dios, quien lo ayudará a sanar las heridas, fortaleciendo su alma, su espíritu, su pensamiento y su mente.

Si siente envidia es porque no tiene fe ni siente amor propio ni por los demás. Debe aprender a no compararse con nadie y a sentir gratitud por lo que tiene. Aprenda a vivir con lo que no tiene y descubra la razón, ya que por el seco desierto pasan solamente aquellos que están destinados a los grandes propósitos de Dios. Aprenda a conocerse y pídale al creador que fortalezca su corazón para conocerlo. Para evitar el sentimiento de envidia, haré lo siguiente.

_____

_____

_____

Dejaré de competir por envidia y empezaré.

_____

_____

_____

_____

«La envidia adormece la mente, acorrala el espíritu y pudre el razonamiento; por eso, la sabiduría la supera como la luz supera las tinieblas ».

EL CÍRCULO DEL FRACASO
Y LA NEGATIVIDAD

Los fracasos, maestros innegables en la vida debido a que muy pocos aciertan sin errar antes, es cuando la vida enseña y pocos aprenden. Si no fracasamos, perdemos la oportunidad de saber cómo se hace bien. Un fracaso es un mal logro, un resultado adverso, un hecho lastimoso que resulta de un proyecto de una acción que una persona hizo o estaba haciendo. El número de personas que experimentan fracasos es mucho mayor que el de aquellos que alcanzan el éxito. Sin embargo, no todos enfrentan el fracaso de la misma manera. Las causas principales de la mayoría de los fracasos pueden atribuirse a uno o varios de los siguientes motivos.

√ La falta de aspiración
√ La falta de un plan de vida

√ Falta de autodisciplina
√ El aplazamiento o procrastinación
√ Falta de persistencia
√ Falta de fe en sí mismo

Las consecuencias de un fracaso generalmente se deben a que lo que se intentó hacer no logró los resultados esperados, no cumplió su propósito o simplemente no alcanzó su objetivo. Otra causa común del fracaso es la influencia de personas negativas cuyos consejos o comentarios son seguidos sin cuestionar. Estas situaciones no se limitan a proyectos, sino que también pueden aplicarse a relaciones personales, como matrimonios, relaciones con hijos o amistades.

Además, la ambición desmedida, la codicia, el orgullo y el egoísmo a menudo pueden llevar al fracaso, ya sea a corto o largo plazo. Algunos logran alcanzar sus objetivos con esfuerzo y perseverancia, mientras que otros, desafortunadamente, nunca parecen lograrlo. Es fundamental comprender que el camino hacia el éxito rara vez es fácil o rápido. De hecho, cuanto más desafiante sea el camino, más gratificante será la recompensa, lo que finalmente mejorará la calidad de vida. Si usted es una persona que constantemente se lamenta, se queja y se hace preguntas como:

► ¿Por qué me pasa esto a mí?
► ¿Por qué todo me sale mal?

Si usted actúa así, ya está mal, la autocompasión y la autoculpabilidad, conduce al autosabotaje y el auto abusó. El síndrome de víctima no te permitirá avanzar. No podrás encontrar paz interior, disfrutar la vida ni ser feliz, sin salir del fracaso y la negatividad. La razón es porque te acostumbras a convivir con eso, mencionando constantemente el fracaso, donde crees que resides. Tu propósito de vida se estanca con una actitud mental negativa y falta de fe. Está comprobado que las personas que no progresan ni alcanzan el éxito en sus vidas, es porque están atrapadas en pensamientos negativos que las limitan. Afortunadamente, también está comprobado que podemos cambiar y transformar nuestros pensamientos. Gracias a que el cerebro tiene la plasticidad suficiente para reinventarse.

Debemos evaluar bien quién está a nuestro lado, pues existen muchas personas negativas que no quieren que triunfes. De hecho, lo usarán como excusa para demostrar que no son los únicos que fracasan. Precisamente una de las desventajas de discutir con una persona negativa es que te arrastrará a su nivel y ahí podría ganarte por experiencia. Cuando sientas que en el lugar donde estás no encajas y te miran como extraño, entonces, busca otro lugar más propicio para tus planes.

No todos fracasamos ni lloramos de la misma manera, debido a que somos diferentes. Algo que para ti es un fracaso, para otras personas puede ser un pequeño obstáculo. Hay triunfos que enseñan derrotas y sonrisas que esconden lágrimas. Debes saber que fracasar también es una oportunidad para empezar de nuevo. Con más inteligencia, paciencia y conocimiento que antes. De los errores nos formamos, ya que dejan enseñanzas y lecciones de vida.

APROVECHAR LOS FRACASOS

Todo triunfador ha sido principiante y todo maestro empezó como aprendiz. Se puede decir que no ha fracasado, sino que ha hecho las cosas de forma diferente. Tenemos que saber manejar la frustración (que nubla la razón), eliminar la soberbia y el orgullo (que traen desventura). Ser optimista, amarse a sí mismo y tener confianza en sí mismo y en Dios.

Tenemos que asimilar que los ríos no beben su propia agua, los árboles no comen su propio fruto, el sol no brilla para sí mismo ni las flores esparcen su fragancia para sí mismas. El verdadero triunfo llegará cuando sepamos vivir con y para los demás.

En ciertas ocasiones es más fácil negar la realidad que aceptarla y enfrentarse a ella. No existe poder humano que pueda cambiar un segundo del pasado, así que **aprenda a aceptar sus errores.** Fracasar es una lección, no un destino. Aprenda a eliminar lo negativo, su ego herido y, algo más importante, **no intente negar ni maquillar la realidad**. Debe buscar en su propia historia, en vez de huir de ella. Culpar a otros no resuelve nada. Más bien, debe viajar a la fuente de los fracasos en lugar de vivir ocultándolos y lamentándolos. Así encontrará los orígenes y sus causas. Analice bien y se dará cuenta de que ahora tiene más conocimiento y conciencia sobre el fracaso. Es decir, ya está listo para volver a intentarlo de nuevo con más conocimientos.

El fracaso puede ser emocionalmente agotador, por lo que debe cambiar su mentalidad. Nuestro cerebro es el principio de todo lo que somos. Salir de la autoculpabilidad y el sentimiento de fracaso no es fácil, pero tampoco imposible. Debe tener presente que un boxeador nunca llegará a ser campeón si antes no recibe unos cuantos golpes para llegar al éxito.

No se nuble mentalmente por los fracasos con autonegación y autoculpa. Fortalezca sus planes eliminando el miedo al fracaso. Empiece soñando en grande, pida ayuda, sea recursivo, tiene dones y a Dios con usted. Tenga confianza y descubrirá que cuando sus sueños nacen del corazón y la fe, no podrán existir obstáculos ni miedo que lo detenga. Más importante aún, no contradecirse, sea congruente con qué dice y hace.

No siempre conseguimos lo que queremos. En este momento usted no es lo que quiere ser, sino lo que es. Pero con su intuición, coraje y fe puede mantener su mente centrada en su propósito. La disciplina, inteligencia y saber cómo debe trabajar es eso: evolucionar, una transmutación interna y perpetua para vivir con propósito.

Es una ley universal y continua. Si usted desea salir del fracaso y ser una persona de éxito, debe tener un ideal propio y seguro de lo que usted desea ser. Es decir, debe tener y seguir sus propios ideales, de lo que usted quiere ser en un futuro cercano. Así mismo, debe mejorar su autoimagen, que es como se ve y lo que piensa de usted mismo. Es su espejo interno, de cómo se percibe a sí mismo. Y, para tener el éxito deseado, usted debe verse como un ganador.

Haga una lista de los fracasos y lo que cree que pudieron ser el origen y, la causa de estos.

_____

_____

_____

_____

Ahora, escriba cómo evitarlos para empezar de nuevo.

_____

_____

_____

Algunas personas asimilan todo muy personalmente y se convierten en policías, carceleros, acusadores, jueces y verdugos. Esto se debe a la tendencia de destacar únicamente lo negativo y los fracasos de los demás. ¿Por qué? Porque ellos mismos también son fracasados y negativos, son los llamados "huecos negros", personas que no permiten progresar. ¿Quiénes son? ¿Dónde están?

Están cerca de usted, lo rodean y por eso tienen acceso a su mundo y a su vida. Debe evitar estas personas, ya que estar cerca de gente equivocada puede arruinarnos. Debe dejar ir los apegos, aunque duela, porque seguir con apegos es seguir en la misma zona de estancamiento y fracaso.
Le invito a que haga una lista de las personas del "hueco negro" que están en su vida y desea sacarlas

_____

_____

_____

El mundo está lleno de gente que quiere recoger frutos de un árbol que nunca sembraron. Algunas personas pasan la vida sin haber vivido, haciendo de su vida un vacío creado, convirtiéndose en un fastidio para sí mismos y para los demás. Algunos viven perdidos en la nada, sin ayudarse ni ayudar a nadie.

A esta vida tenemos que darle valor y significado. Siembre un árbol y sentirá orgullo de verlo crecer. Dele sentido a su existencia, el sentido de la vida está en la vida misma. Al negativo y al amañado que vive en la zona de confort, no le gusta la entrega, el sacrificio ni trabajar con inteligencia. Todo lo quiere fácil, rápido y sin esfuerzo. Por esta razón es que la mayoría de los proyectos de un "amañado" terminan en fracaso. Se dan por vencidos muy fácilmente y se estancan sin darse cuenta de que triunfar es vivir.

Las personas exitosas y los grandes triunfadores se caracterizan por su integridad y coherencia. Alcanzan el éxito y cumplen sus sueños porque sus pensamientos, palabras y acciones están alineados. También reconocen la importancia de la influencia, ideas y apoyo de otros en su camino hacia el éxito.

No importa cuántos intentos haya fallado, siga esforzándose con renovada confianza en Dios y en sí mismo. Si bien Dios no realizará las tareas por usted, le proporcionará la fuerza, ideas y habilidades necesarias para seguir adelante. Los días difíciles y desafiantes en la vida son oportunidades para aprender lecciones importantes. Así que el hombre no debería avergonzarse de sus fracasos ni de reconocer que se ha equivocado. Al hacerlo, corresponde a decir que hoy tiene más experiencia y sabe más de lo que sabía ayer.

Vivir en un estado de fracaso constante, negatividad y tristeza es una muestra de una vida emocional reprimida y en declive. La capacidad de cambiar y reprogramar su propia mentalidad radica en usted, a través de sus pensamientos. En realidad, no le teme a la oscuridad en la que vive, sino que le asusta su propio potencial y brillo, que aún no ha descubierto.

La mejor opción es abrirse al amor de Dios y actuar con auténtica fe y positivismo. Su voluntad es como el motor de su vida, la fuerza que impulsa sus acciones. Una regla de oro para alcanzar el éxito es ayudar a los demás, un regalo apreciado que proviene de

Dios. Por lo tanto, debe esforzarse en despertar, descubrir y utilizar ese motor que impulsa su voluntad.

Recuerde que ya posee uno de los tesoros más valiosos: "el conocimiento". Con una perspectiva más amplia y precisa, puede obtener dinero, bienes materiales o recursos con mayor facilidad, ya sea a través de préstamos, ahorros o el apoyo de otros. El conocimiento, en cambio, es único y no puede ser prestado ni adquirido con facilidad.

No tema comenzar de nuevo desde cero, ya que tiene la capacidad de reinventarse una y mil veces. «Actúa con gran paciencia y suavidad contigo mismo. No debe incomodarse por las distracciones ni las fallas, sino solo en empezar de nuevo sin pensarlo dos veces». (San Francisco de Sales).

«Si desea empezar de nuevo, no crea que está empezando de cero ni de las cenizas, está empezando con "experiencia" que tiene un valor incalculable».

EL CÍRCULO DE LA FELICIDAD

La felicidad es un tema complejo y esquivo, con interpretaciones y conceptos diversos para cada persona. Esta diversidad se debe a nuestras diferentes vivencias, experiencias, emociones, educación, creencias y el entorno social y cultural. La búsqueda de la felicidad es un deseo constante en la humanidad, pero no existe una respuesta universal que satisfaga a todos, ya que seguimos con un apetito voraz para ser felices.

Parece que el estado natural del ser humano es la tristeza. Desde que nacemos, buscamos ser felices y, precisamente, algunas personas creen que ser felices es no tener problemas. Ser feliz es vivir con sentido y paz interior por encima de nuestra naturaleza pesimista, quejándonos de todo. Los problemas son maestros que nos dan lecciones de vida para superarlos con sabiduría, teniendo coherencia entre lo que se dice y se hace.

Debemos aprender a disfrutar de la vida internamente. Dar y recibir amor genuino y cultivar relaciones significativas son aspectos clave para alcanzar la felicidad. La búsqueda de la felicidad no es un destino final, sino un viaje en el que cada individuo encuentra su propio camino, basado en sus valores, experiencias y comprensión personal.

La felicidad es un estado subjetivo que varía de una persona a otra, influenciado por diferentes razones, condiciones y circunstancias. Sin embargo, en su núcleo, la felicidad está intrínsecamente relacionada con la valoración de lo que uno tiene, el deseo de aprender y el conocimiento de uno mismo y de Dios.

Valorarse a uno mismo como individuo y apreciar a los demás son pasos fundamentales hacia la felicidad. Estos actos sencillos, como sonreír, saludar y disfrutar de la gentileza, nos abren a un mundo interior de paz y libertad. La verdadera esencia de la felicidad reside en la vida misma y en la adopción de valores en lugar de la búsqueda de posesiones materiales.

La verdadera esencia de la felicidad reside en la vida misma, no en la búsqueda desenfrenada de posesiones materiales. Erramos al asociar la felicidad con el dinero, el placer o el poder sobre otros. Estas metas superficiales, lejos de satisfacernos, pueden conducirnos a una profunda crisis de comprensión mental y espiritual. La felicidad genuina se encuentra en la sintonía con nuestro ser interior, en la comprensión de nuestros valores personales y en la búsqueda de la paz interior, un camino que requiere autoconocimiento, honestidad y la disposición a transitar por los altibajos de la vida.

Además, no podemos ser felices ni hacer ningún progreso en la salud, el amor y la evolución de la conciencia espiritual si no sanamos las emociones negativas y tóxicas e insistimos en negar y mantenerlas. Para ser felices, primero debemos amarnos a nosotros mismos. Es más, ¿cómo puedo amar a alguien si no siento amor por mí? ¿Cómo progreso si no dejo ir los bloqueos que me enceguecen? Por esta razón, debemos reconocer que las heridas emocionales son un obstáculo para evolucionar en la vida.
Cuando buscamos la felicidad, es importante abordar primero

la sanación de nuestras heridas internas de manera adecuada, más allá de momentos emocionales. Sanar nuestro interior es un proceso delicado que implica aprender a perdonar y pedir perdón, reconociendo que hemos herido y sido heridos por otros, a veces sin intención. La clave no es superar a los demás, sino esforzarse cada día por ser una mejor versión de uno mismo sin ocultar la realidad.

Los seres humanos buscamos ser felices de diferentes maneras, para algunos la felicidad es el dinero o el sexo. Para otros tener vicios, cómo, drogadicción, alcoholismo, robar, envidiar, destruir, etc. Algunos buscan la felicidad a través de la manipulación y la estafa, incluso a expensas de otros. Para algunos otros, la felicidad es quitarle la vida a otro olvidándose de sí mismo, de los demás y de Dios.

Estas conductas son máscaras que se utilizan para esconder una vida emocional decaída. La verdadera felicidad no está en el bienestar subjetivo, en conseguir y colmar la necesidad de los sentidos como: tengo sed, tengo frío, tengo hambre. Las necesidades creadas, como un carro nuevo, una cirugía, estudiar otra carrera, necesito bailar, voy a viajar, me voy a mudar, me gusta ese pantalón, quiero una blusa, necesito zapatos nuevos, voy a hacer ejercicio, etc.

La felicidad genuina también reside en cultivar relaciones auténticas y en conectarse consigo mismo y con Dios. No se trata de satisfacer deseos impulsivos o necesidades superficiales, sino de hallar bienestar, una paz interior duradera y un sentido profundo en cada día que vivimos.

Si analiza profundamente, notará que muchas decisiones únicamente traen felicidad ocasional. Funcionan como una crema; es como cuando usted sufre una peladura y se aplica la crema para un alivio temporal. Sin embargo, disfrutar comiendo, bebiendo buen vino, viajando, bailando, satisface, pero no da felicidad. La felicidad es un estado del ser que llena el corazón, el amor, la fe, la paz interior ni exige lugar especial para sentirla. Si tiene un espacio de tiempo para ayudar a los pobres y necesitados, podrá experimentar un beneficio emocional que le acercará más en la búsqueda de la escurridiza felicidad.

De hoy en adelante, dedíquese a ser lo más feliz que pueda, porque la vida es prestada y nunca sabe cuándo se la van a pedir. Si aprende a ser feliz estando solo, es bueno, porque así puede buscar la felicidad por elección, queriendo decir que ha encontrado uno de los caminos más indicados para lograrlo. Cada día tiene su drama y su sentido; necesitamos aprender a vivirlos con bienestar.

Es cierto que las personas felices son más agradecidas. Esto nos indica que las personas desagradecidas no son tan felices como dicen serlo. Analicemos la siguiente metáfora, para que tengamos una idea más precisa de cómo es que buscamos la felicidad y sobre el concepto que tenemos de la misma.

Don Carlos, estaba sentado en su silla mecedora, su nieta Isabela, se le acerca y le hace la siguiente pregunta.

- Abuelo, ¿qué es para ti la felicidad? Don Carlos le contesta.
- Hija mía, en verdad todo es una espera, cuando uno es pequeño creé que cuando uno salga de la escuela, va a ser feliz.
- Pero pasan los primeros años y descubres que aún falta ir a la
- universidad y graduarse.
- Dime algo Isabela, ¿tú consideras que cuando te gradúes de la universidad vas a ser feliz?
- No lo sé abuelo, ¡supongo que sí! Respondió Isabella.
- Bueno, cuando yo me casé con tu abuela, pensé que había encontrado la felicidad, pero fue como gotas de lluvia. --- Fue parcial, porque después planeamos comprar nuestra propia casa para ser felices y complementar nuestros planes.
- Más tarde planeamos tener nuestros hijos, 18 meses después nació tu padre y dos años después, nació tu tía Sandra.
- Muy bien abuelo, ¿y qué pasó?, ¿encontraste la felicidad?
- Sí, parcialmente, porque pensé que sería feliz cuando

98

nacieran nuestros hijos, pero las responsabilidades te hacen trabajar duro.

- Mmmm, abuelo y ¿acaso el trabajo no te trajo la felicidad?
- ¡No, hija!, en el trabajo en ocasiones hay satisfacciones, pero no la felicidad que esperaba encontrar.
- Después pensé, seré feliz cuando mis hijos crezcan, estudien, sean profesionales y consigan un buen trabajo.
- Y bueno, crecieron mis hijos y fueron profesionales, tu padre se casó, tu tía Sandra lo hizo al año siguiente y yo empezaba a entrar en años.
- Por lo tanto, creí que sería más feliz cuando reciba mi jubilación.
- ¡Entonces abuelo! ¿Qué es la felicidad?, ¿Cómo la encuentro?
- Hija en la vida, te la pasas buscando y esperando la felicidad que nunca llega, es como una búsqueda que no tiene fin.
- Por así decirlo, algunas personas resumen la felicidad a una espera.
- No es que no haya sido feliz, sino que más bien dejé de ser feliz en muchos momentos, porque la felicidad es un trayecto, no un destino.
- Entonces abuelo, ¿qué debo hacer para ser feliz? ¿Según tus palabras, debo esperar que me llegue la felicidad?
- No, hija mía, ¡si quieres ser feliz, escucha y aplica los siguientes consejos y, guárdalos en tu corazón!
- Ama como si nunca te hubieran herido y, baila como si nadie te viera.
- Esta vida se va rápido, no pelees con la gente, no critique y deja vivir a los demás en paz y aprende a disfrutar la luz del sol.
- No se queje mucho por lo que no tiene ni pueda alcanzar, aprende a disfrutar de lo que tiene en este momento.
- No te atormentes con las cuentas, ocúpese del hoy que el mañana, viene con su propio sueño y drama.
- Si se equivocó de pareja, no te lamentes, no se amargue la vida ni se la amargue a otro, busca otra pareja que la haga feliz.

- Si tiene hijos, recuerde que ellos seguirán su ejemplo, no sus consejos.
- Nunca, nunca olvide a sus hijos, trate siempre de ser lo mejor y edúcalos para que sean felices.
- No se esfuerce por lo que les pueda dejar, pues cada uno debe ganarse lo que necesita.
- No se tome las cosas y las ofensas muy personales, sigue adelante.
- No se preocupe mucho por los lujos y comodidades, nada de
- eso se podrá llevar cuando muera.
- Mejor viaje, disfrute, visite nuevos lugares y dese gusto comiendo la comida que más le guste.
- No guarde mucho tiempo ese perfume fino, úsalo, igual su ropa preferida, el día especial es ¡hoy!
- Llame a la persona con quién siente resentimiento, háblale, hágale una invitación y reconcíliese, perdoné o pídale perdón. Así sentirá lo mejor de la bondad de Dios.
- Hija mía, la vida es demasiado corta para vivir enojado con alguien o peor aún para vivir amargado, así que mejor no se enoje tanto y, viva más.
- Coja el celular, vamos, haga esa llamada, dígale a esa persona que tiene en la cabeza que la quiere ver que, un beso real vale más que mil imaginarios.
- Si algo le molesta, dígalo en ese momento y no cuando se fastidie, así podrás decirlo con sus mejores palabras y no con sus peores ofensas.
- Ser feliz no es tener una vida perfecta, sino más bien saber que la vida vale la pena vivirla, a pesar de todas las dificultades.
- Para amar y traer felicidad, primero se tiene que amarse usted misma.
- Ser feliz es reconocer que vale la pena vivir, a pesar de todos los desafíos, incomprensiones y períodos oscuros de nuestra existencia.
- Ama, perdona y abraza más, preocúpense menos, viva más intensamente y ponga énfasis en las cosas realmente importantes y una de ellas es estar con Dios.
- Hija mía, espero que haya aprendido un poco sobre

este tema, pero, sobre todo, debe tener muy presente lo siguiente.

- Cuando le toque morir, nadie morirá en su lugar, así que vive sin escuchar la crítica, porque nadie vivirá por usted.
- ¿Y qué será eso, abuelo? Pregunto Isabela, un poco desconcertada y curiosa a la vez.
- Su vida, hija mía, debe saber vivirla porque nadie la vivirá por usted, dejando de ser víctima de los problemas y vuélvase protagonista de su propia historia.
- Actriz de su propia película.
- Viva por usted misma y no por la opinión de los demás, ya que la gente no es tan feliz como lo aparenta ni están enamorados como lo dicen ni es sincera cómo lo expresa.
- Recuerda también que en este momento no eres lo que quieres, sino lo que eres, con tus capacidades y lo que logres alcanzar.
- Y especialmente recuerda esto, ¡cuándo no se oculta nada, podemos vivir con más sonrisas, alegría y paz en el corazón!
- Que su vida se convierta en un jardín de oportunidades, el mejor momento para ser feliz es; ¡ahora, atesorando el momento que vive!
- Así mismo, una persona es más feliz cuando lleva en su corazón a Dios!

Como decía Aristóteles: «la búsqueda más codiciada de la vida es la búsqueda de la felicidad, pues el ser felices es el propósito principal y la esencia de la vida».

"La mejor manera de ser feliz con alguien, es aprendiendo a ser feliz solo, así la compañía es cuestión de elección y, no de necesidad". Mario Benedetti, escritor, poeta y dramaturgo uruguayo (1920-2009).

Le invitó a expresar con sus propias palabras. ¿Qué es para usted la felicidad?

_____

_____

La felicidad está intrínsecamente ligada al amor y se manifiesta plenamente cuando aprendemos a amarnos a nosotros mismos, aceptándonos tal como somos. En este proceso de autoaceptación, nos embarcamos en un viaje de autodescubrimiento, tanto personal como espiritual, donde la fe, la esperanza y la libertad se convierten en guías.

Es en este estado de amor propio y conexión con lo divino que encontramos la esquiva felicidad. En este momento y estado, todo fluye armoniosamente en nuestra vida, ya que, con la presencia de Dios, todo es posible. La felicidad se convierte en un compañero constante en nuestro viaje, iluminando cada paso que damos.

«La felicidad, es una elección, un goce, una aventura para compartir en el presente, con la persona y el sitio que usted elija».

POEMA A LA FELICIDAD

Felicidad, sueño fugas, quimera inalcanzable, ¿dónde estás amada mía?, ¿por qué huyes?, ¿dónde estás?, ¿dónde te escondes, si tanto te ansío? Mi alma y todo mi ser tiene sed de ti. No huyas, no te escondas, déjate alcanzar, déjate abrazar, en la bruma del tiempo, te intento encontrar.

Ven amada mía, sin ti no hay horizontes, sin ti no hay ayer, no hay hoy ni habrá un mañana. Te busco desde siempre, desde antes de nacer, te busco en cada sonrisa, en cada rayo de sol, en el canto de las aves, en el soplar del viento, te busco desde el mismo principio del tiempo, lugar donde te perdí.

Ven amada mía, alimenta mi hambre y sed de ti, déjame poseerte, lléname de tus encantos, de tu deleite amanecer. Déjame saborear la dulzura de tu miel, déjame perder la razón en ti. Sé que eres la razón de tener el amor y la fe, eres la fuerza que me hace vivir y crecer.

Escurridiza amada mía, te vislumbro fugaz, mi corazón te anhela, cuando creo que te tengo, me pierdo entre la realidad y la fantasía. Cuando te acuestas conmigo, despierto y ya no estás. Sin ti me siento como un reloj sin tiempo, como un mar sin agua, como un cielo sin nubes, como un poeta sin inspiración ni fuerza.

¡Oh amada felicidad!, dicen que estás en medio de mí, cómo guerrero victorioso que me puedo deleitar en ti con gozo. Felicidad, tu renuevas con amor cualquier enojo. Cuando en mí la angustia aumenta, tu presencia me alienta. Amada mía quien lo pudiese creer, tu sola presencia me hace crecer.

Oh felicidad efímera ¿Dónde estás? ¿en qué secreto lugar reside tu esencia? ¿Eres un espejismo que danza en el aire? ¿o res una ilusión, que se desvanece al despertar? En tu ausencia mi alma se desvanece en llanto.

Dicen que habitas en el corazón puro, en la bondad y el amor desinteresado, en la entrega sin esperar nada a cambio, en la paz interior y el alma liberada, dicen que habitas en la esencia misma de Dios.

Te seguiré buscando amada mía, porque te quiero poseer y mía te quiero hacer. No perderé la esperanza ni la fe en ti, porque sé que, en algún lugar, me estás esperando. Maravilloso será todo, porque a tu lado me siento fuerte en esta lucha loca para tenerte, porque amar es tenerte, poseerte.

Cuando por fin seas mía, abriré mi alma en tus adentros, la respuesta esperada vendrá de tu alegría. Mi ilusión seria que tenerte, no sea un sueño, disfrutando así mi fantasía de poseerte. Descubriré las maravillas de Dios en mí, de tus misterios, tus delicias, de tu amor y dulce florecer.

Ven amada mía, contigo quiero andar las sendas de la vida y aunque falle la cosecha del olivo y los campos no den su cultivo, con sólo rozar un velo tuyo, me siento vivo.

Bernardo A Arango.

«La felicidad se puede encontrar en los momentos más simples, a menudo en la persona y el lugar que ignoramos.»

EL CÍRCULO DE LA IGNORANCIA

La ignorancia se manifiesta como ceguera, necedad y torpeza. Representa la ausencia de conocimiento y razonamiento, una negación de las lecciones de la vida misma. Es la fuente de la audacia imprudente y está en el origen de la mayoría de los males. La ignorancia es pereza mental y absurdez. Quien ignora no cuestiona ni duda, carece de las herramientas necesarias para reflexionar sobre cualquier asunto y, debido a la falta de conocimiento, permanece en la oscuridad de su ignorancia.

De hecho, el ignorante a menudo comienza por presumir que lo sabe todo, cuando en realidad no sabe nada. Su único recurso es actuar impulsivamente desde sus prejuicios. El ignorante se revela a través de la indiferencia y el uso excesivo de insultos y ofensas, cuando carece de argumentos válidos para respaldar su posición. Los gritos del ignorante denotan su debilidad, la calumnia refleja la envidia y la agresividad es un signo de inseguridad. Se deja llevar por la ira y la arrogancia, refugiándose en la ignorancia insensata que se aloja en su interior. Desciende a niveles desconocidos, arrastrado por el viento de la estupidez ignorante, sin comprender que es uno de los asesinos más crueles que existen.

Se cometen muchos errores por desconocimiento. Vale la pena citar las frases del escritor francés **François de La Rochefoucauld,** sobre la ignorancia.

√ No saber lo que realmente debiera saber.
√ Saber mal lo que se sabe.
√ Saber lo que no debería saber.

La gente ignorante es fácil de manipular y causante de su propia desgracia. Es difícil saber si es ignorante por herencia genética, mental, causa propia o ajena. Algunos estudian para salir de la ignorancia, pero confunden estudio con educación, pues a pesar del estudio, siguen siendo idiotas. Sabemos con seguridad que por encima de las nubes nunca llueve; por esta razón, si su entendimiento está nublado y su mundo gris, es porque no se ha elevado lo suficiente. No imitemos a personas que no saben nada ni les interesa saber más allá de lo que necesitan en el día a día. Estas personas no aportan nada y siempre forman hordas para defender cualquier idea que creen justa, creyéndose sabios.

¿De qué sirve poseer ojos si uno rehúsa ver, o tener orejas si uno se niega a escuchar? ¿De qué vale el estudio si la comprensión se evade? En realidad, esta persona está como un ciego y más sordo que aquel que elige no oír. Incluso, tropieza al mediodía como si fuera plena noche. Existen diversas formas de ceguera, siendo la más grave la que afecta a la mente, ya que la ignorancia representa una forma de esclavitud.

Una persona ignorante es, en última instancia, su propio verdugo. Escucha, pero no atiende; estudia, pero no aprende. Lee abundantemente, mas no logra interpretar. Recibe enseñanzas, pero se muestra incapaz de comprender. La ignorancia se traduce en una carencia de entendimiento, una etapa ardua para el ser humano que le acarrea sufrimiento y lo sume en una sensación de fatiga vital. En realidad, no vive, sino que agoniza.

La ignorancia es la noche de la mente sin luna ni estrellas, la tormenta de la comprensión, como si la verdad no existiera. Es como si la inteligencia se bloqueara cerrando las ventanas al entendimiento y no lo deja entrar. En sí está habitando entre los vivos y los sanos, como si estuviera muerto. Se confía de la nada y habla falsedad, se burla de todo porque este es el medio que utiliza el ignorante para sentirse más que otros.

Es decir, está enfermo porque ignora su propia ignorancia, olvidándose que todo asunto tiene su cuándo y su cómo. Por ignorancia, el hombre comete absurdos, por ejemplo, cuando el sabio apunta a la luna, el tonto mira el dedo. Hay honrados tratados según la conducta del corrupto y corruptos tratados según la conducta del honrado. Todo esto, gracias al soborno del corrupto que daña las causas justas, con la complicidad del ignorante que la acepta.

Lo malo de la ignorancia es que, con el tiempo, adquiere más confianza originando fracasos. Se combate la ignorancia con el estudio y adquiriendo sabiduría, conciencia y alimentando el conocimiento. Desdichada la persona que desprecia la educación y la sabiduría, vana será su esperanza, sus esfuerzos no tendrán resultados e inútiles serán sus obras. La ignorancia puede superarse primero reconociendo que somos ignorantes y que lo que creemos saber, no son más que opiniones. Precisamente la realidad suele ser difícil de aceptar, pero ¿qué otra alternativa existe?

Las lecciones de la vida son como ir a estudiar: cuanto más subes de nivel, más duras y exigentes serán las clases. La verdad es como una cirugía que duele, pero sana. Igualmente, una mentira es como una pomada que, cuando se aplica, da alivio instantáneo, pero la raíz del dolor sigue ahí. Creer saber demasiado y hacer las cosas desde el protagonismo y la arrogancia es un acto de ignorancia, porque se hace más para alimentar el ego que el conocimiento.

Podemos entender que el enemigo más grande de la ignorancia es el conocimiento, el cual nos invita a expandir los horizontes de la vida. Comprender nuestra ignorancia es la mejor parte del conocimiento, invitándonos a reconocer que más vale el reproche del sabio que oír las alabanzas del necio. Es como la diferencia entre un sabio y un ignorante, es la misma que existe entre un hombre vivo y un cadáver.

Les traigo algunas frases sobre la ignorancia, vinculadas con nombres de filósofos, escritores y pensadores a lo largo de la historia, quienes las analizaron con mucho acierto:

√ La docta ignorancia *(no tiene rival en su campo)*.
√ La ignorancia culpable.
√ La ignorancia excusante.
√ La ignorancia racional.
√ La ignorancia querida.
√ La ignorancia inevitable.
√ La ignorancia conjetural.

La ignorancia no tiene excusa, sobre todo aquella que no es total ni presuntuosa, y es la que resulta del autoengaño. Es una forma moralmente inadmisible de eludir la responsabilidad propia, demostrando profundas heridas interiores. La mentira, la falsedad, la envidia, el orgullo y la arrogancia trabajan en conjunto y su jefe es la ignorancia. Por esta razón, debemos hacer una completa conexión y reflexión sobre la vida.

Debido a que cada persona tiene la obligación consigo misma de hacer un esfuerzo para preguntarse y entender el entorno que la rodea, el mundo donde vive y en lo que cree. Originando caminos al andar para encontrar sentido a la existencia y qué hacer con ella. Tenemos responsabilidad con nosotros mismos y con los demás, porque no estamos solos en este planeta. Algunas personas no deberían considerar el estudio como obligación ni imposición, ya que es una gran oportunidad para salir del círculo de la ignorancia.

Ahora, le invito a escribir sus propias conclusiones. La ignorancia para mi es.

_____

_____

_____

La mejor manera de superar la ignorancia es.

_____

_____

_____

«El Ignorante considera falso todo lo que es incapaz de entender. [Debido a que es incapaz de explicarlo]».

Algunos libros y personalidades argumentan que la humanidad está alcanzando una sobrepoblación alarmante en el planeta. Sin embargo, esta afirmación exagerada y a veces irresponsable se basa en la ignorancia. Se sugiere incluso que la pandemia fue necesaria para equilibrar la población, lo cual es una afirmación peligrosa y sin fundamento.

La realidad es que la masa terrestre del planeta ofrece suficiente espacio habitable, con aproximadamente 36.8 mil millones de acres disponibles. Para ponerlo en perspectiva, toda la población mundial podría acomodarse cómodamente en la isla canaria de Tenerife, que tiene solo 502,700 acres, proporcionando un metro cuadrado por persona. Esto pone de manifiesto una distribución de población mundial extremadamente desigual, con algunas áreas densamente pobladas y otras con escasa población, sin mencionar las desigualdades en ganancias y riqueza.

En esta época (año 2024), la población mundial es más o menos 8,118 billones de personas. En realidad, toda la población mundial podría encajar en el estado de Texas en los Estados Unidos o en la isla de Tenerife. En resumen, no enfrentamos una sobrepoblación real; la percepción errónea de la sobrepoblación se debe a la falta de conocimiento. Los seres humanos ocupan una gran cantidad de superficie terrestre, alrededor del 55%, pero en realidad solo necesitamos menos del 1% de la misma. Además, la riqueza del planeta está en manos de una pequeña parte de la población, aproximadamente el 1.1%.

Somos una especie que desperdicia recursos valiosos como el agua y la comida de manera alarmante. Cada año, se desperdician asombrosamente 763.000 millones de dólares en alimentos, equivalente al 20% de la producción mundial de carne, lo que representa el sacrificio de 75 millones de vacas. En otras palabras, mientras algunos disfrutan de excesos, otros apenas tienen lo suficiente para subsistir.

El derroche de alimentos alcanza cifras sorprendentes, con un promedio aproximado de 121 kilos de comida desperdiciada por persona cada año, y más de la mitad de este desperdicio ocurre en nuestros propios hogares. Entre los alimentos, las frutas y verduras encabezan la lista con un alarmante 42% del total desperdiciado.

Nuestra voraz forma de consumo no solo impacta a nuestra propia especie, sino también a la vida de mamíferos, peces y aves que luchan por sobrevivir en un mundo desequilibrado. Cazamos y pescamos en exceso, más allá de lo que necesitamos.
Además, nuestra producción desmedida, la contaminación de los mares, la alteración del aire que respiramos y la contaminación del agua que bebemos son prácticas comunes. Explotamos los recursos naturales hasta el agotamiento, y el sistema económico y de consumo nos hace creer que la humanidad es excesiva.

Algunos gobiernos, multinacionales y figuras prominentes, cegados por la codicia insaciable, son incapaces de encontrar satisfacción en lo que ya poseen. La fortuna y el éxito en los negocios no son sinónimos de sabiduría o de compromiso con el bienestar social y ambiental. La capacidad de influir en la opinión pública a través del poder económico no garantiza la veracidad de las palabras.

Mientras tanto, la mayoría de la humanidad se encuentra atrapada en un círculo de ignorancia que limita su capacidad de actuar ante la inminente crisis ambiental, económica y moral. Esta ignorancia, alimentada por la desinformación y la falta de acceso a la educación, amenaza nuestra propia existencia y el futuro de nuestro hogar, la Tierra.

«En el mundo del conocimiento, la ignorancia es como una sombra que desaparece cuando se enciende la luz del aprendizaje».

EL CÍRCULO DE LA INTELIGENCIA

Las dos cualidades más innatas de la mente humana son la intuición y la lógica. La primera nos lleva a la experiencia, y la segunda al razonamiento analítico, lo que nos convierte en criaturas mentales. Esto es lo que nos hace realmente únicos en el universo, todo lo demás le obedece a la mente.

Nuestro cerebro se asemeja a un abismo profundo y misterioso, más enigmático que el océano. En el seno de nuestra mente, se despliegan dimensiones infinitas que ocultan los secretos de Dios, la humanidad, la creación y la evolución del universo. Somos guardianes de este misterio, dotados de la capacidad de explorar y comprender el tejido mismo de la existencia.

La inteligencia humana opera siguiendo leyes tan intrincadas como las que rigen la electricidad, la física y la naturaleza. La evolución de la inteligencia posiblemente tuvo sus raíces en la necesidad primordial del ser humano: la comunicación, primero consigo mismo y luego con Dios y su entorno. Esta necesidad ha impulsado el desarrollo de nuestras capacidades de comunicación e inteligencia a lo largo del tiempo.

Este proceso de evolución no tiene fin, es infinito y continuará indefinidamente. En términos generales, nuestra inteligencia engloba la capacidad de aprender, planificar y actuar. Es una fuerza en constante desarrollo que nos permite comprender y moldear el mundo que nos rodea.

La inteligencia se puede definir como el uso de las capacidades y habilidades de aprender para solucionar problemas, hacer proyectos de vida y obtener logros. Tiene su origen en el cerebro, con la capacidad de razonar, aprender, pensar y manejar el pensamiento y las emociones. Para resolver problemas y encarar la vida, obramos con lógica y racionalidad.

La inteligencia se forma a partir de una combinación de factores, incluyendo predisposiciones genéticas y el aprendizaje a lo largo de la vida. El factor genético determina la facilidad innata hacia algún tipo de inteligencia. También se desarrolla con el estudio, el análisis y la experiencia. Su residencia es el cerebro, donde el ser humano procesa, planea y ejecuta acciones con la capacidad de hacer las cosas correctamente en relación con sus necesidades y ambiciones.

En términos simples, la mayoría de los seres humanos nacemos con la misma capacidad cerebral e inteligencia. Sin embargo, el desarrollo de la inteligencia es un asunto exclusivo del individuo, quien debe aprender a desarrollarla, aplicarla y aprovecharla. Si no hay inteligencia, razonamiento ni mente, no hay Dios, porque él es la inteligencia íntima dentro de nosotros.

Los seres humanos somos altamente sofisticados y complicados mentalmente, lo que nos diferencia de los animales. La inteligencia se manifiesta en la satisfacción de los sentidos y en saber hacer las cosas, aplicándola en el estudio, proyectos de vida y la adquisición de bienes materiales.

Aplicándola en el estudio, los proyectos de vida y las cosas materiales, por ejemplo: quiero estudiar arquitectura, o quiero estudiar medicina, cuando trabaje me compraré un carro, construiré la casa de mis sueños, haré el viaje que ambiciono, tengo una idea para hacer un invento, etc. La inteligencia nos ofrece estas oportunidades, pero es importante recordar que ser inteligente no necesariamente implica ser sabio. Esta distinción es crucial, ya que muchas personas inteligentes en el mundo pueden no ser sabias.

En el crisol de las fallas, donde el fuego esculpe dolor y lágrimas, se forja la sabiduría. Hasta hace poco, la inteligencia era un concepto unívoco, una vara mágica que medía el potencial humano. Sin embargo, en 1983, Howard Gardner, psicólogo, investigador y profesor de la Universidad de Harvard, desafió este paradigma con su teoría de las inteligencias múltiples. Gardner nos reveló que el ser humano es un caleidoscopio de habilidades cognitivas, cada una con su propia luz y matiz.

Un universo de inteligencias. Este nuevo paradigma expandió nuestro horizonte, revelando un universo de inteligencias que van más allá de la lógica y el lenguaje. Entre ellas encontramos:

√ Inteligencia lógico-matemática
√ Inteligencia lingüística
√ Inteligencia espacial
√ Inteligencia musical
√ Inteligencia kinestésico-corporal
√ Inteligencia intrapersonal
√ Inteligencia interpersonal
√ Inteligencia naturalista

Gardner y su equipo de Harvard nos advirtieron: la inteligencia académica, esa colección de títulos y méritos educativos, no define la inteligencia de un individuo. Un ejemplo claro lo encontramos en aquellos que, pese a brillar en las aulas, tropiezan en el complejo mundo de las relaciones interpersonales. La educación no es sinónimo de inteligencia. Un doctorado no garantiza sabiduría ni conciencia.

Inteligencia sin sabiduría; la paradoja del poder. Adolfo Hitler, ejemplo aterrador de este desequilibrio, ascendió al poder en Alemania en un tiempo relativamente corto. Su inteligencia estratégica le permitió apoderarse de territorios y desencadenar la Segunda Guerra Mundial. Sin embargo, su carencia de sabiduría y conciencia lo convirtió en un tirano despiadado, dejando un legado de dolor y destrucción.

Inteligencia al servicio del bien. En cambio, los pioneros de la tecnología, los inventores del radio, el automóvil, la televisión, el teléfono, la computadora y el teléfono celular, nos han brindado herramientas que han mejorado nuestra vida de manera inimaginable. Su inteligencia, puesta al servicio del bien, ha transformado el mundo.

Por otro lado, los pioneros de la tecnología, como los inventores del radio, el automóvil, la televisión, el teléfono, la computadora y el teléfono celular, han mejorado nuestra vida de manera inimaginable. Su inteligencia, puesta al servicio del bien, ha transformado el mundo. Incluso sin poseer un alto nivel de inteligencia, podemos beneficiarnos de sus frutos. Volamos en aviones, utilizamos celulares y computadoras, disfrutamos de la música y la tecnología, sin tener conocimiento profundo de su funcionamiento o historia. La inteligencia colectiva nos ha legado un mundo de posibilidades.

También existe la inteligencia emocional, y según el Dr. Goleman, es la capacidad de reconocer nuestros propios sentimientos, los sentimientos de los demás, motivarnos y manejar adecuadamente las relaciones que sostenemos con los demás y con nosotros mismos. El objetivo es saber manejar las situaciones en las que aparecen emociones incontrolables, utilizando técnicas y estrategias que nos permitan reflexionar y pensar cuál es la mejor opción. Según el Dr. Goleman y otros especialistas en este campo, es complejo establecer una categorización ideal de los tipos de inteligencia emocional. Esto depende de la forma como la persona fue criada, sus experiencias y su forma de ver la realidad. Sin embargo, la inteligencia emocional se podría clasificar de la siguiente manera:

√ Inteligencia Personal
√ Inteligencia Intrapersonal
√ Inteligencia Interpersonal
√ Inteligencia Social

La inteligencia implica no solo el conocimiento intelectual, sino también la capacidad de aplicarlo y adaptarse a los cambios. Por ejemplo, saber mucho no es lo mismo que ser inteligente. La inteligencia va más allá de la simple acumulación de conocimientos. Una persona verdaderamente inteligente no solo posee un vasto bagaje intelectual, sino que también es capaz de aplicar ese conocimiento de manera práctica y efectiva en diferentes situaciones. Además, la inteligencia se caracteriza por la capacidad de adaptarse a los cambios y desafíos que presenta el entorno. En este sentido, algunas personas pueden tener un gran conocimiento teórico, pero les resulta difícil ponerlo en práctica o afrontar situaciones nuevas.

La inteligencia implica no solo el conocimiento intelectual, sino también la capacidad de aplicarlo y adaptarse a los cambios. Por ejemplo, saber mucho no es lo mismo que ser inteligente. Debido a que la inteligencia va más allá de la simple acumulación de conocimientos. Una persona verdaderamente inteligente no solo posee un vasto bagaje intelectual, sino que también es capaz de aplicar ese conocimiento de manera práctica y efectiva en diferentes situaciones. Además, la inteligencia se caracteriza por la capacidad de adaptarse a los cambios y desafíos que presenta el entorno. En este sentido, algunas personas pueden tener un gran conocimiento teórico, pero les resulta difícil ponerlo en práctica o afrontar situaciones nuevas.

Inteligencia y sabiduría: ¿Cuál es la diferencia? Si bien la inteligencia y la sabiduría están estrechamente relacionadas, no son conceptos idénticos. La inteligencia se refiere a la capacidad de aprender, comprender y razonar, mientras que la sabiduría implica la capacidad de aplicar ese conocimiento y experiencia de manera reflexiva y juiciosa para tomar decisiones acertadas y vivir una vida plena. Un ejemplo de esta distinción lo encontramos en la frase: "El hombre inteligente sabe lo que dice, y el sabio sabe cuándo y cómo decirlo".

√ El inteligente no es sabio, pero puede llegar a serlo
√ El sabio de hecho ya posee inteligencia
√ Tener sabiduría es también el conocimiento del Creador del universo

Ahora le invito a participar un poco más del tema, le invito a que haga su propio análisis y lo escriba en las siguientes líneas.

Para mí, ser inteligente es.

_____

_____

_____

_____

Las personas que considero inteligentes son.

_____

_____

_____

Para mí, una persona emocionalmente inteligente es.

_____

_____

_____

_____

Analice cuidadosamente el mensaje en (Proverbios 15:33). El temor del señor es instrucción de sabiduría y antes de la gloria, está la humildad.

«Un ego demasiado elevado nos separa de los demás y de nuestra fuente creadora, Dios eterno».

EL CÍRCULO DEL LIDERAZGO

El liderazgo: Es un potencial multifacético que se despliega en diversos ámbitos, desde lo religioso y militar hasta lo político, empresarial, tecnológico y muchos más. La esencia del liderazgo genuino reside en la capacidad de guiar y motivar a un grupo de personas, una organización, una empresa, un partido político o incluso un país, con el objetivo de transformar una visión en una realidad palpable. Un líder auténtico aprovecha su conjunto de habilidades innatas para alcanzar un conjunto de metas previamente establecidas, diseñadas para generar beneficios y satisfacer las necesidades genuinas de quienes lo siguen.

UN LÍDER ¿NACE O SE HACE?

La respuesta es: ambas cosas. La naturaleza del liderazgo reside en una combinación dinámica de características innatas y habilidades adquiridas a través del tiempo. Si bien algunas personas nacen con predisposiciones al liderazgo, como el carisma o la capacidad de auto influencia, estas cualidades se pueden potenciar y perfeccionar mediante el estudio, el desarrollo del intelecto y la inteligencia emocional. Un líder efectivo es capaz de generar entusiasmo y admiración en sus seguidores, inspirándolos a alcanzar metas comunes. Además, posee la habilidad de tomar decisiones acertadas con un mínimo de riesgo, siempre buscando el bien común y la excelencia personal.

En el contexto actual, marcado por la alta competitividad, la globalización, los avances tecnológicos, las nuevas tendencias de mercadotecnia, las inversiones cambiantes, las reformas gubernamentales y la evolución de la fuerza laboral, el liderazgo se ha transformado en una tarea desafiante que exige una constante adaptación y desarrollo de nuevas habilidades.

Quienes aspiran a ser líderes efectivos en este entorno dinámico deben estar preparados para enfrentar una espiral de cambios rápidos, liderando con éxito empresas, instituciones o países. En este sentido, surge una nueva generación de triunfadores con un poder renovador y transformador, dispuestos a responder a las demandas del mundo actual.

Después de la crisis pandémica, el liderazgo se ha vuelto aún más desafiante. Esto se debe a la intensificación de la competitividad, los cambios acelerados en la globalización, la tecnología, la mercadotecnia y las inversiones. Las reformas gubernamentales, la nueva fuerza laboral y las demás exigencias del mundo actual exigen una adaptación rápida por parte de las empresas, lo que a su vez demanda habilidades y aptitudes nuevas de parte de los líderes.

En este contexto, quienes deseen ser líderes y dirigir un equipo, una empresa, una institución o un país, deben estar cada día más preparados. Formándose así una nueva generación de triunfadores con poder renovador y transformador, capaces de guiar a sus equipos y organizaciones hacia el éxito en un mundo en constante cambio.

Ser líder conlleva una gran responsabilidad, ya que implica guiar e inspirar a un grupo de personas hacia el logro de objetivos comunes. Si bien algunos líderes nacen con predisposiciones innatas, otros se forman a través del estudio, la experiencia y las exigencias del entorno. Un líder efectivo se caracteriza por la capacidad de establecer metas ambiciosas, tanto a corto como a largo plazo, y por la habilidad de superar los desafíos que se presentan en el camino hacia el éxito.

Las cualidades del líder se forjan en el crisol de las adversidades. Estas cualidades se pulen y fortalecen a través de las adversidades, el estudio constante, la acumulación de experiencia y las demandas cada vez más exigentes del mundo actual. Un verdadero líder se forja, al igual que el hierro a altas temperaturas, en medio de las dificultades y los retos. Para estos líderes excepcionales, cuanto más exigentes sean las pruebas, mayores serán los logros alcanzados.

Un verdadero líder no se rinde ante las dificultades ni se desanima frente a los obstáculos. Por el contrario, posee la capacidad de ver las dificultades como oportunidades para crecer, aprender y fortalecerse. Estos líderes excepcionales saben que, si algo vale la pena, no será fácil, y por ello repiten con convicción la frase: "Cuantos más grandes sean los obstáculos, más grande serán los logros". Las dificultades son el crisol que forja a los verdaderos líderes, preparándolos para alcanzar propósitos extraordinarios.

Un líder excepcional: Un faro que guía a su equipo. Estos líderes excepcionales tienen la capacidad de percibir las necesidades de los demás desde lejos, reconocer los caminos que conducen al éxito y aprender a ganarse la lealtad y el respeto de aquellos a quienes guían. Así mismo, saben tolerar los errores, los cuales convierten en lecciones para establecer metas y expectativas mostrando autenticidad.

Las cualidades de un líder sólido: Un análisis profundo.

- ▶ Un líder primero se lidera a sí mismo, conociendo a fondo sus fortalezas y limitaciones.
- ▶ Pensamiento estratégico, siempre pone un paso adelante y toma decisiones para el futuro. Evalúa cuidadosamente los métodos y sistemas de trabajo actuales
- ▶ Siempre está en disposición de colaborar
- ▶ Inteligencia emocional, un líder que muestra optimismo, confianza en sí mismo y empatía, se le reconoce la fortaleza emocional que es clave para el liderazgo y motivar
- ▶ Tiene la personalidad para ejercer e inspirar autoridad
- ▶ Los líderes no necesitan apegos, pues necesitan más líderes
- ▶ Los líderes no tienen envidia, ya que son inspiradores de éxito
- ▶ Un verdadero líder tiene capacidad de comunicación expresando claramente sus ideas, creando confianza
- ▶ Pensamiento crítico, se preguntan de manera analítica para acelerar la toma de las mejores decisiones y no causar "parálisis por análisis"
- ▶ Sabe escuchar a los demás con criterio y conciencia, hace sentir a su interlocutor aceptado y respetado
- ▶ Es un coach, el líder no hace el trabajo de sus seguidores, más bien se preocupa porque cada uno haga su trabajo. Enseña para mejorar el trabajo y que su equipó las tome decisiones acertadas
- ▶ Es visionario, fiable, valiente, impulsor, integrador y descubridor
- ▶ Generar un clima positivo y condiciones para el desarrollo
- ▶ Seleccionar y promover a los seguidores talentosos
- ▶ Preparar los sucesores mediante delegar tareas y compartir responsabilidades.
- ▶ Los líderes no necesitan brillar, gracias a que llevan luz propia

La humildad: piedra angular del liderazgo sólido. Entre las cualidades mencionadas, la humildad se destaca como piedra angular del liderazgo sólido. Un verdadero líder es capaz de:

√ Admitir sus errores con honestidad, dejando de lado el orgullo y el ego.
√ Asumir la responsabilidad ante las dificultades, buscando soluciones reales y duraderas.
√ Reconocer las habilidades y aportes de los demás miembros del equipo.
√ Asumir la responsabilidad ante las dificultades, buscando soluciones reales y duraderas.

En consecuencia, esto hace que la prioridad de su trabajo sea.

√ Proteger la dignidad del individuo
√ Proteger la dignidad de la familia
√ Proteger la dignidad humana
√ Proteger la dignidad de la empresa

La ausencia de humildad y valores humanos en un líder inevitablemente lo llevará al fracaso. Un líder sin estas cualidades carecerá de la legitimidad y el respeto necesarios para inspirar y guiar a los demás. La historia está llena de ejemplos de líderes que, a pesar de ostentar posiciones de poder, jamás lograron alcanzar la verdadera esencia del liderazgo.

Las cualidades mencionadas en este análisis son esenciales para un líder que aspire a construir un liderazgo sólido y efectivo. La humildad, en particular, se convierte en la piedra angular sobre la que se erige un liderazgo auténtico, capaz de inspirar, motivar y guiar a otros hacia el logro de objetivos comunes y el éxito colectivo.

Un líder auténtico no solo se destaca por sus habilidades y logros, sino también por su inquebrantable compromiso con el aprendizaje y la mejora continua. Es un entusiasta que motiva a su equipo a desarrollar su potencial y alcanzar metas ambiciosas, reconoce el poder transformador de la palabra. La utiliza con sabiduría para inspirar, motivar y guiar a los demás. Sus palabras son claras,

123

precisas y llenas de convicción, generando confianza y entusiasmo en su equipo.

Es fácil para cualquier persona mantener la calma y el dominio propio en tiempos de tranquilidad. Sin embargo, es en los momentos difíciles, cuando las tormentas de la vida azotan con fuerza, que se pone a prueba el verdadero carácter de un líder. Un líder excepcional es aquel que permanece inquebrantable ante las adversidades, manteniendo la serenidad y la capacidad de tomar decisiones acertadas. La crisis económica desatada por el COVID-19 ha transformado radicalmente el panorama global, reconfigurando las formas de hacer negocios y trabajar.

En este contexto desafiante, un líder efectivo no solo se adapta a las nuevas circunstancias, sino que las utiliza como una oportunidad para crecer y fortalecer a su equipo. Un líder verdadero posee la capacidad de construir un oasis de prosperidad incluso en medio del desierto más árido, enfrentando la sed y la inclemencia del sol con valentía y determinación. En medio de las crisis, busca incansablemente la excelencia en el conocimiento, la confianza, la integridad y la seguridad de su equipo. Un líder auténtico comprende que el verdadero liderazgo reside en el servicio a los demás, actitud que lo convierte en una figura inspiradora y seductora.

¿TODOS LOS LIDERES SERÁN BUENOS ?

Todo líder sobresale por influencia y procedimiento con la gente. Ser líder no significa ser bueno, y un líder no es bueno si carece de humildad y valores. Muchos no tienen una idea concreta de lo que es la humildad y el respeto, pues tienen demasiado orgullo, un ego muy elevado y avaricia. Sin embargo, influyen y manipulan a los demás con facilidad; por lo general, son tiranos, con un liderazgo autoritario, como, por ejemplo:

Los narcotraficantes tienen líderes, los maleantes tienen líderes, las pandillas tienen su líder, la trata de blancas tiene su líder. Osama bin Laden era un líder, igual que Adolfo Hitler, Muammar Gaddafi, Saddam Husein; todos fueron líderes, pero malos en descendencia de la cadena evolutiva del hombre. La persona que se equivoca puede cambiar, pero la que no cambia nunca, vivirá siempre equivocada. Sabemos por experiencia que ningún liderazgo es eterno. Los personajes arriba mencionados sabían que estaban mal, pero tenían la necesidad diabólica de continuar la cadena destructiva de la creación. No importa el poder, igualmente, terminaron en el mismo lugar donde termina todo lo viviente.

Analizando bien, podemos concluir que indiscutiblemente la formación de líderes empieza en el hogar, del ejemplo y la influencia de los padres, el estudio y la disciplina. Por esta razón, padres, no se preocupen tanto por qué les van a dejar a sus hijos, preocúpense más bien por qué clase de hijos dejan en el mundo. Porque de tiranos, explotadores, asesinos y traumáticos ya tenemos suficiente.

Hoy en día necesitamos líderes más coherentes que tengan la realidad de nuestras vidas como seres humanos, racionales, formadores de la sociedad. No necesitamos líderes con votos comprados ni por favores personales ni amiguismo, tampoco quienes son elegidos con la punta del dedo.

Muchos líderes políticos confunden el liderazgo con rango, privilegio o dinero y además ignoran la situación personal y familiar de la sociedad que dicen gobernar. Qué decir de las leyes que aprueban para dirigir una sociedad, un país. Muchas de estas leyes carecen de moderación, sobriedad y hasta de lógica común. De hecho, algunas son tan fuera de lo común que rayan la ridiculez.

Cualquier grupo de personas, empresa o sociedad que elige a sus líderes sin saber quiénes son, sin evaluar sus principios ni moral, sin examinarlos a fondo ni su historia y únicamente los elige por amiguismo, popularidad y favores, no podrá tener un buen liderazgo con principios, justicia y progreso social.

Por esta razón, para elegir, debemos informarnos, estudiarlos bien, y saber por quién vamos a dar nuestro voto. Debemos aprender a elegir a quienes aspiran a liderar un grupo, una ciudad, una nación. Debemos aprender a elegir a los jueces y a todas las personas que aspiren a ejercer cargos públicos y de poder general. Debe tener en cuenta que cuando usted da su voto, está dando poder sobre usted. De hecho, cuando no ejerce su derecho a votar, alguien más elegirá por usted.

Le invito a que describa su propia conclusión, por ejemplo, ¿quién es un verdadero líder para usted? Para mí un verdadero líder es quien.

_____

_____

En mi concepto, un verdadero líder debe tener las siguientes cualidades.

_____

_____

«La persona más poderosa que, se ha conocido en el planeta, con el liderazgo más sólido, es Jesús de Nazaret».

EL CÍRCULO DE LAS METAS Y LOGROS

En el torbellino diario, nos embarcamos en la búsqueda de objetivos, desde los más simples hasta los más ambiciosos, abarcando diversos aspectos de nuestra existencia. Sin embargo, en esta lucha constante, a menudo cuestionamos el "por qué" de los acontecimientos, sin detenernos a reflexionar sobre el "para qué". Es aquí donde surge la interrogante crucial: ¿Cuánto tiempo hemos desperdiciado en vano? *¿Cuántos años, meses y días hemos dejado escapar sin rumbo?* Esta reflexión nos impulsa a romper el ciclo de la monotonía y emprender un viaje consciente hacia nuevas metas.

Alcanzar nuestras metas exige, en ocasiones, arriesgarlo todo para ganarlo todo. Sin embargo, antes de saborear el éxito, es fundamental identificar y cultivar los valores necesarios para construir metas duraderas. Recuerda que un gran desafío implica un gran riesgo y una espera paciente. El éxito sólido no se cosecha de la noche a la mañana ni de manera fortuita. Una vez alcanzado, el siguiente reto consiste en sostenerlo y gestionarlo sabiamente, ya que conlleva riesgos considerables. Si bien a la gente le agrada que hagamos las cosas bien, rara vez tolerará que los superemos. Del mismo modo, valorarán nuestra inteligencia y logros, siempre y cuando no eclipsen los suyos. Por ello, debemos trazar nuestro propio camino, evitando seguir los pasos trillados por otros.

Seguir los pasos de otros solo nos conducirá a donde ellos han estado, no a donde anhelamos llegar. La posibilidad de alcanzar nuestros objetivos se encuentra en la medida en que creemos en su viabilidad. Lo imposible solo reside en nuestra mente. Nadie posee el poder de dañarnos más que nosotros mismos con nuestros pensamientos y emociones. La paciencia, nutriente de la tolerancia, es el arte de comprender y el sustento del amor. El amor, a su vez, alimenta el perdón, y el perdón es la semilla de la paz, que nutre el espíritu. Estos ingredientes son el combustible de nuestras metas y logros, guiándonos hacia el éxito personal y profesional.

Desde cierto ángulo, un libro tiene seis caras, pero para algunos siempre tendrá solo dos porque su mente se limita a percibirlas. Esto se debe a las ideas preconcebidas que los atan, sin atreverse a ampliar su horizonte. De igual manera sucede con los caminos para alcanzar nuestras metas. Es necesario desechar la "basura mental" acumulada (descubriendo todas las caras del libro), renovando ideas para romper paradigmas y abrirnos a nuevas posibilidades.

Para lograrlo, debe afianzar los proyectos con estudio y consejos. Planee con estrategia y vencerá. Aprenda a ver que dentro de las dificultades siempre se esconden las oportunidades. Estas tienen el poder de hacernos crecer en nuestras habilidades. De esa manera, lo que el alma desea, sus ojos se lo enseñan, llegando con acierto y firmeza a las metas trazadas.

Los enemigos del éxito viven dentro de nosotros mismos, limitando nuestro potencial e impidiéndonos alcanzarlo. Estos enemigos son:
√ La falta de estrategia.
√ La inseguridad.
√ El conformismo.
√ La inconsistencia.

√ La procrastinación o postergación, que es un poderoso enemigo de las metas y el éxito. La postergación es la falsa creencia de que habrá un mejor momento en el futuro cercano para tomar la acción que necesitamos tomar hoy.

√ Las dudas, es sin lugar a duda el peor enemigo a vencer y el mayor problema es cuando la duda nos paraliza y, neutraliza la acción.

√ El miedo es el más aterrador de todos. Paraliza las ideas, la creatividad, limita, distrae y, por último, envía al fracaso total.

√ El orgullo es no reconocer que hace algo mal y, negarse a pedir ay

Podemos vencer estas actitudes asimilando que no va a ser fácil, pero tampoco imposible. Lograr el éxito duele, pues implica tomar decisiones difíciles, como dejar personas que no suman en su vida, cambiar hábitos, renunciar a la zona de confort y otras expectativas que usted pensaba que lo hacían feliz. Crecer duele, pero es necesario. Debe tener presente que tiene la capacidad de convertir algo sencillo en un gran logro, gracias a que ha crecido para lograr grandes metas. Le invito a que describa las metas que desea lograr.

Mis planes y metas son las siguientes.

_____

_____

_____

_____

_____

_____

_____

Se qué existen dificultades u obstáculos y, las voy a superar,

_____

_____

_____

_____

_____

«Los seres más profundos y dinámicos de la historia que han logrado sus metas, han tenido combates con las dificultades y consigo mismo».

EL CÍRCULO DEL MATRIMONIO

Antes del matrimonio, existen dos personas que van por diferentes caminos, se conocen y deciden unirse en matrimonio. En ese momento, se convierten en uno solo, iniciando una travesía conjunta con metas compartidas. Sin embargo, es fundamental comprender que el matrimonio no implica encontrar a la persona perfecta, sino a la "ayuda contraria perfecta", un compañero de viaje que nos complementa y nos ayuda a evolucionar.

Si analizamos con detenimiento, el amor de nuestra vida no es quien nos enamoró y se marchó, ni quien nos promete estar siempre presente pero nunca lo está. El verdadero amor reside en quien nos acepta tal como somos, quien siempre está ahí para nosotros y nunca nos abandona, incluso aceptando nuestro pasado con sus cicatrices sin intentar chantajearnos. Este amor abraza nuestras fortalezas y debilidades, invitándonos a compartir un viaje en el mismo tren. Se da sin calcular cantidades, sin preguntarse si ama más o menos. Este amor va más allá de la emoción; es perdón, comprensión, aceptación, tolerancia y reciprocidad. Implica estar juntos en las buenas y en las malas, esperar, tolerar, escuchar, callar, hablar, ayudar y acompañar.

Merece nuestra compañía y amor esa persona que, con sus palabras y actos sinceros, nos trata como a sí misma, brindándonos toda su atención, amor y protección en cualquier circunstancia, acompañándonos hasta el final. Es aquella a quien le contamos el peor chiste y, sin embargo, se ríe con nosotros. Es quien nos dice: "No quiero que te vayas, quiero que te quedes conmigo". Es quien nos dice: "Quiero besarte bajo la lluvia, bailar en la cocina, llorar, reír. Quiero tener un millón de aventuras contigo, tener peleas de almohadas". Es quien nos brinda toda su atención y dice: "Cuando miro al cielo, le pido a Dios por ti". Esa persona es quien merece acompañarnos en el viaje más importante de nuestra vida.

Si ya hemos logrado lo más difícil, que es encontrarnos entre millones de personas, ahora podemos enfocarnos en lo más fácil: no perdernos y luchar por mantener el amor en primer lugar. El matrimonio es un compromiso que exige dedicación y esfuerzo constante para nutrir el amor y superar juntos los obstáculos que se presenten en el camino. Recordemos que el amor verdadero no es un destino, sino un viaje continuo de crecimiento y aprendizaje compartido.

El matrimonio nació por amor, para la compañía, momentos de felicidad, la procreación y la sucesión; así mismo, es la base de la familia y la sociedad. Sin embargo, dolorosamente, es una costumbre que está en proceso de extinción. Aunque es el círculo ideal para la realización de las personas, como seres humanos, lo podríamos comparar con un árbol que se siembra en la tierra para crecer y dar buenos frutos. No cabe duda de que la mejor manera de tener un matrimonio exitoso es entender cuál es su objetivo. La pregunta es: ¿sabe qué es el amor? Ahora bien, si no puede definir el amor, ¿cómo sabe que lo aman?, ¿cómo puede saber que está enamorado?

Como ya dijimos, es imposible amar a alguien si nosotros mismos no nos amamos. No permita que los errores se agranden ni que el pasado haga presión sobre el presente; si lo permite, está perdido. En un matrimonio estable deben existir coordenadas de voluntad que se dirijan a un mismo objetivo, tratando de encontrar el estado ideal de las cosas. Esto se debe a que la vida matrimonial es la forma ideal para alcanzar la perfección. Un hombre o una mujer por separado no podrán conseguir un balance perfecto, debido a que la pareja es la ayuda ideal para el desarrollo personal, familiar y social.

Por lo tanto, antes de contraer matrimonio, para que no lo lamente, no se case únicamente por entendimiento sexual, ni por dinero, ni por suplir la soledad, ni tampoco buscando solo la felicidad. Debe casarse por y con amor, o sintiendo su llegada como una ilusión hermosa para la vida. Debemos buscar los valores fundamentales en una pareja como son: la ética, la gratitud, la empatía, el entendimiento sexual, la paciencia, la humildad, la responsabilidad, la fe, la tolerancia, la honestidad, los valores familiares y la confianza.

No existe matrimonio ni pareja que permanezca sin confianza. Entre otras cosas, esa mujer debe convertirse en su debilidad y usted en su seguridad. Porque, así como el agua sirve de reflejo para mirar su rostro, los valores morales, éticos, la confianza, el respeto y la fe son los espejos del matrimonio.

En la convivencia en pareja, se respeta el tiempo y espacio individual al que cada uno tiene derecho como persona. Cuando amamos a nuestro cónyuge, lo amamos con todos sus cambios de ánimo. No rechazamos ni criticamos sus defectos con otras personas, sino que tratamos de comprenderlos y tenemos tolerancia, aunque en los peores momentos alcancen un punto máximo de molestia para nosotros. En el matrimonio debemos aceptar los desacuerdos, las canas, las arrugas y el sobrepeso que traen los años. También debemos aceptar los cambios físicos, hormonales y de carácter que el tiempo trae. Si nota que su cónyuge cambia con el paso del tiempo, esto indica que usted también ha cambiado. Posiblemente, no se da cuenta, pero es algo normal cuando los años pasan y llega la edad adulta, así que debemos aceptarlo.

El matrimonio con amor es como el árbol y el fruto, semejando un solo cuerpo, y cuando se maltrata a la pareja es como maltratar su propio cuerpo. Cuando se habla a espaldas de la pareja es como criticarse a sí mismo. En el matrimonio, los cónyuges se unen para amarse como a sí mismos, así que nadie se aborrece ni se maldice a sí mismo.

Más bien, se cuida y alimenta con cuidados y cariño, tratando a su pareja como a la niña de sus ojos, como su rostro, su propia piel. Quien habla y critica a su cónyuge a sus espaldas, con chismes y quejas, demuestra desunión, desamor y huellas de heridas emocionales e interiores sin sanar. Viviendo en matrimonio resaltan incluso las imperfecciones más pequeñas de la persona.

Es la única forma de poder reparar nuestras imperfecciones en su máximo nivel. Un plan de vida en conjunto es esencial; por esta razón, debe saber elegir. En el matrimonio, además de amor y compañía, la pareja se une para crecer y enriquecerse, viendo objetivos en común y que le digan.

- mi amor, todo lo que he vivido, todo lo que he pasado a tu lado, la felicidad y las dificultades si volviera a nacer, contigo lo volvería a pasar.

Un avión puede volar, gracias a sus motores. En el matrimonio, *«el amor, la fidelidad, el respeto y la tolerancia»* entre otros, son las principales turbinas que impulsar esa unión y sus sueños. Ser pareja no significa no tener dificultades ni problemas, significa estar juntos y luchar para superarlos viendo un horizonte prometedor. Definir en forma total lo que es el amor de pareja es algo difícil, ya que es un concepto personal gracias a la mente crítica, la libre elección, la libertad de pensamiento y las experiencias vividas. Pero si podemos definir, lo que puede hacer el amor en el matrimonio y en la persona, por ejemplo.

√ Por amor no se hace nada indebido, no busca lo suyo, no se irrita ni guarda rencor.

√ Por amor todo se sufre, todo se cree, todo se espera, todo se tolera y se cuida a la pareja con delicadeza.

√ El amor no goza del sufrimiento ni la injusticia, más goza de lo bello, lo justo y verdadero.

√ Por amor todo es benigno; el amor no tiene envidia, el amor no es jactancioso y sabe apoyar.

√ Por amor, esa persona se vuelve adicta a usted, lo ama, cómo es, con su pasado, su historia, defectos y cualidades.

Si bien el amor verdadero exige entrega y sacrificio, no significa permitir el abuso o la manipulación. Amar no implica renunciar a la propia identidad ni tolerar comportamientos irrespetuosos. Esperar que la pareja sea perfecta es una ilusión que puede llevar a la frustración. El amor verdadero acepta a la persona tal como es, con sus virtudes y defectos, y busca el crecimiento mutuo. El matrimonio duradero se construye sobre la base del trabajo en equipo, el respeto, la comunicación y la fe compartida.

Recuerde que quien ama no abusa, no utiliza ni hace chantajes emocionales. De hecho, si quiere ver el verdadero estado de una persona, no basta con ver cómo actúa frente al mundo, sino que lo más importante es ver cómo se comporta en su ambiente más íntimo, que es el día a día. Es decir, en el hogar, donde siempre ocurrirán cosas que harán a la persona mostrarse como es en realidad. Así como un metal se afila con otro, demostrando que se necesitan los dos para hacerse útiles el uno al otro, cumpliendo cada uno con perfecta armonía y coordinación, igual es un matrimonio duradero. Este se construye con trabajo en equipo, respeto, mutua admiración, tolerancia con inagotable dosis de amor, humildad, gratitud, perdón, comprensión, coordinación y Dios en sus vidas.

La infidelidad y el adulterio son como veneno para el matrimonio, erosionando la confianza, el respeto y el amor. Estas acciones egoístas causan un dolor profundo a la pareja y a la familia, dejando cicatrices emocionales que pueden ser difíciles de sanar. Es importante recordar que la fidelidad no es solo un compromiso externo, sino un reflejo del amor y la lealtad que se profesan en la pareja. La fortaleza espiritual y la fidelidad a los valores son esenciales para mantener un matrimonio sano y resistir las tentaciones.

Frente a las tentaciones y los desafíos que puedan surgir en la vida matrimonial, la fortaleza espiritual y la fidelidad a los valores son pilares fundamentales para mantener un matrimonio sano. La búsqueda de apoyo espiritual y la práctica de valores como la honestidad, la responsabilidad y el compromiso pueden fortalecer la relación y brindar la fuerza necesaria para superar obstáculos. Hoy en día, para algunas personas, es más fácil desbaratar un matrimonio que cocinar un arroz.

No se ausente por mucho tiempo del hogar ni de su cónyuge ni de sus hijos; no es mental ni espiritualmente saludable estar ausente por períodos muy prolongados (meses lejos de su hogar). Antes de hacerlo, lo invito a que observe con cuidado cómo vuela errante un ave lejos de su nido. Podrá notar que revolotea de lugar en lugar. Así como el ave que anda lejos de su nido, lo mismo hace el hombre lejos de su hogar.

«Cuando un matrimonio funciona, no hay nada en el mundo que pueda suplirlo». (Helen Gahagan).

ALGUNOS HABITOS PARA SER UNA PAREJA FELIZ

Desarrollar y cultivar Intereses Comunes. Tener varias actividades para compartir en pareja como: caminar al parque, ir al cine, elegir las comidas, practicar algún deporte o actividad, bailar, escuchar música.

Caminar, cogidos de la Mano. Es una actividad confortante, energética, comunicativa y halagadora. Físicamente coordina el ritmo cardíaco y, refuerza la cercanía emociona al sentir el equilibrio de dar y recibir, simbolizando una relación estable.

Confiar y Perdonar. Las discusiones, los desacuerdos, los gritos y los malentendidos traen un desgaste emocional muy grande. La mejor manera es centrarse serenamente en lo que realmente importa. Evitando la opinión de terceros y perdonándose mutuamente, sin vencedor o vencido.

Resaltar lo que su pareja ha hecho Bien. Como relación de pareja, se deben resaltar los logros y, lo que el otro hace bien es de gran importancia. Resaltando (felicitando, aplaudiendo, celebrando) lo que el otro hace bien, haciéndolo sentir especial y que no es ignorado(a).

Abrazarse, sentir la presencia del Otro. Casi todos desconocemos la dimensión de plenitud que nos proporciona los abrazos, se dan y se reciben. Estos ayudan a reducir el estrés, regula los latidos del corazón, se siente protección, amor y ayuda a olvidar los problemas.

Ser tolerantes y decir "Te Quiero". Si usted es una persona que vive a la defensiva en todo momento y no expresas sus sentimientos. Sin duda tiene problemas emocionales que necesitas sanar para aprender a vivir en pareja, a ser tolerante y decir un "te quiero" sin timidez. Eso se logra con amor que es la mejor y más efectiva de las medicinas.

Decir buenos Días / buenas Noches. El afecto, la comprensión y el amor se cultiva y cuida cómo una flor. Con palabras afectuosas, cariñosas, haciéndole saber la pareja que "me importas y pienso en ti".

Tratar de acostarse al mismo Tiempo. Parece ser la razón principal por la que las parejas en relaciones establecidas tienen mejor salud y viven más tiempo. Contribuye al bienestar mental, reduce la enfermedad cardiaca, su salud, su felicidad y la satisfacción en pareja.

Ser niños de vez en Cuando. Jugar con la pareja como cuando se era niño, hablar como niños, jugar como niños y enojarse como niños, es decir, no tomar en serio el enojo. Se perdona más fácil y es satisfactorio como cuando realmente fuimos niños, es divertido y le permite ser más original.

Reconquistar a tu Pareja. El coqueteo en la pareja es una costumbre que nunca debe terminar y es esencial en la relación. Y, más importante, nunca haga comparaciones, cada persona es única en este planeta. Su pareja es única y para conservarla, debe enamorarse varias veces de su cónyuge.

Regresar al primer Encuentro. Regresar periódicamente a la primera vez que le gusto su pareja, repitiendo esa primera mirada, los momentos de agrado y encantó. Porque para que un matrimonio sea duradero y feliz, debemos enamorar muchas veces a esa persona.

Reírse el uno del Otro. Esta actividad es terapéutica, permite incluso dar a conocer defectos sin ofensas, hacer chistes, "tomarse el pelo" de vez en cuando y reírse de la actitud del otro, trae cercanía y simpatía.

Dedicar tiempo a estar solos y respetar ese Espacio. Los seres humanos somos un tumulto de emociones, necesitamos compañía y al mismo tiempo también la soledad. En el matrimonio como en las relaciones, estar a solas es importante para un encuentro consigo mismo. Liad Uziel, profesor de origen judío del departamento de psicología de la Universidad de Bar-Ilan, en Tel Aviv, Israel, afirma que el tiempo a solas, "moldean nuestro carácter desde diferentes perspectivas".

Para algunos el amor es una carga pesada, un agridulce e inevitable dolor que deben llevar encima. Esto es porque no saben ni pueden amar de una manera más saludable, inteligente y con el corazón. Ser fiel no significa ser tonto, significa madurez, saber apreciar y valorizar la pareja que tiene, porque el amor y la felicidad crecen con la vida. Estos consejos, los doy de hecho y causa, por experiencia personal los he practicado y dan resultado. No obstante, lo que más nos ha ayudado es tener a Dios en nuestras vidas.

Recuerde, solo los que son amados aman y dan amor, porque han aprendido que para amar plenamente primero nos tenemos que amar nosotros mismos, igual los que saben ser felices, dan felicidad. Si ha perdido algunos hábitos amorosos con su pareja, los invito a que escriba los que desearía empezar a tener.

Por ejemplo, me gustaría que mi pareja y yo tuviéramos los siguientes hábitos.

_____

_____

_____

Para empezar, voy a.

_____

_____

_____

Que su propósito sea conserva siempre la fidelidad y la confianza, ya que cuando la confianza se pierde en la pareja, es como cuando se rompe un espejo. Por mucho que recoja las piezas, este nunca será lo mismo. Usted podrá recoger los pedazos más grandes y unirlos. Digamos que podrá ver su imagen de nuevo, pero eso solo usted lo ve. Debido a que su pareja, por mucho que se esfuerce, verá la imagen distorsionada, ya que un adulterio nunca se olvida, siempre los acompañara como una sombra. Le invito a meditar y responder las siguientes preguntas.

Las diferencias que tenemos, creo que se pueden solucionar de la siguiente manera.

_____

_____

_____

_____

Estoy en disposición de perdonar y pedir perdón, así que.

_____

_____

_____

_____

Si usted es ideal para su cónyuge o su pareja, esta persona pasará a ser su mejor amigo, la persona en quien usted confía, con la que más tiempo desea estar y con la que existe más sinceridad y es más abierta. Porque el mejor amigo, no se elige, simplemente llega de forma natural debido a que no se obliga a nadie a ser el mejor amigo.

Así que antes de escuchar un chisme, es saludable aplicar los tres tamices de Sócrates. Tamis significa (examinar o selecciona concienzudamente). En consecuencia, antes de escuchar y juzgar, pregunte lo siguiente.

√ ¿Has comprobado si lo que me vas a decir es verdad?
√ Lo que quieres decirme sobre mi amigo, ¿es algo bueno?
√ ¿Es útil que yo sepa lo que me vas a decir de este amigo?

Haciendo estas preguntas y aplicándolas, nos evitarán muchos problemas, sobre todo, si se trata de su cónyuge, su pareja o un amigo.

«Así mismo el esposo debe amar a su esposa como a su propio cuerpo. El que ama a su esposa se ama a sí mismo». (Efes 5:28).

EL CÍRCULO DE LA SEPARACIÓN
Y EL DIVORCIO

Una separación o ruptura matrimonial es un momento muy difícil en cualquier hogar del mundo y, para todas las personas involucradas. Los problemas y desacuerdos entre los cónyuges vienen incluidos en el paquete que usted eligió. Eso lo saben todas las parejas, es algo innegable, se necesita amor y madurez para superarlos. Si va a separarse y piensas divorciarse de su cónyuge porque no están de acuerdo, no pueden conversar de forma efectiva y genera mucha frustración. Tienen problemas y se ha dado cuenta de que piensan distinto y tienen diferentes puntos de vista. Pues bien, usted debe saber que está a punto de cometer otro error más de su vida.

Analicé bien lo siguiente, ¿si no tuviera conflictos con su pareja pensaría en separarse?, ¡verdad que no!, esto indica que el motivo no es su pareja, sino los conflictos. Es como cuando muchos abandonan el matrimonio alegando que el amor se acaba. La siguiente pregunta es, ¿cuándo a su vehículo se le acaba la gasolina, lo abandona o lo recarga nuevamente? Así que, ¿por qué quiere separarse? Cuál es la causa, ¿la falta de compromiso, los conflictos y discusiones? Quiere salir corriendo y no saber nada. Es posible que con esta actitud no solucione nada, solo va a herir a quienes más le aman. A su cónyuge, sus hijos y, de hecho, a usted mismo, al separarse es posible que los problemas se le agranden más.

En una crisis conyugal, la relación puede ser sanada si las dos personas están comprometidas. Los problemas y desacuerdos se solucionan en pareja, con amor, tolerancia y una buena dosis de paciencia. Sí eligió entre otras personas y lucho mucho para conquistar al amor de su vida, ahora no lo cambie por otro amor ni por otra vida. Si encontró a esa persona que le da amor y comprensión, no se empeñe en ser infeliz. Los seres humanos somos raros, no sabemos ser felices, parece que nuestra especialidad, es fabricar problemas para ser infelices. Parecemos felices caminando en tinieblas, huyendo de la luz y de las personas que más nos aman.

Si llegaron al matrimonio es porque se aman, se conquistaron uno al otro. Se han domesticado, aceptando el pasado y los defectos de cada uno y no porque son iguales. Si su cónyuge es esa persona que le dice, la vida es mía, pero mi corazón es suyo, la sonrisa es mía, pero el motivo de ella siempre es usted, esa persona merece su compañía y su amor. Y, no vale la pena separarse porque no piensen igual, ni por un desacuerdo ni porque no tenga los mismos gustos. No crea qué se equivocó, todos los seres humanos somos diferentes. Si su cónyuge no acepta sus imposiciones ni se deja dominar como usted desea, es porque tiene vida, voluntad, voz, voto y tenemos que respetar eso. Es más, hasta Dios mismo, respeta el libre albedrío y la expresión libre, tanto de la persona (recordemos a María de Nazaret), como de las parejas.

No se trata de ser la pareja perfecta, pero sí una sociedad compartida. Todos somos diferentes en pensamientos, planes y actos, gracias a que gozamos de libre albedrío y elección. El Creador hizo diferentes al hombre y a la mujer para que en su unión pudiesen ser un complemento perfecto y la compañía contraría ideal. Llegando a ser uno para perpetuar la especie, ayudando a Dios en la perfección de la creación. Lo que significa que trabajamos con Dios, somos cocreadores con Él.

En el matrimonio debe existir con un "equilibrio estable", por esta razón es que pensamos y captamos las cosas de manera diferente. Imagine una balanza (de platillos o de cruz) para que llegue a un balance perfecto, debe existir el mismo peso y si llegara a existir un desbalance, es porque existe sobrepeso del otro lado. Pues bien, igualmente sucede en el matrimonio. Que, aunque reflexionemos diferente ni estemos de acuerdo en todo, es necesario un balance para mantener la unión. Considere lo siguiente, si su cónyuge llegara a pensar como usted quiere, entonces no sería una persona, sería su títere, un ser que pude manejar a su antojo y como le da la gana. Es decir, hoy día si vive con una persona que únicamente "quiere imponer su voluntad", donde no existe la opinión, el respeto y confianza, simplemente no hay nada.

143

Para ser consiente, analice lo siguiente: tenemos dos manos que parecen del mismo tamaño, pero no lo son, una es más larga que la otra y están colocadas en sentido contrario, cada una en su lado cumple su función, lo que hace la mano derecha no lo hace la izquierda. Incluso una sola mano no puede hacer mucho, pero las dos juntas hacen maravillas, con el poder y la habilidad de transformar el mundo. **Lo mismo sucede en el matrimonio.**

Tenemos dos pies, aunque parecidos son diferentes, el derecho generalmente es más largo que el izquierdo. Igual que los brazos están colocados en sentido contrario, y cada uno cumple con su misión, es decir, los dos se complementan y necesitan. Por ejemplo: con un solo pie, en verdad no puede ir muy lejos, pero con los dos, puedes correr a una velocidad de 34,74 km/h, y caminando se puede alcanzar el infinito. Lo mismo es el matrimonio.

Tenemos dos ojos, aunque parecidos, no son iguales, uno ve más lejos que otro. Cada uno cumple su misión, uno ve los objetos de cerca y el otro los ve de lejos. Lo que indica que, para ver bien los objetos, los dos se necesitan. Con un solo ojo, vemos con dificultad, pero los dos pueden ver un mejor horizonte con gran facilidad. Así mismo es el matrimonio.

En conclusión, cada cosa es necesaria en la vida, aunque parecidas tienen una función diferente y los dos, con cuidado y coordinación, cumplen su función, construyen, caminan y ven. Lo mismo es el matrimonio. Lo que no puede hacer un cónyuge, lo hará el otro, tenemos ojos y mente crítica es la lógica del ser humano. Así, que aún no se separe, tenga paciencia, al pasar el tiempo, comprobarán lo maravilloso que es convivir con el ser que se ama.

Si tienen diferentes puntos de vista, hay que ser solidarios, comprensivos y tener una buena dosis de tolerancia. Así, y paso a paso podrán alcanzar la plenitud, porque el matrimonio, gracias al Creador, es así. Le invito a que en las siguientes líneas escriba los problemas y desacuerdos que tiene con su cónyuge. Los problemas que tengo con mi cónyuge son los siguientes.

_____

_____

_____

_____

Las causas de los problemas y desacuerdos son por los siguientes motivos.

_____

_____

_____

_____

Entiendo que todos los seres humanos de una u otra forma sufrimos de abandono, abuso, agresión y decepción en alguna etapa de nuestra vida. Si mi cónyuge los tiene, yo con amor voy a ayudar. La mejor manera de solucionar nuestros problemas y desacuerdos es de la siguiente manera.

_____

_____

_____

_____

Que le molesten los errores y defectos de su pareja, pero vive felices con los suyos, es una indicación que está mal emocionalmente. Le hago una invitación a la reflexión sobre la ignorancia, el orgullo y egoísmo que confunden, sobre la soberbia que nos invade. Aprender que a veces para amar verdaderamente significa romper con todo y, comprender que en ocasiones lo mejor se convierte en enemigo de lo bueno, debido a la incomprensión que tenemos del propósito de la vida.

Todos los seres humanos tenemos crisis existenciales, no hagamos de la vida un drama vivencial. Debe hacer un análisis cronológico de la vida para aprender que convivir en matrimonio, es para aprender y crecer, no es una tragedia como usted lo quiere creer. Los problemas   son para superarlos, para eso Dios nos dio inteligencia y sabiduría.

Piénselo bien, no deshagas tu matrimonio, técnicamente podríamos decir que quien destruye el matrimonio, destruye la civilización. Medite profundamente desprendiéndose del ego, la soberbia, el orgullo y de su falso yo. Y, si encuentras que su amor es genuino y verdadero, si se casó con amor, no caiga en los errores mentales y en los consejos erróneos de otros. Salve su matrimonio, porque si no es capaz de vivir con el ser que ama, ¿con quién cree que es capaz de vivir? Si no puede arreglar los problemas con la persona que ama, ¿cómo considera que vas a solucionar los problemas con las personas que no sienten ningún apego ni afecto por usted? ¡no se engañe!

La infidelidad es cómo un espíritu malicioso que quiere destruir su relación y su felicidad. Es más amarga que la muerte, pues trae desolación, traición, confusión, tormento por celos, inseguridad y baja autoestima. Atrapa sus reflexiones, aturde su juicio, encadena su corazón y confunde sus sentimientos venciendo su voluntad. Toda pasión infiel termina, como empieza, de un golpe. El derrotado, termina siendo esclavo de quien lo vence, así que no se deje vencer. Vale repetirlo de nuevo, hoy en día para mucha gente, es más fácil desbaratar un matrimonio que cocinar arroz.

Después de la reclusión pandémica, todos hemos experimentado algunos cambios. Igualmente, ha cambiado nuestra manera de ver las relaciones. Durante esta etapa, los matrimonios y las parejas pasaron juntos un periodo extenso de tiempo más de lo normal. Han tenido qué ocupar diferentes papeles y obligaciones que antes, ocupaban con otras personas, por ejemplo, con los amigos y el trabajo.

Así, qué en la rutina normal es una oportunidad perfecta para un reinicio, para aprender de ese periodo de inactividad juntos. Los matrimonios y las parejas pueden salir del encierro y la rutina, más fuertes que nunca. Si están dispuestos a aprender del pasado y miran hacia el futuro con confianza y amor renovado.

Si existe amor verdadero, siempre habrá soluciones, una de ellas es acudir a Dios, él es el protector número uno de su matrimonio. *«Proverbios 3:5-6: Confía en Yahvé de todo corazón, y no te apoyes en tu propia inteligencia; reconócelo en todos tus caminos, y él enderezará tus sendas»*. Debe tener más fe y confianza, porque a quien Dios le falta, todo le falta y a quien Dios tiene nada le falta.

Dónde hay fe, hay amor, donde hay amor, hay paz y donde hay paz, allí Dios esta y donde está Dios hay unión, comprensión, felicidad y prosperidad. De esta manera, podrá decir: mi amor, en mi corazón y en mi vida siempre habrá un lugar especial para usted, no porque yo lo digo, sino porque usted se lo ha ganado, quiero envejecer, ya que, con su amor y Dios en nuestras vidas, nada nos podrá vencer.

Si embargo, un cónyuge con tendencia a la infidelidad y a cometer adulterio, eso no lo aguanta nadie. Siempre hay oportunidades de cambiar y reparar, pero persistir con esa actitud, es una indicación que cada uno debe seguir su camino por separado. Porque con "cachos" permanentes, no le gusta vivir a nadie y quién vive así, no vive, sino que agoniza. Debido a que los **"amores fugases"** es lo que en realidad ofrecen en el mercado de la felicidad artificial. Son como los juegos pirotécnicos que hacen ruido y deslumbran por un momento. Pero instantes después, se apagan, desaparecen y únicamente queda el silencio, un vacío y soledad infinita. Únicamente queda la culpa del error cometido y sus consecuencias.

«Las rosas pierden sus pétalos, pero cuando florecen de nuevo lo hacen con más fuerza».

EL CÍRCULO DE LA FAMILIA Y LOS HIJOS

Así como la hierba y los árboles dan fruto con su semilla según su especie, y las aves y los animales se reproducen según su especie. El hombre también produce frutos según su especie. Son sus hijos e hijas, formando así una familia, perpetuando la humanidad. Es lo más extraordinario que el ser humano puede dar y la tarea más hermosa que nos da el Creador. Este, es el propósito más grandioso para el que fuimos creados.

Vienen a través de usted, pero no son suyos, son los hijos e hijas del mañana. Porque tienen su propio pensamiento y decisión, al igual que usted, serán colaboradores de Dios en la creación, en la evolución de nuestra especie y la expansión del universo. Gracias a la dicha de poder tener hijos y con esto, el Creador del universo nos está invitando a colaborar en su obra creadora, con todo nuestro amor y nuestras fuerzas. Usted y su familia son la base de la sociedad. El mayor regalo que puede recibir en esta existencia es poder procrear, así que disfrute sus hijos lo más que pueda. En la niñez consiéntalo, deles cuidado y amor a caudales, pero enséñele que en la vida no se puede tener todo lo que se quiere por solo capricho. Debe aprender que existen deberes, reglas y obligaciones que cumplir y eso depende de usted. Los niños aprenden del ejemplo de sus padres, así que debemos cumplir bien la tarea encomendada.

Recuerde que sus hijos seguirán su ejemplo, no sus consejos. Trate de ser lo mejor y edúquelos para que sean felices y responsables, no inútiles e inseguros. No se preocupe tanto por lo que les pueda dejar en términos materiales; ya que cada uno debe ganarse lo que necesita, debido a que crecerán y por ley natural tendrán otros intereses, preocúpese más en saber qué clase de personas serán.

Es decir, de personas acomplejadas, infelices, irresponsables, petulantes, ladrones, avaros, estafadores, vividores, prostitución, orgullosos, envidiosos y asesinos está lleno el planeta. Debe saberlos educar, de manera contraria, usted tendrá culpa de lo que son y de lo que les pase. Debido a que los hijos son el retrato de sus padres y espejo de su familia.

No existe un manual para ser padres; tampoco ellos tienen uno para ser hijos. Debe ser consciente de que un día no estará para darle lo que necesite cuando se caiga. Enséñele a levantarse solo. Enséñele a valerse y a vivir por sí mismo. Prepárelo para la vida, no para que sea un flojo y quejumbroso. Estamos en la era de la evolución electrónica y tecnológica, con un torrente de información poco tolerable.

La filosofía, la fe, la teología y la comprensión no tienen ninguna importancia, ningún sentido, para niños y adolescentes. Para ellos es más importante un celular de moda, un juego electrónico, que escuchar una sugerencia y un consejo. Incluso son incapaces de tender su cama, arreglar su cuarto ni de servirse su propio alimento. Idolatran a sus amigos y viven poniéndole defectos a sus padres, a

150

quienes culpan de todos sus traumas e incomprensiones de la vida. Dicho de otro modo, en muchos hogares crían a hijos e hijas indolentes, incomprensivos e incapaces de enfrentar la vida por sus propios medios.

Los que somos padres sabemos que en algún punto de nuestras vidas experimentamos crisis frente al comportamiento de nuestros hijos, especialmente en las épocas de rebeldía. Ante esta situación nos vence la emoción, el desespero y las ansias de solucionar los problemas dentro del hogar. Sin embargo, cuando emprendemos el viaje de la paternidad o la maternidad, vendrán problemas. Es un deber criar hijos emocionalmente sanos, con capacidades de enfrentar los retos de la vida.

Si un menor en su niñez y adolescencia experimenta problemas y conflictos en situación de gran carga emocional (padres, familias en conflicto o problemas en la escuela), este hecho le puede generar heridas emocionales. Un menor puede reaccionar ante estos conflictos con desesperación, rabia, coraje, prepotencia, hostilidad, rebeldía, burla, rencor, repudio, frustración, crítica, sarcasmo. De acuerdo con la interpretación propia, pueden afectarlos de diferentes maneras y no están preparados para enfrentar estas situaciones apropiadamente.

No es recomendable darles a sus hijos todo lo que se antojen ni de usted dárselo, tampoco darles recompensa por hacer sus responsabilidades (no lo amerita, pues es un deber). Es un gran error si lo hace; mañana se podrá arrepentir. Puede ser difícil y doloroso, pero es lo mejor que puede hacer por ellos. Limitarlos con gustos es amarlos, educarlos, preparándolos para el futuro, enseñándoles el valor de las cosas. Un padre o madre que ama a sus hijos e hijas tienen la responsabilidad de reprenderlos. Es mejor enseñar a pescar que regalar un pez y, más que dar cosas materiales y hacerlos interesados, mejor darles calidad de amor.

Debe acostumbrarlos a controlar sus deseos y emociones y a suplir sus necesidades en la medida que sea posible. Enséñeles que todo tiene su lugar y su tiempo. Enséñeles a respetar, a decir no cuando es necesario y, lo más importante, a reconocer sus errores. Los

151

niños entienden todo con gran facilidad cuando se les explica bien.

Enséñele que existe el hambre, la injusticia, el dolor, la enfermedad y la muerte. Si no lo hace, dejándose llevar por el amor, ignorando la razón del ser. Le está haciendo un mal muy grande, lo está haciendo ignorante frente a la realidad que vivimos. Le está enseñando a andar como si fuera ciego y, no sabrá defenderse frente a los huracanes de la vida, pues no sabrá defenderse. Por esta razón no le evites las dificultades de la vida, más bien enséñale a superarlas con creatividad e inteligencia.

A los hijos se les enseña a vivir no a agonizar, debe aprender que la vida tiene sus dificultades, tropiezos y luchas. Que tenga presente que puede caer en un hoyo, no en una tumba, que la vida no hay que dramatizar, sino saberla vivir disfrutando lo que es bello y justo. Esa es su tarea más hermosa, obsequio preciado del Creador. Enséñale la gratitud, no hay nada mejor que un hijo agradecido. Cuando llega a casa y con su sonrisa levanta el ánimo a sus padres. Más aún, cuando se sabe que se ha arreglado un problema o se ha logrado algo nuevo, el orgullo llega al pecho y uno les dice

- Qué bien hijo que, orgulloso me siento de usted.
- Que felicidad verlo así.

Cuando un hijo tiene un problema y refleja tristeza, no se pregunte en qué falló, recuerde que todos llevamos nuestro propio drama. Somos sus copilotos en el programa de esta vida, debemos mostrarle el mapa y advertirles de los obstáculos en el camino. Pero son ellos los que toman su propia ruta, somos sus compañeros en el viaje, pero ellos son los pilotos, los que están al volante. Somos sus padres, no dictadores, somos el arco y ellos son la flecha.

Hijo, aprenda, goce y disfruta lo más que pueda, porque en este planeta no somos eternos. Disfrute de las cosas bellas de la vida, a sus padres cuando están vivos. Dedíqueles calidad de tiempo cuando estén vivos y no noches enteras cuando mueran. Es mejor abrazar un padre vivo y apretar ese cuerpo cansado de trabajar, que no abrazar un ataúd cuando muera. Dígales que los ama, que los necesita cuando están vivos, y no gritar lo mismo en el silencio cuando ellos mueran. Aprenda a disfrutar un fin de semana o un día festivo, dando un corto paseo con sus padres cuando están vivos, para que no anhele esos momentos cuando ellos ya no estén.

Regale una rosa, una flor ahora que están vivos, en vez de llenarlos de rosas y hermosas flores cuando mueran. Hijos, yo prefiero que me hagan una pequeña plegaria conmigo, ahora que estoy vivo y puedo escucharla y, no dediquen largas oraciones ni poemas sobre mi tumba cuando muera. Quiero que compartan un poco de tiempo ahora que estoy vivo y, no hagan largos viajes a mi tumba cuando muera.

Valoren el tiempo y el esfuerzo que les he dedicado mientras estoy vivo, para que no se lamenten en mi tumba cuando muera. Díganme cuánto me quieren ahora que estoy vivo, para que no se lamenten por no haberlo hecho cuando ya no esté. Solo quiero expresar que mis hijos son el regalo más grande en mi vida y siempre lo serán, tanto aquí como en la eternidad.

A aquellos que son hijos les aconsejo que aprendan a vivir, a disfrutar, a valorar y a superarse. Elijan lo bello, lo justo y lo bueno. Deben expresar su amor cuando lo sientan, ayudar al necesitado, dar comida al hambriento y ropa al desnudo. Respeten a sus compañeros de clase en la escuela, la universidad, el trabajo, y recuerden que el bullying, de ninguna manera, es aceptable, ya que daña vidas.

Aprendan a regalar calidad de tiempo, a disfrutar con las personas que los aman y a respetar de la misma manera en que Dios nos ama y respeta. De esta manera, se preparan para el futuro con conciencia, listos para ser ciudadanos no solo de un país, sino del planeta Tierra, ciudadanos universales.

CIUDADANOS DEL PLANETA TIERRA

Los hijos son la base de la familia, la cual es esencial para la sociedad. La sociedad, a su vez, es crucial para una nación, y las naciones son partes integrantes del planeta. Después de la pandemia de COVID-19, el mundo cambió significativamente, avanzando hacia una comunidad global o planetaria. Estamos experimentando cambios de gran escala y la idea de ser ciudadanos del planeta Tierra está ganando terreno.

√ **Comunicación:** La forma en que nos comunicamos se ha transformado radicalmente.

√ **Exploración y Cooperación Espacial:** La colaboración internacional en el espacio es cada vez más común.

√ **Migración y Educación:** Las migraciones y la educación están cada vez más interconectadas globalmente.

√ **Ayudas Humanitarias:** La respuesta global a desastres naturales es más coordinada.

√ **Asistencia Militar y Económica:** En casos de conflictos, la ayuda internacional es crucial.

√ **Contratación Internacional:** Es cada vez más común contratar personal de otros países.

√ **Prejuicios Raciales y Sociales:** Hay cambios significativos en la percepción de la diversidad.

√ **Visas para Nómadas Digitales:** Facilitan el trabajo remoto desde cualquier parte del mundo.

√ **Educación Global:** Las instituciones educativas promueven el estudio de asuntos internacionales y la ciudadanía global.

√ **Migración y Diversidad:** El libre paso sin visa y la diversidad étnica y cultural fomentan la comprensión y el respeto mutuo.

Estos indicios muestran un claro progreso hacia una ciudadanía mundial. Debemos preparar y educar a nuestros hijos para ser ciudadanos de este nuevo mundo. En un sentido amplio, ser ciudadano establece derechos, obligaciones, una identidad y un sentido de pertenencia. Sin embargo, ser ciudadano mundial implica también cuidar del lugar donde vivimos. La pregunta es, ¿en qué lugar habitamos? En el planeta tierra, ¡verdad!

Responsabilidades Globales. Una pandemia, como hemos visto, no afecta solo a una raza, grupo étnico o país, sino que se esparce por el mundo entero. El efecto mariposa demuestra que las acciones en un lugar tienen repercusiones globales. Esto es válido para acciones políticas, económicas, tecnológicas, ambientales y militares.

Este cambio hacia una mentalidad global no solo ocurre a nivel gubernamental, sino también a nivel empresarial, en comunidades y en individuos con pensamientos globales. La idea de ser ciudadanos universales ya está en marcha, con ejemplos como los mencionados anteriormente. La ONU y la UNESCO promueven la educación para la ciudadanía mundial (GCED, por sus siglas en inglés), que está comenzando a dominar movimientos como la educación multicultural.

Las redes sociales, las comunicaciones, la economía, los tratados del libre comercio, la importación y exportación, la contratación de personal es cada día más globales. Esto hace a los individuos tener responsabilidades sociales y globales, en beneficio de todas las sociedades del planeta. Aunque para llegar a ser ciudadanos planetarios, los gobiernos, las empresas y los individuos deberán hacer profundos cambios para una adaptación universal.

Algo que puede ser realidad para todos en dos o tres décadas, es decir, futuras generaciones, cómo los hijos de nuestros hijos. Cuando aprendamos a desarrollar mentalidad, responsabilidad y conciencia más universal en todos los aspectos. Sin embargo, la mejor herencia que lo podemos enseñar a nuestros hijos es enseñarles amar a Dios, a sus hermanos, a su prójimo y respetar las leyes.

¿Qué podemos hacer para educar a las nuevas generaciones para la ciudadanía global?

Para que nuestros hijos sean ciudadanos planetarios con un futuro prometedor, es esencial que reciban una educación adecuada. No la misma educación que nos han dado los gobiernos por años, sino una que esté a la vanguardia tecnológica. Si no se educan y adaptan apropiadamente, serán reemplazados por robots humanoides, los cuales ya están programados para realizar tareas humanas.

Es decir, tenemos que aprender a desarrollar más nuestro cerebro con niveles de inteligencia mas elevados no solo para ser dignos ciudadanos planetarios, sino también para sostener la raza humana, la cual pronto será remplazada en muchos campos por la industria robótica que cada día, evoluciona cada día más, algo que no se puede detener.

Acciones Concretas. ¿Qué debemos hacer para educar adecuadamente a nuestros hijos para que puedan enfrentar el futuro tecnológico y ser ciudadanos planetarios? Aquí algunas sugerencias:

√ Enseñar sobre Diversidad Cultural: Fomentar la tolerancia y el respeto mutuo.
√ Fomentar el Pensamiento Crítico: Desarrollar habilidades para la resolución de problemas.
√ Incentivar el voluntariado y el servicio a la comunidad.
√ Brindarles las herramientas para que puedan convertirse en agentes de cambio.

El futuro de la humanidad está en nuestras manos. Tenemos la capacidad de crear un mundo mejor para todos. Es hora de dar un paso al frente y asumir nuestra responsabilidad como ciudadanos del planeta Tierra.

¿Cuál es su opinión, sobre ser un ciudadano universal?

_____

_____

_____

_____

_____

Mi visión sobre este proyecto es la siguiente.

_____

_____

_____

_____

_____

Sí estoy de acuerdo porqué.

_____

_____

_____

_____

_____

No estoy de acuerdo porqué.

«Sobre cada niño, debería existir un cartel que diga, "tratar con amor, púes contiene el futuro" ».

EL CÍRCULO DEL MIEDO

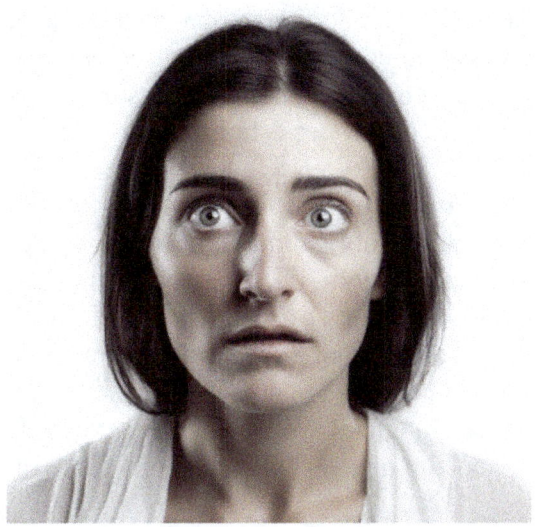

El miedo paraliza y limita; se manifiesta de diferentes maneras en cada persona. Es la perturbación, la angustia, el pánico. De hecho, es la emoción más difícil de manejar, y para quien tiene miedo, todos los ruidos asustan. El dolor lo llora, la rabia lo grita y, en realidad, el temor sirve para perderlo todo. Algunas cosas hacen que un sueño sea imposible, como el miedo a fracasar. Igualmente, aquel que teme sufrir también teme al temor.

Todo miedo se origina en el cerebro, que a su vez crea una reacción en cadena, generando incapacidades físicas para hacer o decir algo. Es una alteración del ánimo emocional que produce espanto, terror y rigidez corporal. Paraliza ante una amenaza, ya sea real o imaginaria, impidiéndonos alcanzar nuestras metas. El miedo es uno de los asesinos más letales que tiene el ser humano. Tiene la capacidad de matar nuestras metas, nuestros sueños, el amor, la amistad y la alegría. Y, como estocada final, nos hace sentir impotentes ante una decisión o situación, aislándonos y generando una sensación de derrota.
El miedo afecta nuestra mentalidad y la forma en que vemos las cosas. También afecta nuestro potencial creativo, intuitivo y

158

reactivo. Nos enferma, causando estrés, úlceras, irritación del colon y ansiedad. Es la enfermedad más sutil y destructiva que podemos experimentar. En sí, es una de las peores miserias que enfrenta el ser humano. Sentir pánico es como tener una bomba explotando dentro de nosotros, haciéndonos caer en pedazos, porque el miedo siempre magnifica las cosas y las hace parecer peores de lo que son. Quienes viven con temor son como esclavos, no son libres, porque sus mentes y corazones están vacíos de esperanza.

El temor, sin importar su origen, puede invadirnos a cualquier edad y en cualquier situación, obligando a nuestra mente y cuerpo a sufrir cambios inesperados. Agota los recursos de la razón; el corazón late más rápido y las pupilas se dilatan. Llega a la amígdala a través del tálamo, provocando una reacción inmediata en la mayoría del cuerpo. En resumen, es biológicamente imposible que una persona desarrolle todo su potencial si vive con la zozobra del miedo. En realidad, no vive, sino que se martiriza e incluso agoniza.

El miedo se origina en la amígdala, ubicada en el sistema límbico del cerebro, para mucha gente funciona como una señal de "stop" es decir, pare, analice, planee y actúa, cómo un método de supervivencia. Esto funciona tanto en los seres humanos como en los animales. Sin embargo, los animales utilizan el pánico mucho mejor que el hombre, debido a que la mayoría desarrollan su instinto un 100 % más que los seres humanos.

DEL TERRROR A LA ESPERANZA
SUPERANDO EL MIEDO EN TIEMPO DE CRISIS

El miedo, el horror, la ansiedad y el estrés que provoco el covid trajeron importantes desafíos para los seres humanos, los científicos y la salud pública a nivel mundial. El miedo y horror al virus nos hizo renunciar a muchas cosas y costumbres que anterior a la pandemia nunca hubiéramos cambiado. Como se anotó anteriormente, el miedo es entendido como una respuesta cognitiva a una amenaza, favorece la adaptación del ser humano ante determinados peligros. Pero si este miedo se mantiene, con el tiempo puede predisponerse para el surgimiento de enfermedades físicas y trastornos psicológicos, como el horror, la ansiedad, el estrés, etc. Según la revista científica "La Psychiatry Research". Durante la pandemia el miedo y el horror nos perjudicó de diferentes maneras y esferas en nuestra vida personal, particularmente en la salud mental.

Durante la pandemia el miedo se caracterizó por ser contagiados, de sufrir y encontrar la muerte. Fuimos testigos de millones de muertes alrededor del planeta. Algunos doctores y enfermeros llegaron a suicidarse por la impotencia de ver morir a cientos de sus pacientes y no poder hacer nada. De una u otra manera, muchos fuimos afectados por la muerte de un ser amado, de un familiar, un amigo o un conocido. Sin embargo, con o sin virus, ¿qué podemos hacer, cuando nos toca el turno? Lo cierto es que el mundo no es lo mismo, pero debemos adaptarnos y saber seguir adelanté.

Además, después de la crisis llega la calma y dando gracias a Dios y a la ciencia, Se descubrió la vacuna. El horror que sentimos pasa a ser un miedo y posteriormente únicamente a un temor ligero. Después da la vacunación, nos sentimos más seguros. De la misma forma, cambia nuestro estado mental, lo que en consecuencia sube las defensas del cuerpo y como resultado, tanto la vacuna como las defensas del cuerpo trabajan en conjunto, evacuando el miedo.

Las vacunas, nos hace sentir más seguros, también los conceptos como la resiliencia, la esperanza, saber resistir y la fe. Es pues el miedo, producto de sentirnos indefensos ante un peligro inminente, no saber qué hacer y no tener con qué enfrentarlo. Pero una vez superado, únicamente quedan aquellos qué se inventan sus miedos, elevando su ansiedad, depresión y estrés, temerosos de vivir.

Ahora, pregúntese lo siguiente.

√ ¿Qué beneficio le trae el miedo?
√ ¿Qué ha conseguido con el temor?
√ ¿Cuál es el beneficio de renunciar a sus sueños?
√ ¿Cuál es el beneficio de no tomar las riendas de su vida?
√ ¿Está feliz con sus miedos?

Pregúntese, ¿cuánto ha perdido por sus temores?

√ ¿Sabía usted que el miedo es amigo del estancamiento y la pobreza?
√ ¿Sabía que el miedo en ocasiones le impide disfrutar de los
√ pequeños y grandes placeres de la vida?
√ ¿Vive satisfecho con sus miedos?, ¡verdad que no!

Lo invito a vencerlos, a que se dé mejores oportunidades porque Dios y la vida tienen mejores cosas para usted.

«No le tema ni a la cárcel ni a la pobreza ni a la muerte, debe temerle al miedo». (Giacomo Leopardi, 1798-1837 Poeta Italiano).

En las siguientes líneas, haga un inventario de sus miedos, a las cosas, situaciones y lugares que le causan pánico.

_____

_____

_____

_____

_____

Ahora, trate de identificar el origen de esos miedos. Regresa a su niñez, adolescencia, a la escuela, pregúntese, cuando, dónde y porque nacieron esos miedos, ¿por qué están ahí?
El origen de mis miedos es.

_____

_____

_____

_____

_____

_____

Haga un retiro personal y silencioso, penetrando en su interior. Aíslese de todo: las personas, los ruidos, la televisión, el celular y las distracciones. Trate de encontrar el espíritu que mora dentro de usted. Aléjese de todas las actividades mentales usuales, como los sentimientos, las imágenes, las reflexiones y los recuerdos. En un silencio interior que va más allá de los sentidos, hasta que sienta esa paz que trasciende la alegría y la tristeza. Si logra analizar bien dentro de usted, podrá notar que la mayoría de sus miedos son infundados por otras personas; otros fueron creados en su mente por usted mismo.

Si fracasa en algo que intenta, vuelva a intentarlo. Simplemente hágalo de nuevo. El mejor antídoto contra el pánico es la confianza y el amor, porque donde hay amor, no hay temor. El verdadero amor quita el miedo, y quien ama a Dios no tiene nada que temer. Si se ama lo suficiente, dejará la esclavitud del miedo. Enfréntelo con todo lo que tenga, con todas sus fuerzas y con todo su corazón. Domine las sensaciones de miedo y controle sus pensamientos. Atrévase a hacer lo que nunca ha hecho, porque en el riesgo existe la ventaja.

Usted puede idear un plan, como asistir a terapias, conferencias, talleres o retiros. Haga un compromiso y empiece una transformación a nivel de conciencia. Sin maquillar la realidad, con su nivel de responsabilidad, el objetivo principal debe ser el control de sus pensamientos, que son los que alimentan las emociones. Estos, a su vez, controlan los sentimientos, que son los que lo llevan a actuar y a accionar en la vida real. Y si va a algún lugar, asegúrese de que sea sin miedos ni temores.

Los miedos son sentimientos que vienen de los pensamientos como reacción emocional ante una situación, donde también interviene la memoria. Puede decir: "Tengo conciencia de esto, por lo tanto, me comprometo a cambiar mis pensamientos". Hoy decido dejar de ser un títere de los temores, de las malas experiencias y los recuerdos.

Hoy me comprometo a tener fe y confianza en mis capacidades, en los talentos y virtudes que el Creador me ha dado. Le pido a Dios que me ayude, me enseñe y me acompañe para dar saltos cuánticos en mi vida, en mis pensamientos y acciones. Tengo la disposición de hacer cambios drásticos en mi existencia y salir del lastre mental y espiritual, porque nací para ser algo más grande.

Con fe y confianza eliminaré mis miedos y temores, así que empezare por.

_____

_____

_____

_____

_____

Los obstáculos, los voy a superar de la siguiente manera.

_____

_____

_____

_____

_____

El miedo es el aguijón del razonamiento lógico y de la confianza de sí mismo. Nos enceguece la mente, roba el sueño, nos hace mentir y ser cruel con uno mismo. Es una demostración de la falta de Dios en su vida debido a que, quien tiene Dios a nada le teme.

« El miedo es el aguijón da la mente y el razonamiento, enceguece la lógica y la confianza en uno mismo ».

EL CÍRCULO DE LOS PROBLEMAS

Todos los seres humanos somos portadores de características únicas, irrepetibles e insustituibles. Todos tenemos problemas, están ligados a nosotros como prerrequisito para madurar. Sin embargo, somos seres dinámicos, mucho más grandes que cualquier problema u obstáculo que se nos pueda presentar. El dilema es que los percibimos como algo desagradable y fastidioso. Mucha gente los considera como 'obstáculos' y se lamenta de tenerlos, pero en realidad, si no tuviéramos problemas, no tendríamos nada.

Por ejemplo, no tendríamos celulares, televisores, computadoras, vehículos, aviones ni medicinas, hospitales, transporte público ni electricidad. Es decir, tenemos todas estas comodidades gracias a las personas que, en su momento, consideraron que no tenerlas era un problema para ellos y para otros. Además, enfrentamos otros problemas, como los económicos, ambientales, de salud y los de la vida cotidiana. Si la vida se redujera únicamente a comer, dormir y hacer lo que nos antoje, no tendríamos propósito. La mejor manera de no tener problemas sería ser un animal, como una vaca o un caballo, o incluso podríamos estar muertos, ya que los muertos no tienen problemas. Sin embargo, mientras estemos vivos en este planeta, debemos aprender a lidiar con los problemas.

La vida en sí es un problema, así que es mejor tratar de entenderlos que lamentarse. Estos nos hacen crecer y nos enseñan a corregir los errores, para no volverlos a cometer. Las dificultades son algo más que eso, son maestros de la vida que no eligen religión, posición social, económica, ni nivel intelectual. Ante los problemas hay que saber actuar, por lo que el optimista en cada problema ve una oportunidad y el pesimista solo ve un obstáculo. Por esta razón, es qué los líderes y las personas con metas fijas, se descubren verdaderamente cuando se miden y superan sus problemas de manera inteligente.

La vida en sí misma es un problema, por lo que es mejor tratar de entenderlos en lugar de lamentarse. Los problemas nos hacen crecer y nos enseñan a corregir errores para no repetirlos. Las dificultades son más que eso; son maestros de la vida que no discriminan por religión, posición social, económica o nivel intelectual. Ante los problemas, debemos saber actuar. El optimista ve una oportunidad en cada problema, mientras que el pesimista solo ve un obstáculo. Por esta razón, los líderes y las personas con metas claras se descubren verdaderamente cuando enfrentan y superan sus problemas de manera inteligente.

► No revele secretos de nadie. En verdad nadie sabe guardar secretos y al final siempre se enteran y su desprestigio no tiene solución. No puede pedir discreción cuando usted mismo no la tiene. Sin embargo, un secreto puede guardarse entre dos personas, pero cuando un tercero interviene, se convierte en chisme.

► No se meta demasiado en la casa de su vecino. No quiera saber la vida de otros, no solo fastidia a su vecino, también está llamando problemas.

► No haga declaraciones falsas en contra de sus hermanos,

familiares, amigos, vecinos y prójimo. Es algo cómo jugar con hierro candente, como si fuera agua. Se quemará la lengua, la mente y el alma.

► Nunca confíe en quien traiciona. Puede perdonar, pero no caer de nuevo en su juego. Es diente picado y pie vacilante quien confía en un traidor o un chismoso en momentos de apuro.

► No se crea demasiado grande ni presuma de saberlo todo. Es mejor que le inviten al primer lugar que sufrir la humillación, cuando le digan que se retire, porque ese no es su lugar.

► Respete la pareja de su prójimo. No codicie su compañía, gran problema es una mujer celosa de otra, ¡nada bueno va a suceder!, igual cuando un hombre se ve traicionado por su mujer, vendrán vientos fríos del norte y actuara como león herido.

► Respeta los bienes ajenos. No tome lo que no le pertenece ni lo que no se ha ganado. Siempre trae desgracia, deshonra, cárcel y quien lo hace, siempre trae maldición a su vida.

► No se tome todo muy personal, mejor trabaje en su autoestima.

► No dé a conocer sus planes, ni grite muy alto sus triunfos, púes la envidia tiene el sueño ligero y los oídos abiertos.

► Aprenda a controlar sus emociones, en especial la ira, el miedo y las heridas emocionales. Los retiros, seminarios y talleres ayudan a superar estos problemas interiores.

La mejor manera de resolver los problemas es enfrentarlos, así tendrá la oportunidad de demostrar sus capacidades y habilidades. Notará que también contienen algunos secretos para el desarrollo y el conocimiento de la vida, llenan de experiencia y sabiduría. Así mismo, se dará cuenta de que, en este planeta, si no tuviera problemas no tendría conocimiento de vida.

Dios no nos envía problemas, si no tenemos fuerza para sobrellevarlo ni la sabiduría para superarlos. Si sus problemas son muy grandes y siente que a pesar de todo no puede con ellos, entrégaselos a Dios que él lo ayudará. Si no lo hace, en cierta manera lo está decepcionando, así que hable con Dios, Él lo espera desde siempre y para siempre, actuando en el momento oportuno. En las siguientes líneas identifiqué sus problemas, utilicé una hoja de papel por separado si es necesario. Mis problemas son.

_____

_____

_____

_____

Ahora, escriba las causas de esos problemas.

_____

_____

_____

Necesita ser más grande que sus problemas, adquirir conciencia sobre ello y la determinación para solucionarlos, así que.

_____

_____

_____

Existen personas (amigos, familiares, conocidos) que son portadores naturales de problemas, por esta razón debo alejarme de.

_____

_____

Trate de hacer esta práctica a menudo, y notará cambios positivos en su vida. Ayúdese a solucionar los problemas innecesarios, expandiendo la comprensión de los horizontes de tu vida.

«Quien no ha afrontado la adversidad, no conoce su propia fuerza». (Benjamín Johnson).

EL CÍRCULO DE LAS NECESIDADES Y LA VANIDAD

En este círculo vicioso, por vanidad, siempre vamos a necesitar algo más nuevo, más moderno, algo más grande, más rápido. Necesitamos un trabajo nuevo, una nueva casa, un vestido más ajustado; necesito una pareja que esté más de acuerdo con nuestro estilo de vida. Necesitamos ganar más dinero, necesitamos un carro nuevo. En resumen, nos creamos múltiples y variadas necesidades sin causa justa. Algunos no tienen escrúpulos ni satisfacción plena.

Otros disponen de recursos suficientes para satisfacer sus necesidades y locuras. Pero en la mayoría de los casos, estos recursos son limitados debido a que las necesidades que nos generamos son infinitas. Dicho de otra manera, cuando tenemos tanto desencanto de la vida, lo mucho es poco y lo poco es nada, empezando la vanidad, prepotencia y orgullo. Ante esta crisis emocional, debemos priorizar las necesidades. Debemos decidir cuáles son realmente necesarias, cuáles podemos satisfacer y a cuáles deberemos renunciar.

Cuando logramos satisfacer las necesidades que creamos, suponemos que estamos felices, satisfechos y completos. Pero al pasar algún tiempo, creemos que necesitamos un carro más nuevo, notamos que la pareja ideal tiene muchos defectos, o que la profesión que estudiamos no es la indicada. Incluso el vestido que tanto soñamos no es tan elegante como pensábamos. De esta manera, empezamos a fabricar un desencanto que no tiene fin, creando así un círculo vicioso de insatisfacciones, necesidades y caprichos innecesarios.

El círculo de *"yo siempre necesito"* y la vanidad es una de las emociones más atrevidas, insatisfactorias e innecesarias condiciones del ser humano. Esto se debe a que la mayoría de las ocasiones está acompañada por la arrogancia, el orgullo y un ego demasiado elevado. Siempre nos creamos necesidades porque

169

nunca tenemos suficiente. De esta manera, nos quedamos como un árbol sin hojas debido a los caprichos no cumplidos. Incluso sentimos sensación de represión, contrariedad y desgano por no poder obtener lo que no necesitamos.

Las necesidades tienen clasificaciones que se ajustan perfectamente a los caprichos de cada ser humano. Por ejemplo:

√ Necesidad de explotar al hombre por el hombre.
√ Necesidad de dinero por avaricia.
√ Necesidad de esclavizar al necesitado.

Es decir, la esclavitud y el abuso no han cambiado de filosofía, solo de nombre. El avaro únicamente confía en el dinero, así como un león hambriento únicamente confía en la carne.

Aún no tenemos la inteligencia ni el nivel de conciencia para asimilar que nada de lo que tenemos nos pertenece. Le invito a conversar con un cirujano o con un administrador de una funeraria y pregúnteles: ¿qué se han podido llevar los que han visto fallecer? De seguro, el cirujano le dirá que ninguno de los que han muerto se ha podido llevar nada. El administrador de la funeraria le comentará que de todos los que ha enterrado, ninguno de ellos ha podido llevarse nada.

Si aún tiene dudas, puede ir a un cementerio y buscar un cadáver que se haya llevado una casa, un carro, dinero o fama. Notará que ninguno se ha podido llevar nada, ¡tenga la certeza de que no encontrará a nadie que le pueda dar información! Porque los muertos, de nada de lo que hay bajo el sol se podrán llevar. De hecho, están más solos que nunca, pues con el paso de los años, son olvidados entre los vivos.

En 1943, el psicólogo humanista Abraham Maslow formuló la teoría de la pirámide de Maslow. En su «*A Theory of Human Motivation*». Esta teoría explica que las necesidades y la conducta humana están impulsadas por una jerarquía de cinco niveles. La pirámide comienza desde el nivel de necesidades básicas como la alimentación y la respiración.

Cuando satisfacemos las necesidades primarias, estamos rellenando la base de la pirámide y, cuando cubrimos esas necesidades, podemos subir al siguiente nivel. En este nivel, se encuentran las necesidades secundarias y, más arriba, las necesidades terciarias. Cuando las cumplimos todas, pasamos al siguiente nivel, donde inventamos más necesidades.

Es decir, los seres humanos hacemos de las carencias una desgracia con tanta lamentación e inconformidad que, las convertimos en tragedia. Debemos entender que la vida no consiste exclusivamente de lo material ni debería ser el eje de lo que el hombre tenga para satisfacer sus sentidos. No es lo del exterior lo que llena totalmente, sino lo que tenemos en el corazón, para disfrutar de lo que el Creador y la vida nos ha permitido tener.

Entre los años 764-800, de nuestra era, Carlos Magno quien también fue llamado "Imperator Augusto", disfrutó de un destino excepcional, fue un gran emperador y dijo lo siguiente: ---"Cuando muera y me vayan a enterrar, deseo que muestren mis manos abiertas y vacías".

- Y esto, ¿con qué propósito mi señor? Le preguntó uno de sus servidores. Carlo Magno le contestó.
- Para que la humanidad entienda que con las manos vacías llegué y con las manos vacías, me iré.

¡Qué muestra de coherencia!, ¡verdad!

La insatisfacción, como una sombra persistente, nos aleja de la felicidad y el crecimiento personal. Nos estanca en un ciclo de frustración y egoísmo, impidiéndonos avanzar hacia una vida más plena. Es hora de romper con este patrón negativo y abrir nuestra conciencia a la abundancia que nos rodea. Observemos con atención el calor humano que nos envuelve, la belleza de la naturaleza, nuestras propias habilidades y talentos. Somos hijos de Dios, joyas de la creación, dignos de amor y valor.

Agradecimiento y acción, En lugar de lamentarnos por lo que no tenemos, cultivemos la gratitud por las bendiciones que sí poseemos. Agradezcamos a Dios por la vida, por las oportunidades y por la capacidad de disfrutar cada momento.

No se sienta necesitado y miserable. Observe su alrededor y sienta el calor humano de quienes lo aman. La grandeza de la creación, la amabilidad de la tierra, el calor del sol, el correr del agua, la capacidad de respirar. Mire sus habilidades, sus destrezas, desarróllelas y cultívelas. Mire la grandeza que tiene gracias a ser hijo de Dios Padre, porque usted es la joya de la creación y el que verdaderamente lo valora es Dios. No valemos por lo que otras personas aprecian de nosotros, sino que somos nosotros mismos los que nos valoramos, dándonos nuestro propio lugar.

Las necesidades creadas son solo vanidad: necesidad de alimentar la arrogancia, el ego y el orgullo. Para mostrar el capricho consumado podemos hacer miles de cosas, como por ejemplo, contraer una deuda para una cirugía y cuidado personal. Cada vez más mujeres y hombres gastan considerables sumas de dinero en productos de embellecimiento.

Así mismo, contraer deudas para cambiar de vehículo por otro más de acuerdo con sus caprichos o gustos. ¿Cuántas necesidades artificiales inventamos por vanidad y arrogancia? De seguro que los gastos por vanidad superan los que se hacen por salud y cuidados necesarios.

Le invito hacer una lista de las cosas que cree que necesita. Yo necesito siguiente.

_____

_____

_____

_____

_____

_____

Ahora, en un profundo encuentro interior, pregúntese. Yo en realidad lo que necesito es.

_____

_____

_____

_____

_____

Para utilizarlo en.

_____

_____

_____

_____

_____

Es posible que necesites hojas de papel adicional o un cuaderno, si recurre a esta práctica, son muchos los dolores de cabeza que se puede evitar. Así que cuando quiera comprar algo, primero pregúntese lo siguiente.

√ ¿Por qué lo estoy comprando?
√ ¿En verdad lo necesito?
√ ¿Para qué lo necesito?

Notará que hay cosas que realmente nunca debería comprar, porque no tienen ningún sentido. Recordemos una célebre frase de Cicerón, (Obra muy mal quien trata de obtener con el dinero, lo que debe obtener con la virtud).

«Los seres humanos, estamos llenos de necesidades, pero una vez cumplidas, ninguna nos satisface».

EL CÍRCULO DEL PERDÓN

El primer razonamiento lógico y el propósito fundamental para alcanzar el perdón es desear perdonar y ser perdonado. Te insto a que te hagas algunas preguntas cruciales acerca de las tensiones en tus relaciones, ya sea con tu pareja, padres, familiares, amigos, colegas de trabajo o incluso aquellas personas que no te caen bien. Estas son las personas que te generan una sensación incómoda y ni siquiera te gusta mencionar. Asimismo, reflexiona sobre el impacto de las heridas emocionales que pudiste haber experimentado desde la infancia y la adolescencia, como abuso, abandono, agresiones, decepciones e injusticias. Si es así, considera lo siguiente:

√ ¿Siento odio o rencor por alguien o algo?
√ ¿Vivo con resentimientos hacia alguien?
√ ¿Vivo con amargura?
√ ¿Vivo con enojo, irá y soberbia?
√ ¿Por qué siento asco con determinada situación?
√ ¿A diario me quejo de todos y por todo?
√ ¿Percibe que su vida ni sus planes tienen sentido?

√ ¿Tiene la creencia que no tiene nada de malo hablar mal, ni sacarle los trapos sucios a la gente que no le cae bien?

√ ¿Cree que medio mundo le critica a sus espaldas?

√ ¿Los recuerdos de su niñez no lo dejan tranquilo?

√ ¿En su memoria constantemente se repiten las escenas de abuso, agresión, abandono y decepción que vivió en un pasado?

√ ¿Le es difícil encontrar pareja, no vive bien con la que tiene, ¿tampoco ve planes ni futuro cercano?

√ ¿Piensa en golpear, torturar y hacer sufrir a alguien por los sufrimientos que paso?

√ ¿Piensa que podría llegar a agredir, incluso atentar contra la vida de alguien por los malos recuerdos, la amargura y la irá qué siente?

Cuando alguien a quien amamos nos lastima, tenemos la elección de aferrarnos al enojo, el rencor y la venganza o optar por el perdón y seguir adelante. Los síntomas emocionales de resentimiento, abandono, abuso, agresión, decepción, injusticia y odio son agobiantes. Vivir constantemente con ira, enojo y resentimiento nos hace irritables, propensos a gritar, molestarnos por todo y nos llena de frustración y amargura. Todo esto es un indicio de que estamos permitiendo que emociones negativas y tóxicas dominen nuestras vidas.

Son una señal de que no estamos en paz y que llevamos heridas emocionales que necesitan sanar. Es crucial comprender que hay personas a quienes necesitamos perdonar y otras a quienes necesitamos pedir perdón. Si aspiramos a vivir una vida plena, retener el odio y el resentimiento sin perdonar ni pedir perdón es como ingerir veneno y esperar que sea otro el que muera.

175

POR QUÉ NO PERDONAMOS

El perdón no es simplemente un acto circunstancial y emocional; es un auténtico acto del corazón y la voluntad. Perdonar por completo es un proceso que lleva tiempo. A menudo, nos resistimos a perdonar porque lo percibimos como un acto de injusticia y una afrenta a nuestros sentimientos. Parece un olvido injusto de los maltratos, abusos, agravios, soledad, abandono y violencia que hemos experimentado. En nuestro interior, anhelamos justicia, pero debemos examinar nuestros corazones y preguntarnos por qué recordamos y no perdonamos. Es posible que no perdonemos porque nos identificamos más con el sentimiento de justicia y sentimos que nos han negado la reparación que buscamos a gritos dentro de nosotros.

√ No perdona porque crees que es cuestión de debilidad y falta de carácter.
√ No perdona porque no acepta que ya pasó y considera que sigue sucediendo hoy.
√ No perdona porque tiene encarcelado su entendimiento, su espíritu y necesita agregarle detalles de dolor a las desgracias de su historia personal.
√ No perdona porque muy dentro, clama por una explicación y reparación.
√ No perdona porque ni la vida ni nadie, le ha hecho justicia
√ No perdona porque tiene decepción, irá, resentimiento y mucho rencor.
√ No perdona porque necesita sanción emocional e interior
√ En consecuencia, no perdona porque este lejos de Dios.

En un análisis profundo y encuentro interior, le invito a que describa la razón, porque no puede perdonar.
No perdono por qué.

_____

_____

176

Los recuerdo y heridas emocionales que más me atormentan son.

_____

_____

_____

_____

_____

Vivir con ataduras de odio, amargura y resentimiento es vivir en niveles bajos de conciencia, convirtiéndolo en agonía. Es encarcelar el alma y dañar la mente, alimentándola con pensamientos autodestructivos. No se vive ni se disfruta plenamente de lo que nos rodea; es decir, si se vive con resentimientos y constantes reclamos, se terminará en una prisión espiritual llena de amargura.

Se vivirá con un rencor que limita, poniendo una pared a su potencial, a sus logros y metas. Tener el entendimiento y el espíritu encarcelados no permite hacer sus proyectos. Siente que se le van las oportunidades, de la misma forma que se le está yendo la vida. Se está permitiendo que las heridas interiores alimenten su confusión y odio, dominando su vida. Si se permite, se hundirá en la miseria espiritual y vivencial sin poder avanzar.

Deja de vivir con los problemas y las heridas que te atan, porque estás pagando un precio muy alto por cargarlas. Mejor, piensa en las soluciones que tengas disponibles. Debes perdonar a las personas que te han lastimado, no porque se lo merezcan, sino porque tú mereces liberarte de todo lo que te cause dolor. El odio no se cura con más odio ni la ofensa con otra ofensa. Quien así piensa, tiene carencia de corazón, de comprensión, de amor y de Dios en su vida. Duele la soledad causada por el rencor, cómo duelen las heridas que no dejan de sangrar y cómo no van a sangrar, si no las dejas cicatrizar ni las dejas sanar. Duele la falta de pedir perdón de quien tanto te hirió y te maltrató. Pero más duele tu actitud por falta de conciencia, de humildad interior y la incapacidad de pedir y otorgar perdón.

La arrogancia, la soberbia y un orgullo elevado son enemigos del perdón. Para poder perdonar a otros, primero debes perdonarte a ti mismo. No puedes perdonar verdaderamente si tienes ira, envidia, arrogancia y orgullo, continuando con los malos recuerdos, alimentando tus heridas. Perdonar es transmitir amor y paz; no puedes perdonar siendo acusador, juez y carcelero a la vez. Debes perdonar con el corazón, la voluntad, la consciencia y el alma, porque la acción y el corazón definen el perdón, no las emociones.

El perdón libera el alma y la mente de los malos recuerdos y las vivencias que han marcado nuestra vida. Al hacerlo, también liberamos a los demás, porque una persona que no está en paz consigo misma está constantemente en guerra con el mundo. El perdón esteriliza el alma, limpia la mente y nos libera interiormente, convirtiéndonos en seres de vida y no de muerte. El perdón trae alegría donde la amargura produce tristeza, y sanación donde la amargura causó enfermedad.

En tiempos de abundancia, recuerda la miseria; en tiempos de riqueza, piensa en la pobreza; y en tiempos de culpas y fallas, piensa en el perdón. Así como los pájaros anidan con los de su especie, así el perdón con quienes lo practican. Se debe vencer la soberbia, el resentimiento y la ira para hacer el bien.

El odio es una carencia de mente y corazón. Perdonar es una decisión personal, es mirar con ojos nuevos a una persona y a la vida. Es regalar paz interior porque se tiene un espíritu de fe y valentía que conoce y siente el valor del perdón. Un espíritu vil nunca perdona porque no está en su naturaleza. Perdonar es no sentir ira ni rabia contra una persona. Todo acto de perdón está acompañado de una lección de vida.

> *«Inscribe los agravios en el polvo, las palabras de bien inscríbelas en el mármol». (Benjamín Franklin).*

No basta con leer libros y ser consciente por unos minutos para resolver el tema. Volviendo a la inercia espiritual de siempre, volviendo a ser títere del resentimiento, los malos recuerdos y las emociones tóxicas, no se logrará nada. Se necesita actuar conscientemente, perdonando y pidiendo perdón. Un corazón que así actúa es justo y agradecido con Dios y con la vida.

Le invito a tomar medidas si quiere liberarse y no llevar esos sentimientos a la tumba. La mejor opción es perdonar y pedir perdón. Considérese a sí mismo, ya que no sabe cuándo va a morir y no puede irse con esas cuentas sin cancelar. Empiece haciendo una lista de las personas que le hirieron, ocasionándole dolor y tristeza.

Las personas que me han lastimado son.

_____

_____

_____

_____

_____

_____

_____

Observe cuidadosamente sus reacciones. ¿Cree que puede perdonar a esas personas que lo hirieron, causándole dolor y tristeza? Debe ser consciente de que el verdadero perdón no es debilidad, sino más bien una cuestión de comprensión, nivel de conciencia y valor espiritual. Para perdonar, debemos sentir empatía, comprender la ofensa, el dolor y la humillación que el otro experimentó. Si usted está dispuesto a salir del vacío emocional, llénese de valor y, con la ayuda de Dios, perdone de todo corazón.

Necesito perdonar a, _____, de corazón y en el nombre de Cristo, le perdono los errores que cometió conmigo.

Perdono en el nombre de Dios a._____
_____ por todo lo que me hizo sufrir, le perdono porque yo

merezco una vida mejor lejos de odios y resentimientos.

Perdono en el nombre de Dios a. _____ por todo lo que me hizo sufrir, le perdono y me perdono, superando los errores, las culpas. Ya que un corazón que perdona es un corazón agradecido, justo y sincero. Elevaré mi autoestima porque si perdono a otros sus ofensas, yo también recibiré perdón.

Si la persona ha desaparecido o no sabe dónde está, o si falleció, lo mejor que puede hacer es visualizarla en su mente. Imagínese que están frente a frente y, mirándole a los ojos, mencione una por una las ofensas, reclame cada insulto y desprecio, sin omitir ninguno. Dígale si eso era lo que quería para usted, exprésele lo mucho que le dolió y sigue doliendo, llevando cadenas amargas que no tiene por qué arrastrar. Si cree que no puede hablarle, puede escribirle una carta explicándole cómo se siente, lo mucho que le lastimó y cómo ha afectado su manera de vivir y percibir la vida.

Dígale que usted merece una vida mejor, que merece vivir libre de ataduras. Llore todo lo que desee, grite si es necesario, dígale que quiere un cambio y dejar toda esa amargura y resentimiento. Dígale que desea renacer y que, en nombre de Dios, usted perdona, en nombre de Dios, lo libera. Decida amar, porque ahora Dios está con usted. Sienta un amor tan grande que alcanza para compartirlo con quienes lo necesitan, y usted es una de esas personas.

Ahora, en profundo silencio interior, quemé esa carta, mientras observa cómo el fuego consume el papel, también siente que desaparece su amargura, odio, malos recuerdos y traumas. Después, busqué un espacio para meditar y encontrase consigo mismo. Puede sentir que ha encontrado el eslabón perdido de su vida, saliendo de un vacío oscuro que no le permitía ver un futuro prometedor.

EJERCICIOS PARA PEDIR PERDÓN

El perdón no se limita únicamente a perdonar a quienes nos han herido. También implica reconocer nuestros propios errores y el daño que hemos causado a nosotros mismos, a nuestros padres, cónyuge, hijos, amigos, compañeros y a los demás. Perdonar es sincerarse y buscar la forma de corregir nuestros errores, recuperando la confianza. También consiste en ver al otro como a uno mismo, como un hijo predilecto de Dios, no como un ser maldito y desagradable.

Todos los seres humanos hemos cometido ofensas y hemos dañado a otros a lo largo de nuestra vida, nadie se salva. La vida nos da duros golpes y a veces es injusta, pero esto ocurre con todos los seres humanos. En este momento, debe ser consciente de que ha cometido errores e injusticias. No se trata únicamente de perdonar, también debe pedir perdón a quienes haya ofendido o a quienes les haya hecho daño. Ahora puede practicar el acto de pedir perdón por las ofensas y faltas cometidas. Además, si así lo siente en su corazón, puede buscar la reconciliación con esas personas.

Necesito pedirle perdón a. _____
_____ de corazón y en el nombre de Dios le pido perdón por los errores e injusticias que cometí con usted.

En el nombre de Dios pido perdón a. _____
por lo que le hice sufrir, perdón por mi orgullo, ignorancia y mi arrogancia.

De todo corazón le pido perdón a. _____
por las ofensas y malos momentos. Le pido que superemos las ofensas y culpas, ya que un corazón que perdona es un corazón agradecido, justo y sincero. Elevemos nuestra conciencia y, si entre todos nos perdonamos, nuestro mundo y nuestra vida será mejor.

181

Si la persona ha fallecido, puede escribirle en las siguientes líneas o en una hoja. Con toda sinceridad, abra su corazón y su conciencia.

_____

_____

_____

_____

_____

_____

_____

«Quien encubre su pecado jamás prospera; quien lo confiesa y lo deja, halla perdón». (Proverbios 28:13).

Con el paso de los años, mi admiración ha pasado de la gente emprendedora a la gente bondadosa y comprensiva. Es cierto que no todos hablamos el mismo idioma, pero podemos compartir el mismo sentimiento: el perdón. El perdón nos redime, nos libera de las culpas y resentimientos que nos enferman. Como bien dice el refrán, "la verdad duele una vez, pero la mentira duele siempre". Perdonar nos libera de la carga emocional que nos impide avanzar. El perdón no es cuestión de debilidad, sino más bien de carácter, redención, amor propio a Dios y a los demás.

Por esta razón, debemos perdonar sin diferencias de religión, idioma, raza, costumbres. Esta actitud es la forma de vida que trae paz al mundo, debe tener presente que recibir perdón no es una licencia para seguir cometiendo errores.

No nos podemos ir de esta vida, sin perdonar ni pedir perdón. Debe quitarse la presión del pasado sobre el presente, ya que el perdón, sana las heridas del alma, del espíritu y del cuerpo. Digo del cuerpo porque vivir con resentimientos, causa traumas, enferma y adormece la razón y origina enfermedades. El perdón y el amor es la mayor terapia que Dios nos da. Imitemos esa bondad y en su nombre aprendamos a perdonar y, recordemos lo que nos dice.

Si usted es una persona que no quiere perdonar, le es difícil hacerlo, es señal de un corazón lastimando con profundas heridas interiores. Para no ir muy lejos, apliquemos la lógica cimentada en la razón, el intelecto, la capacidad de argumentación, en la misma lógica común y podremos notar que.

- ▶ Quién juzga, será juzgado
- ▶ Quién seduce, será seducido
- ▶ Quien roba, será robado
- ▶ Quien engaña, será engañado
- ▶ Quien estafa, será estafado y,
- ▶ Quien no perdona, no será perdonado

Casi nunca nos colocamos en la posición que nos ven los demás, sino en la nuestra. Sin embargo, siempre buscamos perdón y el amor de Dios es el perdón mismo, de modo que, si él nos perdona, nosotros también debemos perdonar, ¿acaso seremos más grandes que Dios, para no perdonar? Vale repetirlo de nuevo, el perdón es un acto de voluntad qué significa diferentes cosas para diferentes personas. Pero en forma general es un proceso qué implica una decisión de dejar atrás el odio, el resentimiento, los traumas, la amargura y los pensamientos sobre venganza que ciegan el corazón y la razón. El perdón trae beneficios físicos, mentales y espirituales, como son.

- √ Relaciones más sanas con quienes lo rodean
- √ Mejor paz mental
- √ Menos estrés, ansiedad y hostilidad
- √ Presión arterial más baja
- √ Menos síntomas de depresión
- √ Un sistema inmunitario más saludable y fuerte
- √ Mejor salud cardíaca
- √ Mejor autoestima
- √ Un estado de conciencia más elevado
- √ Libera pesadas cargas emocionales y mentales
- √ El perdón libera de ataduras a quien lo da y quién lo recibe
- √ Más paz espiritual y cercanía a Dios
- √ Mejor entendimiento y tolerancia con el cónyuge, la familia y con quienes tiene alrededor

Recordemos una frase célebre dicha por Desmond Tutu, teólogo, profesor y pacifista sudafricano. (El perdón es una necesidad absoluta para la continuación de la existencia humana). Es decir, no tendremos paz ni una evolución total, hasta que todos nos vemos como iguales hijos de Dios y nos amemos como uno solo. Debido a que en la naturaleza no hay mezquindad, es en nuestra manera de pensar e interpretar las cosas. Algo que aprendemos, cuando aceptamos las lecciones que nos da la vida.

«El perdón nos redime, el amor nos completa y la gracia nos trasciende».

EL CÍRCULO DE LAS DEUDAS

David y su familia estaban caminando por el centro comercial cuando sus dos hijos le pidieron helado. David sonrió y les dijo que sí. Sin embargo, cuando miró a su lado izquierdo, vio a su vecino Alex. Se alteró, pues le debía dinero desde hacía nueve meses y en varias ocasiones había incumplido los pagos. Así que, para evitarlo, salió rápidamente del mall.

- "! Vámonos hijos, tengo algo urgente que hacer!". dijo David apresuradamente.
- Pero papá, ¿por qué arruina este momento? ¿Qué paso? preguntó uno de sus hijos.

En otro lugar, Adrián estacionó su carro en el conjunto residencial donde vivía y se dirigió a su apartamento a descansar. Diez minutos después, alguien tocó la puerta insistentemente y, le dicen qué se le están llevando el carro. Salió corriendo para ver qué estaba pasando.

- "¡Espere! ¿Qué pasa? ¿Por qué se llevan mi carro?" exclamó
- Adrián al salir apresurado.
- "Es simple, señor. Llame a su concesionario. Trabajo para una empresa de recuperación y me ordenaron recuperar este vehículo," respondió el agente.

Por otro lado, Lily llegaba del trabajo, fue a recoger su correspondencia y abrió dos sobre que le notificaba de dos demandas consecutivas, por no pagar sus deudas desde hacía ocho meses.

- "Ya ves lo que pasa por endeudarte tanto, te lo advertí. Pídele ayuda a tu tío Christian, él puede ayudarte," replicó su mamá.
- "Mamá, no puedo. También le debo dinero y no le he pagado," contestó Lily.

En Colombia, Diego, de 42 años, hombre de familia, manejaba rápidamente su moto, necesitaba llegar a una tienda de empeños, pues esa misma tarde debía cancelar dos millones de pesos al prestamista de su zona.

- "Hola, ¿cuánto me prestan por la moto? Está nueva," dijo Diego.
- Solo le puedo prestar millón y medio, intereses al 36%. Le respondió el empleado.
- Necesito dos millones. Replico Diego.
- Es fácil, únicamente traiga más cosas. Le respondieron.
- "¿Me pueden prestar lo que necesito si traigo una nevera?"
- Por supuesto, le confirmaron.
- Está bien, empeñaré la moto y la nevera.

Por otro lado, el noticiero BBC en su edición del 7 de febrero, 2019, dice que una mujer de 32 años se lanzó desde un puente con su hijo de 10 años. El motivo del suicidio fue el desespero por las deudas que tenía. Había hecho un préstamo "gota a gota" **con**

186

intereses del 50 %. Al no poder pagar, eligió suicidarse y en su desesperación y locura, se llevó a su hijo.

Las deudas enferman, destruyen amistades, desunen familias, generan conflictos y hasta la muerte puede causar. Es como si fuera un demonio, una fuerza destructora que se apodera de usted. En este lado del planeta, la gente se endeuda sobremanera. Esto se debe a la forma que nos han educado, la sociedad de consumo que somos y la idiosincrasia del lugar donde vivimos. Si bien, hay muchos tipos de deudas, no todas se consideran iguales ni beneficiosas. Lo hacen de acuerdo con sus ingresos y estilo de vida, pero no es el caso de todos. El tipo de deudas que comúnmente utiliza la gente, son.

√ Préstamo hipotecario (compra de una casa)
√ Préstamo escolar o estudiantil
√ Préstamo para comprar vehículo
√ Préstamo para hacer o fortalecer un negocio (invertir)
√ Deudas de tarjetas de crédito (de consumo)
√ Deudas de subsistencia (préstamos de mediado o fin de mes)
√ Los préstamos conocidos como, "gota a gota"

Existen poderosas razones para acudir a un crédito. Después de todo, una deuda hipotecaria es la única forma en que una persona con ingresos medianos o bajos puede llegar a adquirir una casa. Igualmente, para muchas personas, es la única manera de poder adquirir un vehículo. Así mismo, aproximadamente el 75% de los estudiantes necesitan préstamos para poder terminar sus estudios universitarios.

Este tipo de deudas, son obligaciones que nos pueden acompañar por 15 a 30 años si es un préstamo hipotecario. No obstante, el crédito es una herramienta que nos puede ayudar a alcanzar nuestras metas. Sin embargo, si no se sabe manejar nos puede perjudicar. Digamos que en este lado del planeta pagar hipoteca, cuotas del carro o préstamo estudiantil son deudas normales.

Así que conservar una disciplina sana y, una buena cultura financiera para mantenerse bajo control es algo utópico para mucha gente. Esto se debe a que, de forma similar, poco a poco van adquiriendo más préstamos. Prestan en un lado para pagar en otro y, la mayoría de estas deudas son para invertir en casi nada, volviéndose en una carga financiera muy pesada. Algunos se convierten en deudores compulsivos, adquiriendo el síndrome de desorden financiero.

Compradores Compulsivos. Son las personas que no tienen control de sus impulsos cuando van de compras, por lo que terminan comprando cosas que no necesitan, especialmente en Internet. Igualmente, a quienes les gustan los artículos de lujo, desea estar a la moda y ser la envidia de su círculo social. Gastar más de lo que ganan, lo hacen porque encuentran un financiamiento qué les permite usar dinero que ni tienen, pero que esperan ganar en el futuro. Algunos pierden el control y ni cuenta se dan. Ignoran su realidad y se salen de sus posibilidades financieras y capacidad de pago.

En consecuencia, cuando revisan las cuentas, se dan cuenta de que llegó a un sobre endeudamiento, llegando la frustración que desestabiliza su estado emocional. Es tanto la desesperación que optan llevar sus pertenencias a casa de empeños, sujetos a pagar intereses más altos. Este tipo de comportamiento se debe saber manejar para que la situación no se salga de control.

También tenemos el mal otorgamiento del crédito. Existen entidades crediticias que le prestan dinero, incluso a la gente que no puede pagar, porque que ya está muy endeudada. De igual manera, existen empresas especializadas que atienden estas emergencias. Corren un riesgo elevado, pero lo compensan con tasas de interés de usura que la gente desesperada, se ve obligada a aceptar porque no tiene más opciones.

Deudores Adictos. Las personas desordenadas, sin darse cuenta se ven en serios problemas monetarios y, se vuelven deudores compulsivos y aditivos (vicio de las deudas). Sienten un deseo incontrolable de contraer deudas, hacen de los préstamos su forma de vida. Se caracterizan porque viven invadidos de estrés y angustia por la premura de cumplir sus obligaciones. Toman una nueva deuda para pagar las anteriores, generan un círculo vicioso del cual no pueden salir. Las deudas se transforman en una adición creyéndose a sí mismo, que es la mejor solución a sus problemas financieros.

Las personas adictas a las deudas viven de sueldo en sueldo. En medio de la desesperación, algunos acuden a los préstamos exprés que no requieren estudios crediticios. Es el préstamo "gota a gota" con intereses al 6% (60% anual), al 10% (100% anual), incluso al 15% (150% anual). Esto ahoga al deudor, llevándolos a perder sus pertenencias personales, e incluso a riesgo de perder su vida.

Por experiencias pasadas y por sentido común, es sabido que todo exceso tiene resultados adversos. Si comemos mucho, podemos ganar sobrepeso y obesidad. Si tomamos licor de más, nos embriagamos, hacemos y decimos estupideces, etc. De la misma forma ocurre con el exceso de endeudarse. Tiene consecuencias en la salud física, mental y espiritual. Es decir, la persona que cae en el círculo de las deudas no tiene idea en qué círculo ha caído. Es tan nocivo como cualquier otro vicio con sus consecuencias. Los deudores compulsivos y adictos generalmente compran por medio de tarjetas de crédito, piden cosas que no tienen ningún sentido y lo más grave es que caen en total contradicción, por ejemplo:

√ Comprar ropa de marca y viajar en transporte público
√ Tener vehículo nuevo, pero renta casa
√ Comprar cosas costosas a plazo o por abonos
√ Comprar el último celular de moda con un plan bajó o ni tienen para comprar minutos
√ Comprar libro que nunca lee y programas que no sabe manejar
√ Irse de vacaciones con una deuda
√ Invertir en negocios desconocidos
√ Comprar innecesariamente con deudas, sólo para darse gusto
√ Endeudarse estando endeudado, sobrepasando límites de pagos

Quien actúa así, se le nota la falta de coherencia y lógica común. Usted es quien debe cambiar, no los demás, no se queme la cabeza tratando de entender la actitud de los demás. Y, si las deudas lo enferman, antes de curarse, pregúntese si en verdad renuncia a las cosas que lo enfermaron y, si tiene la disposición de pagar y no volver a endeudarse.

LAS DEUDAS Y LAS CONSECUENCIAS EN LA SALUD

Debido a que no calculamos las consecuencias de las deudas a largo plazo, nos altera el pesimismo y la baja autoestima, haciéndonos sentir derrotados. Cuando nos vemos acorralados y sin salida, nuestro corazón late más rápido, nos falta el aire, sentimos un vacío en el estómago y sudoración. El cuerpo reacciona con miedo, angustia, zozobra, ansiedad y hasta depresión. Algunos frustran sus planes, ya sea de matrimonio, de estudios, alterando sus planes de vida.

Las deudas se reflejan en nuestra salud mental. Se convierten en dolores de cabeza, insomnio y enfermedades físicas por no poderlas manejar. Los problemas familiares que se generan a causa de las deudas hacen de este un tema muy serio. Se han visto casos de enfermedades coronarias e hipertensión arterial, infartos al miocardio, colitis, cáncer, diabetes, etc.

Las deudas desunen familias. Un ejemplo claro es el porcentaje de divorcios por problemas económicos *(según algunos estudios, hasta el 75% de los matrimonios terminan en divorcio por causa de deudas)*. Cada pareja debe saber manejar sus finanzas para que esto no ocurra. Una de las mayores preocupaciones es el dinero. Se ha visto que es la principal causa de estrés y preocupación. Es fundamental aprender a manejar nuestras deudas y finanzas para evitar caer en este círculo vicioso que puede afectar todos los aspectos de nuestra vida.

Las deudas, los Intereses y su Tiempo. Para ganar dinero, tenemos que trabajar y para trabajar, se necesita tiempo. Algunos trabajan ocho horas al día, otros diez, lo que en una semana equivale a 40 o 50 horas. Cualquier cosa que deseé comprar, le va a costar lo que gana en: uno, dos o cinco días de trabajo. Ahora bien, otras cosas más costosas le pueden costar dos semanas, un mes, uno o dos años de trabajo. Por ejemplo, ¿si compra una computadora, ¿cuántos días o semanas tiene que trabajar para recoger el valor de esta? Lo mismo sucede si desea comprar un vehículo. Es decir, lo que compra le cuesta algo más que dinero, le cuesta tiempo de su vida.

Lo mismo sucede cuando paga intereses de las deudas, tiene que trabajar días, meses, privarse de muchas cosas para poder pagar altos intereses. En consecuencia, está regalando su tiempo y afectando su salud. Es posible que, pagando únicamente los intereses, usted tenga que trabajar media semana, en ese orden, en un año usted tendría que regalar seis meses de trabajo, de su tiempo. Siguiendo este orden, en cinco años usted ha regalado dos años y medio, ¿qué decir de veinte o treinta años?

Las pérdidas del Deudor. El trabajo, las tareas del hogar, el ritmo de vida en general deja poco tiempo para disfrutar. Las deudas y los intereses altos le están robando tiempo de vida, en realidad usted es un "esclavo" porque, tiene que trabajar para pagar. Es decir, usted debe dedicar tiempo para ganar dinero y técnicamente nada es suyo, esto indica que, de lo que usted tiene, casi nada le perteneces, dice en la biblia "El rico se enseñorea de los pobres, Y el que toma prestado es siervo del que presta1. Nada es suyo, ni siquiera su tiempo, pues de cierto modo, le pertenecen a su acreedor. Usted decidió convertirse en un "esclavo" de otra persona, un banco o cualquier institución crediticia. Así mismo, pierde autoridad espiritual y respetó. Los prestamistas y en las casas de empeño, lo tratan con desde y sin consideración.

Las deudas y la consecuencia Espiritual. Cuando no se cumple con las condiciones pactadas en el préstamo (sea este legal o no legal ante la ley). Usted sin saberlo pierde autoridad espiritual y ocasiona problemas, ya sea para prestamista o para el deudor.

Alguien va a tener problemas y va a causar problemas o sufrimiento. Generalmente, esto le sucede al deudor, se arrincona hasta llegar el momento de no ver salida.

Espiritualmente, la acción de endeudarse o de cobrar intereses de manera agiotista tiene implicaciones. Así mismo tiene raíces espirituales, porque Dios y su tribunal supremo, rige de forma estricta esta conducta y la relación con el prójimo. Incumplir una deuda, y cobrar intereses de usura traen ciertos padecimientos. Empezando por el fracaso y la decepción, problemas conyugales, dificultades con los hijos y el mal ejemplo que se está dando. Así mismo, problemas con familiares, en el trabajo, con los vecinos y conocidos, enfermedades, angustia, odios y hasta la muerte puede llegar.

Cuantas veces se ha preguntado, *¿por qué me pasa esto?, ¿qué suerte tan mala que tengo?*, etc. La razón es muy siempre, ya sea si no cumple con pagar a quien cobra interés de usura. Está jugando con las reglas establecidas, está causando dolor y sufrimientos. Pues quien causa sufrimiento por no pagar su deuda, no estará libre de sufrir igual, pues la vida no se queda con nada. Esto le puede suceder en cualquier momento, o al final de sus días. Igualmente, quien acumula dinero producto de usura, este perderá su valor y su dueño al final, no sabrá en manos de quien terminará todo lo que acumuló.

Las deudas y el estado del Alma. Cuando contraemos una deuda y no cumplimos los pagos, según se pactó, *(si no existen intereses de usura)*. **"Perdemos dos veces"**: perdemos autoridad y espiritualmente la abundancia divina que el Creador nos asigna, y en algunos casos pasa a la persona que prestó el dinero. Esto se debe a que, sin saberlo, renunciamos a nuestra abundancia. En consecuencia, el deudor se queda sin su abundancia divina asignada por Dios, porque en vez de esperar el tiempo que debía esperar y confiar en Dios, mejor decidió confiar en una persona de carne y hueso. Es decir, como Dios no me ayuda ni me cumple, así que yo mejor me voy por otro lado y decido confiar en alguien más.

Es por esta razón es que usted no sabe cómo pagar sus deudas convirtiéndose en esclavo de su acreedor, *(explicado anteriormente)*. Ser un esclavo es como ser propiedad de otra persona, de un banco o una institución de crédito. No hay muchos derechos y prácticamente no tiene mucho.

Espiritualmente, es esclavo de su acreedor y también en el mundo físico, pues a él le debe su tiempo, ya que lo que gana en su trabajo es parte de su vida. Al trabajar demasiado, a usted no le queda mucho tiempo para compartir y disfrutar; su tiempo se va pagando la deuda. Es decir, usted hizo de las deudas su dios, debido a que para pagar deudas e intereses, todo su tiempo, su dinero y su energía es técnicamente para el prestamista. *¿Cómo cree qué Dios lo ve?*

Las consecuencias de vivir endeudado no son saludables ni física, ni mental, ni espiritualmente. Usted no quedará libre hasta que no pague lo que debe; su condición no va a cambiar. Esa es su propia tragedia, un círculo que usted eligió, debido a que le debe a los hombres y no a Dios. Las deudas con los hombres son diferentes y no quedará libre hasta que usted termine de pagar el último centavo que debe. En la Biblia dice: *"Ponte de acuerdo con tu adversario pronto, entre tanto que estás con él en el camino, no sea que el adversario te entregue al juez, y el juez al alguacil, y seas echado en la cárcel"1*. Cualquier deuda contraída se debe pagar, sea mucho o poco, sea su acreedor pobre o rico, debe pagar todo en su totalidad.

Pregúntese, *¿vale la pena incurrir en deudas, ocasionándose a sí mismo toda clase de problemas y dificultades que no tienen fin?*, incluso hasta perder la bendición de abundancia. Arrepentirse y rectificar es pagar lo que debe y, no volver a endeudarse de nuevo. Debemos aprender a vivir apreciando lo que tenemos y dejar de ser lo que no podemos ser, sin aparentar lo que no somos.

No es feliz quien mucho posee, sino quien disfruta lo que tiene. Usted ya sabe que el dinero es únicamente un recurso para adquirir las cosas y que en verdad lo que está dando es su vida, la cual se va con el tiempo que utiliza para pagar las deudas. Pregúntese lo siguiente: de los meses o años que lleva trabajando y produciendo dinero para pagar las deudas, ¿cuánto tiempo le dedica a Dios? Le invito a replantear su plan de vida y hacer un plan inteligente para liberarse de las deudas. A continuación, le planteo algunas ideas que podrían ser útiles:

√ Si es una persona que cree Dios, ore con confianza y adquiera un compromiso de fe con Él.

√ Si son interese de usura, existen ayudas legales para que pueda renegociar su deuda y, aliviar la presión para hacer los pagos.

√ Haga un compromiso con usted por escrito y con testigos, donde se compromete a cancelar sus deudas, con juicio y disciplina.

√ Haga una minuciosa lista de las deudas que tiene y compare los intereses y los plazos de pago. Renegocie los intereses altos.

√ Existen planes donde se puede reunir todas las deudas en una sola, posiblemente con intereses más bajos

√ No contraiga más deudas prestando, para pagar en otro lugar.

√ Si es necesario, consígase un ingreso adicional.

√ Establezca un tiempo límite para salirse de las deudas.

√ Aprenda a amar lo poco que tenga, no pretenda ser quien no es.

√ Aléjese de los "huecos negros" que son las personas que le incitan a gastar y endeudarse.

√ Si es necesario, vuélvase obsesivo en pagar las deudas.

Imagínese si lo que paga únicamente en intereses, se volviera ahorró. Estaría en otras condiciones y podría tener mejor nivel de vida. Si usted maneja sus recursos, puede comprar donde y como quiera. Deje de gastar como rico, no lleve un estilo de vida que no es el suyo ni puede sostener. Un amanecer nuevo está cerca y usted puede hacerlo brillar.

«Las deudas, son iguales que los malos vicios, es muy fácil caer en ellas, pero muy difícil salir».

EL CÍRCULO DE LA POBREZA

Yo le pregunto al destino, al viento, ¡a quien me pueda contestar!

- ¿De dónde viene la pobreza?, ¿quién la fundó?, ¿dónde están sus raíces? ¿Acaso sale de la tierra la miseria?, ¿brotará el sufrimiento del suelo?
- Acaso, ¿traerá el viento la desolación?, ¿de dónde viene la soledad? ¿De amar mucho o de no amar nada?, ¿será que la tengo por herencia?
- ¡No, contestó el destino ¡y señalando la pobreza, con voz dura, dijo.
- Te voy a responder, hombre inculto y atrevido, para que no se le olvide, ¡te recuerdo lo siguiente!
- De la tierra brota la vida y la riqueza, de ella sacan el oro, los minerales, los vegetales y frutas de todo tipo. ¡Si

trabajas, de ella sacará su sustento!, de la misma forma que vivieron los primeros.

- ¡Humano insolente! Sobre la tierra camina todo lo viviente, brota la ilusión, se alimenta el presente y se forja el futuro.
- Así que la pobreza no brota de la tierra!,
- tierra, amada tierra, más le vale saberla cuidar, sino sin nada te quedarás y hambre tendrás.
- De la tierra se sustenta la esperanza, pues de ella fuiste sacado, su barro es tu carne, sus piedras son tus huesos y el agua es tu sangre.
- No ignores quien te dio aliento de vida y alma espiritual.
- ¡No has sabido cuidar la tierra, pues no la dejas descansar ¡
- Con residuos químicos, ¡envenenan el agua que es tu sangré ¡
- Con maquinaria pesada! ¡talan los bosques y selvas que, son tus pulmones!
- Así que la pobreza tampoco viene de la tierra ni del polvo.
- El viento es un ángel guardián, sustento de vida, sin él no puedes vivir. Aguante la respiración únicamente por unos minutos.
- Verás que no aguantas y si te atreves a no respirar envuelto en orgullo y arrogancia, de cierto morirás. --- Sin embargo, ¡también envenenas el aire!
- En el amor tampoco se origina la pobreza, pues el amor es hecho de sueño y de generosidad y por amor, el Creador te creó.
- El amor no hace ningún trato con la miseria ni la ignorancia, el amor trae riqueza y compañía al corazón, no trae pobreza ni soledad.
- Siendo así, yo te pregunto, ¡destino injusto y cruel!
- ¿La pobreza vendrá pegada a mis padres, familiares o mis amigos?
- Acaso uno de ellos la tenía y me la transfirió para que sea miserable, ¿acaso es eso?
- Respóndeme destino ingrato! Tú que pretendes saberlo todo, ¡busco una respuesta!, ¿de dónde viene la pobreza?

- ¿Quién la hizo?, ¿dónde están sus raíces?
- ¡busco respuestas sin ninguna confusión!
- ¡Necio!, el ser humano es necio, solo confía en su orgullo y arrogancia y en lo que cree que es valedero por él solamente.
- Busca afuera, lo que tienes adentro, la pobreza está dentro de ti porque a ti y a todos los seres humanos el Creador les ha dado aliento de vida y le ha asignado la abundancia a cada uno.
- Dios nos llamó a ser cabeza y no cola.
- A prestar y no pedir prestado.
- La mayoría, tiene manos, ojos, oídos, talentos y capacidades, conciencia, dones y alma, un cerebro que piensa, analiza y concluye.
- Tú tienes la gracia y dones para desarrollarlos y multiplicarlos   Así que, ¡utilícelos! No te duermas y deja de lamentarte.
- Es tu decisión cultivar tu inteligencia, talentos y dones, Dios te los ha dado gratis, aprende a recibirlos y multiplicarlos, eso es mejorar y avanzar.
- Hombre necio, es mi turno, ¡ahora yo te pregunto!
- ¿Dónde están tus sueños, acaso los dejaste morir?
- ¿Dónde está tu visión?, ¿qué ha hecho con tus habilidades y capacidades? ¿Por qué levantaste ese muro de incapacidad e inercia que no te deja avanzar?
- ¡Respóndame! ¿dónde están tus carismas?
- ¿Qué ha hecho con ellos?
- Eres libre de elegir, de tomar decisiones, pero también eres responsable de tus acciones y sus consecuencias.
- Esta dónde está por ti mismo, ¡porque has elegido estar ahí!
- Mire dentro de ti y verás que no va a encontrar la dimensión de su existencia, ni la máxima motivación en el logro de sus metas.
- Primero debes tener un conocimiento veraz y real dentro de ti mismo.
- Pobre es quien no valora lo que tiene ni lo sabe amar, ya que siempre da en espera de una recompensa, sin atreverse a más.

- Como no es rico quien tiene mucho, sino aquel que aprecia lo que tiene.
- Igual sucede con la salud, debido a que la enfermedad no es un enemigo, sino más bien un aliado que dice que debe cuidarse mejor.
- Muchos seres humanos son míseros, porque no saben ser felices.
- Se olvida que todo trabajo trae beneficios.
- La ignorancia y la charlatanería solo trae insensatez e indigencia.   Algunos solo esperan beneficiarse del esfuerzo de otros.
- El creador nos ha enseñado desde el principio, nos ha dado conceptos e instrucciones para vivir plenamente, ¡utilizalos¡
- Igual debe saber que la arrogancia y el orgullo trae necedad y para que aprenda.
- Existen ocasiones, en que una billetera vacía y un estómago hambriento enseñan las mejores lecciones de vida.
- Pobreza, pobre pobreza, tiene la edad del hombre y nació para diferenciar la riqueza y castigar al ignorante que no sabe administrar su dinero. Señalar el perezoso que se duerme y, al holgazán que se cruza de brazos.
- Ese ha sido su destino y siempre lo será, llega como caminante para engrosar la necesidad de los ociosos, perezosos e ignorantes.
- De aquellos que se burlan y menosprecian el consejo de quién lo sabe dar.

Desde el comienzo de la humanidad ha existido la pobreza, siempre ha existido y seguirá existiendo. Nos han enseñado a satisfacer los sentidos, a pedir mucho y a dar poco, transformando todo en pura vanidad. Sin embargo, el ser humano vive otra pobreza grande, cuando mira las cosas materiales, con morbo en la mente y el corazón. Mirad los abandonados y no amados, a los olvidados y arrinconados, los solitarios por el desprecio. Ellos, pueden estar más ricos que quienes no sienten amor, pues la pobreza del corazón y de amor, nunca hizo buen negocio.

A continuación, le invito que escriba las razones por las que cree que es pobre. Soy pobre por qué.

_____

_____

_____

_____

_____

_____

Visualice sus planes, metas y futuro, debe tener presente que Dios le dio la vida para hacer de lo ordinario, algo extraordinario. Usted nació para ayudar al creador hacer un mejor mundo, Dios confía en usted al darle vida, le invito a que usted también confíe. Atrévase a dejar atrás los paradigmas y la inercia, dando un paso más verá la grandeza de lo desconocido.

_____

_____

_____

_____

Pague sus deudas, empiece de nuevo, no se esconda de los retos. Aunque en realidad la gente necesita tocar fondo para cambiar. Usted insista una y otra vez, el secreto es no tener miedo, tener confianza y ser humilde para aprender. El mundo se ha formado gracias a aquellos que se han atrevido a soñar, a luchar, a correr el riesgo y vencer. Le invito a expresarse, para mí, la pobreza es

_____

_____

_____

_____

Para salir del estancamiento, tengo los siguientes planes.

_____

_____

_____

_____

Siga sus sueños, luche por ellos, arriésguese y si es necesario muera por ellos. Porque si no estás dispuesto a darlo y arriesgarlo todo, en consecuencia, no tiene derecho a reclamar nada. Así mismo, si usted es una persona de fe, para el sustento económico primero debe hacer un compromiso con Dios. Ayude al necesitado y recite con fe, los siguientes salmos. Salmo7; Salmo 14; Salmo 22, Salom 31; Salmo 36; Salmo 52; Salmo 54; Salmo 57 y Salmo 63. Ser humilde, no significa ser pobre ni ser miserable en este mundo. Significa que, en la pobreza y la abundancia, usted es la misma persona.

«Todo esfuerzo tiene su recompensa, pero quedarse solo en palabras lleva a la pobreza». (Proverbios 14:23).

EL CÍRCULO DE LA RIQUEZA

DINERO, CUÁNTAS COSAS DESPRECIABLES SE HACEN EN TU NOMBRE

El ser humano, en su constante búsqueda de satisfacción, suele enfocarse en la adquisición de riquezas materiales como el dinero, los placeres y la comodidad. Perseguimos con ahínco la fama, el éxito, la riqueza, el bienestar y la felicidad. Para alcanzar estos objetivos, adoptamos diferentes "máscaras" internas, moldeando nuestra personalidad para satisfacer nuestras necesidades y adaptarnos al entorno sociocultural que nos rodea. Sin embargo, esta sociedad en la que vivimos tiende a valorar más las apariencias exteriores que el contenido real de una persona, lo que nos lleva a perder de vista la búsqueda del verdadero propósito de la vida.

A pesar de que socialmente se acepta que el dinero no garantiza la felicidad, diversos estudios respaldan esta afirmación. Un ejemplo de ello es un estudio realizado en 2011 por la Universidad de Victoria en Nueva Zelanda, que concluyó que el dinero puede proporcionar bienestar y felicidad hasta cierto punto, pero no puede comprar la verdadera felicidad. Lo que se ofrece en el mercado de la felicidad superficial es efímero, no todo lo que brilla es oro ni todo lo que es hermoso es lo más correcto.

Tener riqueza no es un pecado en sí mismo. Ricos y pobres han existido siempre, desde el comienzo de la creación y así será hasta el final. Si usted tiene fortuna y riqueza, esto también es un don de Dios, una bendición del Creador que trae abundancia y no hay por qué preocuparse. Si brinda trabajo sin explotación a familias trabajadoras, hombres que producen para el bien común, bendita sea su riqueza y seguro se duplicará.

Sin embargo, lo que sí puede convertirse en un pecado es el uso que se le da a la riqueza, el propósito y la forma en que se administra. **No tenga las manos abiertas para recibir y cerradas para dar.** Debido a que el que amontona con avaricia, robo y explotación, para otros lo hace. Es una riqueza que seguro otro disfrutará.

¿Qué no hace un codicioso por la riqueza? Se hunde en su avaricia, orgullo y egoísmo. Con acciones mezquinas compra la conciencia de los hombres, corrompe menores, prostituye, roba y mata en nombre de la riqueza. El que destruye la naturaleza, envenena el aire, el agua, la tierra perjudicando el ecosistema.

Quienes sobornan, explotan al necesitado y se burlan del pobre, caen en la trampa de la riqueza mal utilizada. ¿Qué se gana con muchas riquezas, llenas de demonios, torturando su conciencia? El que así actúa, abusa y se burla de todos, ultrajando al Creador y ganándose su merecida maldición.

No hay mayor felicidad para algunos que amontonar lujo y riquezas. Sus días son de alegría, goce y derroche, sin notar que solo es vanidad y que todo afán de riqueza y éxito es una obra que excita la envidia de unos hacia otros. Y, en una mente retorcida, no habrá paz ni dicha alguna.

Aquellos que solo tienen ojos para el dinero y los lujos nunca encontrarán satisfacción y siempre sentirán que nunca tienen lo suficiente. Se dejan llevar por la locura y la avaricia en sus corazones, sin darse cuenta de que estas posesiones solo pueden ofrecerles entretenimiento visual.

Si alguien ama tanto el dinero, ¿cómo podrá amar verdaderamente a otro ser humano? Y si es incapaz de amar a otros, ¿qué tipo de amor podrá ofrecer a Dios? Quienes ponen su amor en el dinero, los lujos y el poder olvidan que las posesiones materiales son efímeras. Si no pueden comprenderlo, es porque desconocen su propia naturaleza espiritual. Por eso, los necios encuentran diversión en lo material, mientras que los hombres prudentes buscan la sabiduría.

Toda riqueza material pasa como una sombra, como un barco que surca aguas agitadas sin dejar rastro de su paso. Es como un pájaro que vuela por el aire sin dejar marca en su trayectoria. Todo lo que sube eventualmente desciende, todo lo que nace, muere. Así es la condición humana en comparación con la eternidad: nacemos y desaparecemos, al igual que la riqueza, la vanidad y el orgullo. Morimos y todo se desvanece. Recordemos siempre que vinimos a este mundo con las manos vacías y de la misma manera nos iremos.

¡Pobre de quien ha acumulado riqueza a causa de la explotación y el abuso! Deja estómagos hambrientos y priva de agua al sediento. El acoso económico es un maltrato psicológico en la vida cotidiana de los más necesitados, como buscar agua donde solo hay arena. El verdadero sentido de tener fortuna no es acumular cada día más, sino poseerla con felicidad. Y la verdadera felicidad consiste en ayudar a otros que tanto lo necesitan. De qué sirve tener y mostrar mucho por fuera, si no se tiene nada por dentro.

Mire el ejemplo de la pandemia: cuántos millonarios fallecieron inesperadamente y no se pudieron llevar nada de lo que tenían. De hecho, toda la riqueza que poseían ahora la disfruta otra persona. Estamos en la generación de pretextos, justificaciones y mentiras. Estamos en la generación de pretextos, justificaciones y mentiras. En una etapa de progreso donde el orgullo, el goce, la prepotencia y el derroche se justifican a toda costa.

- ▶ Al exceso de avaricia lo llaman progreso.
- ▶ A la tiranía, la llaman disciplina.

- ▶ La explotación, la llaman estrategia empresarial.
- ▶ El asesinato, lo convierten en necesidad.
- ▶ La ignorancia la convirtieron en virtud para someter.

Recordemos a grandes personalidades, genios, científicos e inventores que han muerto y desaparecido misteriosamente, como Jonathan Widon, Andrew Moulden, Tom Ogle, Mark Smith, Troy Reed, Shano Todd, John Searl, Jacobo Grinberg-Zylberman, Frank Saurez, y un millar más. Todo esto, gracias a la actitud mezquina y voraz de las multinacionales de poder, algo que nada se podrán llevar.

A la hora de la muerte, ¿de qué le sirve la riqueza que presume? ¿De qué le sirve el dinero, las propiedades y el lujo? ¿De qué le sirve la abundancia que colma los sentidos, si es pobre de espíritu? Analice bien y verá que al final, terminará en el mismo lugar que el miserable: la muerte no elige y para ella todos somos iguales. En el cementerio y el lugar de los muertos, nadie va a preguntar quién es el más rico o famoso. La riqueza es una sombra ilusoria y usted no será la excepción. Creerlo solo aumentará su necedad y locura.

En realidad, nada le pertenece. Dios le ha prestado la vida para que la disfrute, la comparta y la administre mientras la tenga. No mida su riqueza por la cantidad que posee ni por lo que esta le produce. Mídala por aquellas cosas que tiene y que no cambiaría por dinero, como el amor, la paz y la familia. Está comprobado que la libertad y el tiempo libre son más importantes que la riqueza acumulable para el bienestar y la salud.

Para que su bienestar y riqueza sean más completos, comparta un poco con los más necesitados. Haga ajustes con propósito de vida, porque tenemos lecciones que aprender.

El dinero es necesario y tenerlo relaja, brindando una excelente complacencia estructural y, en cierto grado, emocional. Sin embargo, un ego muy elevado y el orgullo de quien tiene mucho no son buenos. Vemos ricos que se han suicidado por depresión. De hecho, si la riqueza originara la felicidad, los ricos deberían bailar en las calles, pero solo los niños lo hacen.

No existirían personajes de la farándula, el deporte y la política perdidos en las drogas y el alcohol, ni famosos modelos, cantantes y actores suicidándose. La riqueza y la fama no traen los mejores matrimonios ni las mejores parejas; de hecho, suelen tener los peores matrimonios y un sinfín de divorcios.

El deseo voraz de tener dinero hace a muchos hombres mezquinos. Los deseos necios, dañinos y avaros hunden a los hombres en la ruina y la perdición, bloquean su mente y endurecen su corazón. En un corazón duro, ambicioso y mezquino, no entra paz ni felicidad.

Porque ha dejado entrar en su interior el deseo oscuro del que más tiene y más domina. Maltrata su propio ser, a otros, la tierra, el agua y el aire, comprando conciencias. Su falta de control emocional es desastrosa, haciendo más estragos en el jardín que nos dejó Dios, creando un mensaje equivocado del sentido noble de la vida.
Le invito a que escriba qué haría con dinero y riquezas.

_____

_____

_____

¿Cuál sería su prioridad?

_____

_____

Para usted, ¿qué es lo más bello que existe?

_____

_____

_____

_____

_____

Reflexión sobre la verdadera riqueza: más allá de lo material

En un mundo que constantemente nos bombardea con mensajes sobre la importancia del éxito financiero y la acumulación de bienes materiales, es fácil perder de vista lo que realmente importa. Sin embargo, como bien se nos recuerda en el texto anterior, la verdadera riqueza reside en aquellos aspectos intangibles que nutren nuestro bienestar y nos conectan con lo que realmente significa vivir una vida plena.

La salud: El tesoro más preciado. Sin ella, la vida se torna un camino arduo y desafiante.

El amor de la familia y amigos: Un pilar fundamental en la construcción de una vida feliz. Rodearnos de personas que nos aman, nos apoyan y nos aceptan incondicionalmente.

Fe y la espiritualidad: Una conexión con algo más grande que nosotros mismos, que nos brinda paz interior, propósito y guía en los momentos difíciles. *«Quien ama el dinero, de dinero no se sacia. Quien ama las riquezas nunca tiene suficiente. ¡También esto es absurdo!». (Eclesiastés 5:10).*

La seguridad de un hogar: Un refugio donde sentirnos protegidos, amados y acogidos en nuestro espacio.

Un trabajo o negocio que nos apasiona: Una actividad que nos permite no solo obtener ingresos, sino también realizar nuestros talentos, contribuir a la sociedad y sentirnos realizados.

El equilibrio entre lo material y lo espiritual: Encontrar un balance entre la búsqueda de bienestar material y el desarrollo de nuestro ser interior. No permitir que la codicia y la búsqueda desenfrenada de riquezas dominen nuestras vidas, sino enfocarnos en cultivar valores como la generosidad, la compasión y la empatía.

Dedique un tiempo a reflexionar sobre su propia relación con el dinero y la riqueza. Identifique aquellas áreas en las que puede hacer cambios para enfocarse en las verdaderas riquezas de la vida. Comience a cultivar hábitos que promuevan su bienestar físico, mental y espiritual. Recuerde que la verdadera riqueza reside en su interior, esperando a ser descubierta.

«*Tener demasiado dinero es tan perjudicial como no tener absolutamente nada, los dos excesos corrompen la conciencia*».

EL CÍRCULO DE LA FAMA Y LA POPULARIDAD

El fenómeno de la fama y la popularidad es un proceso subjetivo, intrínseco a la naturaleza humana. No existen patrones de conducta rígidos que puedan definir de manera precisa su alcance y valoración. La apreciación de si la fama es buena o mala depende en última instancia del juicio interpretativo, ya que la fama y la popularidad son condiciones, no juicios en sí mismos.

No hay limitaciones ni condiciones estrictas para alcanzar la fama o la popularidad, ya que ser famoso se relaciona con una habilidad o conocimiento particular. Por esta razón, es posible tener tanto una buena como una mala fama. Además, es importante entender que la fama puede aplicarse a varias cosas: personas, objetos, acciones y lugares. Consideremos los siguientes ejemplos.

Chris Hemsworth: Protagonista de Thor: recibió por la película "Love and Thunder" la suma de $ 20 millones de dólares.

Johnny Depp, gana el juicio contra su exesposa Amber Heard.

Chris Evans está decidido, a encontrar el amor de su vida, ¿quién podría ser?

¿Nuevo amor? Johnny Depp pasea con una mujer misteriosa en Italia.

La hamburguesa, la paella, el sushi, la bandeja paisa, el ceviche y Chop Suey se encuentran entre los platos más preferidos por los turistas.

En 2019, Israel recibió a más de 4,55 millones de turistas. Los ingresos de turismo alcanzaron aproximadamente 6.650 millones de dólares.

Patrick Mahomes, jugador de la NFL en Estados Unidos, acaba de firmar un contrato por 12 años con Kansas Cit y Chiefs, por 503 millones de dólares.

El sueño de la fama: un camino lleno de desafíos. ¿Quién no ha soñado alguna vez con alcanzar la fama, la popularidad y la riqueza en la vida? Estos son sueños que muchos se fijan como metas, ya sea porque los llevan arraigados en su interior o simplemente porque desean fervientemente llegar a ese punto. Sin embargo, muchos se rinden en el camino, mientras que otros, a través de un esfuerzo sobrehumano, sacrificios y privaciones, logran alcanzar la escurridiza meta del éxito.

Estas personas obtienen reconocimiento, fama, popularidad y dinero. Esto es algo que hemos visto repetirse en numerosos atletas, futbolistas, basquetbolistas, cantantes, compositores, actores, modelos, intelectuales, ciertos políticos, influencers y otros. Es innegable que este es un mundo complicado y altamente competitivo, donde las máscaras abundan y a veces resulta difícil discernir quién es quién, lo que en gran medida refleja la complejidad de la sociedad en relación con la fama y el espectáculo.

Las celebridades y su influencia en la sociedad. Marcas de

ropa, zapatos, perfumes y artículos deportivos ofrecen generosas sumas de dinero a las celebridades del momento. A menudo, nos sorprende la cantidad de dinero que alguien puede ganar en tan solo unos minutos de trabajo. Este tipo de colaboraciones benefician a todos los involucrados: las marcas obtienen un valor simbólico y aumentan sus ventas, mientras que las celebridades ganan dinero y mejoran su imagen, lo que a su vez aumenta su popularidad y fortuna. Todo esto es posible gracias al apoyo de los fans y el público en general.

El poder de los fans y seguidores. Los personajes famosos y populares están estrechamente ligados a la presencia de sus fans y seguidores. Los artistas que alcanzan el éxito comprenden que la fama les otorga poder, influencia y la posibilidad de ganar una gran cantidad de dinero. Además, son considerados ídolos por un vasto número de seguidores, que pueden sumar cientos, miles o incluso millones. Estos seguidores no solo desempeñan un papel fundamental para llegar al éxito, sino que también se convierten en el pilar principal para mantenerlo.

Entre los miles o millones de fans, la mayoría suelen ser adolescentes y jóvenes, con edades comprendidas entre los 12 y los 30 años. Precisamente durante la adolescencia y la juventud, nuestra mente está en constante proceso de asimilación, aprendizaje y aplicación. Además, el sistema emocional sigue madurando en esta etapa.

Es importante destacar que, en las últimas dos décadas, muchos jóvenes y adolescentes tienden a seguir ciegamente a sus ídolos famosos, lo que puede tener un impacto negativo en sus vidas personales. En ocasiones, estos seguidores llegan a discutir y pelear acaloradamente con sus padres, familiares y cuidadores cuando estos últimos no están de acuerdo con las acciones o palabras de sus ídolos.

Los famosos parecen sentirse cómodos compartiendo sus pensamientos más íntimos, estilos de vida desordenados y comportamientos erráticos y sin sentido con el público, lo que podría llevar a que los adolescentes, jóvenes y otros seguidores perciban esto como la norma a seguir. Es importante que las celebridades sean conscientes de su influencia y la utilicen de manera responsable, promoviendo valores positivos y comportamientos saludables entre sus seguidores.

La cultura de la Imitación. Desde la antigüedad, la sociedad se ha visto impregnada de modas, relativismo y hedonismo. Hoy en día, la orientación de la mayoría de los seguidores satisface sus necesidades emocionales y de entretenimiento imitando lo que hacen y dicen sus personajes preferidos. Muchos fans, sin importar la edad, imitan las palabras y actos de sus ídolos. Las canciones, tengan buenos o malos mensajes, son para los fans fuente de inspiración.

El estilo de vida de un personaje famoso, sus palabras, peinado, forma de andar, sus tatuajes y ropa, llega a ser la manera en que miles de fans desean imitar. Todos quieren clonar la manera de andar, vestir, hablar y actuar como sus ídolos. Esto es conocido como "la cultura de imitación". Por esta razón, las celebridades y personajes que tienen fama, éxito y son reconocidos por una gran mayoría, deben cuidar lo que ofrecen a sus fans, como las palabras, canciones y estilo de vida.

Imitando a mi Estrella. Adolescentes, jóvenes y seguidores consideran normal que sus ídolos se vean envueltos en problemas relacionados con drogas, alcohol, prostitución y abuso. Algunos podrían pensar: "Si mi ídolo lo hace, yo también puedo hacerlo". Sin embargo, esta imitación puede tener consecuencias desastrosas, ya que las personas comunes no tienen los recursos económicos para pagar grandes fianzas, costosos abogados o centros de rehabilitación. Como resultado, pueden quedarse atrapados en la adicción, enfrentar el sistema de justicia penal o lidiar con traumas emocionales.

Es preocupante que algunos adolescentes y jóvenes puedan llegar a creer que es correcto autodestruirse, imitando comportamientos destructivos como el abuso de sustancias, la promiscuidad sexual y la violencia intrafamiliar, siguiendo el ejemplo de sus ídolos, ya sean deportistas, artistas del espectáculo o políticos.

La decadencia moral detrás de la fama: una mirada a Hollywood. Esta realidad se hace evidente en algunos personajes famosos, especialmente en Hollywood, donde muchos de ellos gastan la mayor parte de su tiempo y recursos en vicios y abusos relacionados con su fama y riqueza. Muchos de estos famosos protagonizan escándalos en lugares públicos, en la televisión e incluso lo alardean con orgullo.

La fachada de la riqueza y la verdadera podredumbre interior. A pesar de su apariencia externa impecable, algunos de estos personajes son como momias por dentro, careciendo de moral y sentimientos, y dejando un rastro de destrucción en su camino. Algunos terminan en los tribunales no solo para ventilar sus comportamientos desordenados, sino también para dar a conocer sus extravagantes estilos de vida. Algunos acuden a los tribunales por razones justas, otros por venganza y algunos simplemente en busca de más popularidad o cuantiosas compensaciones.

La distorsión de la realidad y la falsa imagen de las celebridades. La mayoría de los seguidores de estos personajes famosos tienen dificultades para distinguir entre la realidad y la hiperrealidad. Muchos de ellos desconocen que sus héroes y algunas celebridades suelen delegar la gestión de sus perfiles en las redes sociales a personas o empresas externas. En consecuencia, lo que creen que son los pensamientos y sentimientos más íntimos de sus personajes favoritos en realidad son escritos por personas contratadas para ese fin.

La cultura de "yo soy Así". La cultura del "yo soy así" nos recuerda que no existen patrones de conducta fijos para alcanzar la fama. Basta con echar un vistazo a las plataformas de Internet para comprobar que cualquier individuo puede alcanzar el reconocimiento y generar ingresos significativos. Las puertas están abiertas para aquellos con la inteligencia y la astucia necesarias para llegar allí.

Fama y heridas emocionales. Es importante recordar que la mayoría de las celebridades y famosos en algún momento fueron personas comunes y, como cualquier ser humano, tienen heridas emocionales y psicológicas causadas por diversos factores como abusos, abandono, agresiones, engaños y desilusiones.

El hecho de alcanzar la fama no elimina estas emociones negativas y tóxicas, que con el tiempo pueden convertirse en una parte normal de sus vidas. En ocasiones, una celebridad puede convertirse en un reflejo de un estado emocional desastroso, viviendo una vida que podría ser motivo de tristeza. Esto puede incluir problemas como el alcoholismo, desafíos en la esfera sexual, abuso de sustancias, actos delictivos, violencia doméstica, insultos, comportamiento promiscuo, orgullo desmedido y resentimientos.

El lado oscuro de la fama. Seguir a un personaje famoso a menudo es como adentrarse en un mercado negro y elegir qué tipo de malestar emocional desea adquirir. ¿Violencia, vicios, traición, promiscuidad, resentimiento, conspiraciones, desamor, robo, estafa? Cualquiera de estas elecciones lo convierte en un candidato potencial para enfrentar problemas de salud, soledad o incluso la cárcel. ¡en verdad que es una pena !

Fama no implica salud emocional. Ser un personaje famoso y popular no es señal de que esta persona esté emocionalmente sana. De hecho, puede ser que en ocasiones utilice su talento para sacar sus emociones negativas y tóxicas y sin saberlo, transmitan su toxicidad a aquellos que le han dado el éxito y la fama.

La capacidad de cambio. Todos los seres humanos tenemos el nivel de conciencia para arrepentirnos y la capacidad e inteligencia de corregir y poder rectificar. Es sabido que todos tenemos que pasar por el "desierto", donde enfrentamos diversos obstáculos. En nosotros, equivale a superar vicios y traumas como el alcoholismo, abuso de drogas, actos de robo, violencia doméstica, insultos, promiscuidad sexual, odios, orgullo, resentimiento, etc.

La verdadera riqueza: más allá del reconocimiento y la fortuna. De qué sirve el reconocimiento y la fortuna si al final quedamos en soledad sin haber dejado huellas que valgan la pena seguir. Vale más imitar los pasos de aquellas celebridades que han hecho y están ayudando a hacer un mejor mundo. Estas personas utilizan su dinero y experiencia para construir un mundo más justo y equitativo, compartiendo con quienes más lo necesitan.

En otras palabras, si eres una figura famosa con riqueza y la capacidad de comprar cualquier cosa y satisfacer cualquier deseo, pero en tu interior careces de paz y sientes que las terapias y consejerías no te han llevado a un cambio real, podría ser muy saludable buscar sanación emocional y espiritual. Además, podrías empezar por cambiar tu mentalidad y actitud.

RESPONSABILIDAD SOCIAL

A todos los personajes famosos en la farándula, el deporte, la política y otros ámbitos, es fundamental que sean plenamente conscientes del impacto significativo que tienen en la vida de una o incluso miles de personas. Desde las tendencias de la moda hasta las opiniones políticas, el atractivo del estilo de vida de una celebridad puede ejercer una influencia poderosa sobre las creencias, intereses y comportamientos de sus seguidores. Esta influencia es tan grande que puede cambiar fácilmente la mentalidad de miles e incluso millones de personas en todo el mundo.

Por esta razón, es esencial que comprendan el peso de la responsabilidad social que tienen hacia sus seguidores, a quienes podríamos considerar como "hijos adoptivos" o una especie de "familia adoptiva". En consecuencia, tienen ciertas obligaciones y responsabilidades hacia todos ellos.

Influencia profunda en la juventud. Esta importancia es aún mayor entre los adolescentes y jóvenes, ya que las personalidades famosas a menudo se convierten en refugios emocionales y llegan a influir de manera profunda en la identidad de muchos de ellos. En ocasiones, los seguidores pueden tener dificultades para distinguir entre la admiración, la idolatría y la veneración. Por lo tanto, es esencial que los famosos se preparen y se conc iencien de su capacidad para ejercer una gran influencia y estén listos para asumir este importante rol.

No se trata simplemente de tener fama y dinero y actuar de manera irresponsable. Ustedes no son criminales ni traficantes de drogas, ni portadores del mal. Deben ser conscientes de que, en su posición, las paredes tienen oídos, los mudos pueden hablar y los ciegos pueden ver. Sus palabras y acciones deben ser cuidadosamente consideradas, ya que incluso una canción puede ser un mensaje poderoso. No comprometan su alma ni arriesguen todo por caprichos emocionales o consejos egoístas de un representante obsesionado con el dinero.

El poder de la influencia. Si sienten que es hora de hacer algo diferente, consideren dedicarse a ayudar a quienes necesitan desesperadamente lo que a ustedes les sobra. Un poco de su tiempo, dinero e ideas pueden marcar la diferencia más allá de una relación convencional. Organizaciones como UNICEF cuentan con una larga lista de celebridades comprometidas en programas infantiles, de salud, conservación del medio ambiente, erradicación de la pobreza y la ignorancia, como Antonio Banderas, Ronaldinho, Maná, Nicole Kidman, Angelina Jolie, Gisele Bundchen, Katy Perry, Nicolas Cage, Harry Belafonte, la Orquesta Filarmónica de Viena, Shakira, Juanes y muchos otros.

Explorando nuevas formas de hacer el bien. Además de apoyar a organizaciones como UNICEF o la ONU, pueden explorar otras formas de hacer el bien que quizás no se hayan atrevido a intentar antes, ya sea por falta de conocimiento o escepticismo. Pueden comenzar por acercarse a Dios con sinceridad y un deseo genuino de cambiar. Tengan la certeza de que Él los escuchará y les brindará ayuda de maneras que ni siquiera pueden imaginar. Dios se manifiesta a quienes lo invocan, respetando su libre albedrío, y la fe, el amor y la esperanza se encuentran en la espera paciente.

Ahora es su turnó de poder expresar su opinión, sobre su ídolo o personaje favorito. Yo soy fan de.

_____

_____

_____

_____

Creo que hace bien por qué.

_____

_____

_____

_____

También, sé que ha hecho cosas que no debería de hacer, como.

_____

_____

_____

_____

Mi ídolo o mi personaje favorito debería de.

_____

_____

_____

_____

Un llamado a la responsabilidad social de las celebridades

A los personajes famosos del mundo del espectáculo, la farándula, el deporte, la política, las redes sociales y otros medios, los llamo a ser conscientes de que todos somos humanos y llevamos consigo nuestros defectos, debilidades y traumas emocionales. Por tanto, el seguimiento y admiración hacia un personaje famoso debería estar condicionado por su conducta y el mensaje que transmiten a la sociedad que les respalda, siendo esta la columna vertebral de su fama y fortuna. No esperen llegar a una trágica caída para perderlo todo y lamentarse después.

Lecciones de la historia. Podemos tomar ejemplos de aquellos personajes famosos que ya han partido de este mundo, algunos de los cuales dejaron un legado valioso que vale la pena seguir, mientras que otros dejaron un mal ejemplo y un rastro de desgracia. Es importante recordar que el cementerio está lleno de personas que en su momento fueron millonarias y famosas. Algunos se consideraban insustituibles, creían tener una inteligencia y prestigio inigualables, y llegaron a pensar que el mundo no podría continuar sin ellos. Sin embargo, muchos de ellos, a pesar de su fama y fortuna, han caído en el olvido y nadie se acuerda de ellos. Entre tantos ejemplos, destacan los siguientes personajes:

Jean Simmons, actriz londinense
Bob Marley
Ernest Hemingway
Michael Jackson
Gianni Versace
Cristian Silva Skater, profesional chileno
Ronnie James Dio, cantante y compositor
Steve Jobs, pionero de las computadoras y el I'phone

Lo que realmente importa. La lista de personas famosas es interminable, pero sin duda, lo que más nos recordarán serán las huellas que dejemos en la vida de quienes amamos y en aquellos que nos aman. ¿Cómo estamos actuando con los seres queridos que tenemos a nuestro lado?

La verdadera grandeza del ser humano

Les planteo una pregunta: ¿Cuántos de los personajes famosos del espectáculo, la farándula, el deporte y la política serán los más famosos y ricos en el cementerio? Y si alguno llegara a serlo, ¿de qué le serviría? Siempre que estemos en la cima del éxito, la fama y el dinero, debemos recordar que la grandeza de un ser humano radica en nuestra capacidad para reconocer nuestra pequeñez ante Dios y el universo. La cúspide del éxito y la riqueza más grande que un ser humano puede alcanzar es conquistar aquello que no se puede comprar con dinero.

Mensaje para los Famosos:

Recuerden que la fama es una oportunidad para influir positivamente. No esperen a una trágica caída para lamentarse. Aprovechen su posición para dejar un legado que valga la pena seguir, un legado que inspire a otros a hacer el bien y a vivir con integridad.

«La fama es un acto ilusorio para algunos, que aumenta su ego y orgullo, nublando su conciencia y condenando su alma ».

EL CÍRCULO DE LA SABIDURÍA

La sabiduría habita en el interior del ser humano, una fuente infinita y eterna de conocimiento. Se nutre de un amplio bagaje de conocimientos adquiridos a través del estudio, la inteligencia y las experiencias vividas. Es prudencia, entendimiento y crece con el paso del tiempo. Se desarrolla gracias a la aplicación de la inteligencia, las experiencias y el estudio, permitiéndonos obtener conocimientos que nos brindan mayor comprensión y discernimiento entre la verdad y la mentira, lo bueno y lo malo.

La sabiduría, prudencia, profundidad y humildad. Una vez adquirida, la sabiduría se distingue por la prudencia y la sensatez. Dota al individuo de un mayor entendimiento y profundidad en el conocimiento sobre las circunstancias que determinan la existencia. Nos revela que todo es relativamente vano y que, en esencia, no hay nada nuevo bajo el sol, pues pasado, presente y futuro están interconectados en la creación. De hecho, la sabiduría suprema no reside en la mente de los vivos (Job 28:13), sino en la esencia de Dios.

El comienzo de la sabiduría radica en despertarla y alimentarla. Si la abrazamos con seguridad, nos otorgará prestigio. Es un regalo preciado del Creador, un espíritu amigo del hombre, la fuerza que nos impulsa y brilla por sí misma. Moldea al hombre y lo perfecciona en prudencia y obras. Su asiento es la mente, centro de la decisión intelectual y moral del ser humano. En el círculo de la sabiduría, las graduaciones no existen, y quien se sienta demasiado sabio ha abandonado su capacidad de aprender.

Buscar la excelencia. No es sabio quien afirma "lo sé todo", sino aquel que reconoce "necesito aprender más para educar mi ignorancia". Lo hace mirando su interior y reconociendo sus limitaciones. Saber mucho y poseer intelecto nos diferencia de otros, pero no nos hace mejores que nadie. Todos los ríos desembocan en el mar, y este nunca se llena. Así es la sabiduría: por más que aprendamos, jamás sabremos lo suficiente. Esto nos invita a buscar niveles superiores de conciencia para alcanzar la excelencia. Nada se puede comparar con la sabiduría. Toda la riqueza y el lujo del mundo solo son un puñado de arena y lodo a su lado.

Una inversión superior a cualquier riqueza material. Invierta en la sabiduría más que en cualquier otra cosa, pues su valor supera con creces el oro, el dinero, las joyas y cualquier propiedad. Una vez adquirida, no hay nada con lo que se pueda comparar. Si bien las riquezas, el oro y los lujos abundan, la sabiduría en labios expertos es el tesoro más valioso.
Un hombre pobre y sabio supera a un hombre rico, viejo y necio. La sabiduría supera a la fuerza y a las armas. Analice los conflictos y verá que las grandes guerras se han ganado más con sabiduría que con la fuerza bruta y las armas.

Quien busca sabiduría jamás se cansa. Y quien la encuentra, su rostro es radiante, sus ojos brillan, su actitud tiene gracia y firmeza. No le interesan los sentimientos hirientes. La sabiduría se deja poseer por aquellos que son dignos de ella. Respete los libros, pues curan la enfermedad más peligrosa: la ignorancia. Sin embargo, la sabiduría no radica únicamente en un nivel de conocimiento, sino en el trato hacia los demás y en la capacidad de guardar silencio cuando el ignorante hace ruido.

La sabiduría no puede avanzar en una mente cerrada. Una persona puede tener un alto conocimiento intelectual, pero no necesariamente ser inteligente emocional. Estudie con dedicación, según sus fuerzas, pero no en exceso, pues dañar su salud sería contraproducente. Escribir muchos libros puede ser una tarea interminable. Es por esta razón que en las fallas el dolor y las lágrimas se talla la sabiduría. Con las pruebas, el paso de los años y, sobre todo, con humildad, se adquiere este tesoro invaluable. Aprenda a mantener la paz y el control propio en las circunstancias difíciles. Valore el tiempo que le dedican los demás, pues es algo irrecuperable. El hombre sabio no se aflige por lo que no tiene, sino que se alegra y es feliz con lo que posee.

La sabiduría en busca de un hogar

Hace tiempo atrás, la sabiduría emprendió un viaje en busca de un alma digna que la pudiera albergar. Recorrió plazas, templos, empresas, escuelas y universidades, elevando su voz con autoridad para pronunciar un mensaje contundente:

- ¡Escúchenme todos!, sí, ustedes los humanos, ¿hasta cuándo amarán la inexperiencia, la arrogancia y el orgullo?, ¿hasta cuándo odiarán la sabiduría?
- ¿Por cuánto tiempo seguirán siendo ciegos, sordos e ignorantes?
- ¿Creen que con la soberbia manejan la razón y, con la violencia pueden dominar siempre? — ¡ilusos! —
- A ustedes los llamo, dirijo mi voz a los hijos de hombres, humanos inexpertos e imprudentes, escuchen: ¡voy a decirles cosas importantes ¡
- Voy a hablar con sinceridad, ¡escúchenme!
- Yo soy la sabiduría, mi paladar saborea la verdad, mis labios aborrecen el mal -- todos mis discursos son ecuánimes, en mí no hay hipocresía ni es retorcido mi proceder.
- Todos mis actos son claros y rectos para quien obra recta y justamente.

- Busco a alguien digno con quien pueda vivir, alguien que acepte mis instrucciones antes que el oro y la fama.
- Pues yo tengo más valor que la fama, más que el oro y las joyas, nada terrenalmente valioso se me puede comparar.
- Escúchenme humanos imprudentes, yo la sabiduría únicamente convivo con la verdad, la prudencia y la discreción.
- Rechazó él odió, la soberbia y la arrogancia, el mal camino, la lengua falsa, el imprudente no tiene caminos conmigo,
- Yo amo a los que me aman. Los que me buscan con afán, me encuentran, quien me pueda poseer de cierto tendrá riqueza y gloria, fortuna sólida y justicia,
- Mis frutos son de gran valor y la mejor salud, mi cosecha vale más que el oro y la riqueza selecta.
- Mis senderos son de justicia y rectos para repartir riqueza y, tesoros a quienes puedan convivir conmigo,
- Dichoso el que se deja instruir en mis caminos, escúchenme y háganse sabios, vivirán saludables y felices, no me rechacen.
- Quien me pueda poseer encuentra la vida, paz, prudencia, salud, progreso, respeto. Velaré su puerta de entrada y nada lo podrá dañar.
- Escúchenme humanos, dichoso quien me escucha, yo me dejaré poseer a quien encuentre digno de mí.
- Piensen, recapaciten. Miren, les voy a decir algo que no se les olvidará.
- Ustedes manipulan maquinarias, pedernales, pueden ir al interior de las montañas, a lo más profundo del mar.
- Pueden abrir la roca y sacarle objetos preciosos, en los laboratorios descubrir medicinas y algunos misterios.
- Es la inteligencia, viene unidad a la mente, el cuerpo y sus necesidades, con inteligencia hacen mucho, incluso.
- Pueden conquistar ciudades, ir al espacio y visitar planetas.
- Entonces, alguien me podría decir. ¿Qué es la sabiduría?, ¿de dónde sale?, ¿dónde habita?, ¿quién la tiene?
- Vamos, pregunten a quién pueda responder. Y, empezaron a responder.

- En mí vagar a medias la he podido rozar. Dice el viento.
- No ha caído acá. Dice el abismo.
- No está conmigo, por acá no ha navegado. Dice el mar.
- Conmigo no la pueden comprar, no la he visto. Dice el oro
- De oídas sabemos su fama y poder. Dicen la perdición, el odio y la soberbia.
- No la conozco", no se me está permitido acercármele. Dice la muerte.
- Entonces, ¿existirá algún humano digno de poseerme y alimentar su alma?, ¿podrá algún humano pasar el examen y decir a grito limpio "la tengo, la sabiduría es mía" y, juntos poder caminar con alegría?

Por lo tanto, hubo un gran silencio, en realidad todos los seres humanos querían poseerla. La querían atrapar y no dejarla escapar, los más osados empezaron a investigar y planificar cómo podrían tener para sí tanta maravilla junta. Pero por más que intentaron no pudieron, la sabiduría decepcionada y triste dijo lo siguiente.

- Que infortunio, en estos tiempos no existe un ser humano digno de poseerme totalmente.
- Algunos lo hacen temporalmente, pero la envidia, los pensamientos egoístas, el orgullo y la soberbia me hace alejarme de ellos.
- Humanos, escúchenme al menos una vez en su corta vida, la inteligencia habita en sus mentes, complace el alma y sus necesidades, pero nada más.
- La sabiduría absorbe la inteligencia, sobrepasa la comprensión, alimenta y fortalece el alma, si sabe buscarla, podrá encontrarla ¡dentro de ti ¡
- No atendieron a mi voz, cuando los llamé y despreciaron mis advertencias.
- Así que humanos: ¡cómanse el fruto de sus acciones!
- Cuidado con disfrutar de su propia rebeldía, solo gozan de lo que llena los sentidos, ilusos, ¡el mundo es un disfraz!, ¡es vana ilusión! ¡Pura vanidad!, este mundo solo está lleno de ¡vanidad y orgullo ¡
- Nunca se le olvide, ¡donde están sus riquezas, allí tiene su

corazón!

- No existe un solo ser humano completamente justo, recto y digno de mí. ¡Qué tristeza, todos se ocupan de la cáscara y nadie piensa en la semilla ¡
- Me iré con gran dolor para el lugar de donde vine.
- Porque desde la eternidad, fui formada, desde antes del origen de la tierra y del agua.
- Volveré a jugar con el padre eterno, arquitecto de los cielos y el orbe.
- Quieren saber qué es sabiduría, ¡humanos, hijos de hombre, tanto que leen y no aprenden, tanto que miran y no reconocen, tanto que oyen y no captan, tanto que estudian y no entienden, de hecho, más se pierden!
- Lo he dicho miles de veces, por siglos y siglos. La completa sabiduría ¡es el conocimiento de Dios padre, comprender, disfrutar y cuidar de su creación!
- Y si alguien se cree digno y me quiere poseer, no le hablaré yo, sino que tendrá que pedirle a Dios, para poderme tener.

Ahora le invito a que con sus propias palabras escriba que es para usted tener sabiduría. Y, a quien y porque considera que es una persona sabia.

Sabiduría para mis es.

_____

_____

_____

Las personas que consideró sabias son.

_____

_____

_____

_____

Una persona sabía es fuerte en.

_____

_____

_____

_____

La sabiduría, un tesoro para cultivar. Una vez que hemos alcanzado la sabiduría, es fundamental comprender la importancia de nutrirla y preservarla. Con el paso del tiempo, nos damos cuenta de la naturaleza efímera de muchas de las cosas que consideramos importantes. Las nubes siguen su ciclo sin cambiar su esencia, la lluvia beneficia a todos por igual y el sol ilumina sin distinciones. Todos los ríos fluyen hacia el mar, y este nunca se llena.

La relatividad de la existencia. En este viaje de la vida, el ser humano asume diversos roles: profeta o pagano, sabio o ignorante, rico o pobre. Sin embargo, al final, todos compartimos el mismo destino. Lo único verdaderamente inmortal que poseemos es nuestra alma espiritual y la sabiduría que hemos adquirido a lo largo de nuestra existencia.

El nivel de conocimiento humano puede categorizarse en un círculo o conjunto de niveles:

√ El conocimiento simple
√ El conocimiento necesario
√ El conocimiento transcendental
√ El conocimiento supremo

¿En cuál circulo o nivel de conocimiento estas tu?

Cada individuo se encuentra en un nivel diferente de conocimiento. La reflexión sobre nuestra posición en este círculo nos permite identificar áreas en las que podemos crecer y desarrollar nuestra sabiduría.

«No hay que confundir nunca la inteligencia con sabiduría. La inteligencia nos sirve para subsistir; la sabiduría nos revela los misterios de la vida».

EL CIRCULO DE LOS CAMBIOS

Los seres humanos experimentamos cuatro etapas de cambios básicos en nuestra evolución: nacer, crecer, reproducirnos y morir. Sin embargo, dentro de estas etapas principales, vivimos otros cambios constantes e inevitables que, en gran medida, determinan el curso de nuestra existencia, nuestra forma de vivir y relacionarnos con los demás. Motivados por la búsqueda de la felicidad, el amor, la fe, la fama, el desarrollo personal y la motivación, realizamos cambios en diversos aspectos de nuestras vidas:

√ Cambio de cosas, ropa, vehículo, muebles, gustos.
√ Cambio de emociones y sentimientos.
√ Cambios en la comida y sabores.
  Cambios en los planes de vida.
√ Cambios de profesión y trabajo.
√ Cambio de ideas, de parecer.
√ Cambios administrativos.
√ Un divorcio, una ruptura.
√ Cambio de pareja.
√ Cambio de amigos.
√ Cambios de residencia.
√ Cambios de creencia, Incluso podemos experimentar cambios en nuestras creencias religiosas.

Si analizamos con detenimiento, son muchas las adaptaciones y cambios que debemos realizar a lo largo de nuestra existencia, a menudo sin ser plenamente conscientes de ellos. ¡Nos resulta difícil aceptar que todo puede y debe cambiar! Algunos cambios, incluso los pequeños, implican tiempo, esfuerzo, riesgo, estrés, etc. Además, la mayoría de ellos conllevan una renuncia, una pérdida o una transformación.

Para quienes se encuentran en la zona de confort, afrontar cambios de vida puede ser similar a enfrentar la muerte. Las razones por las que debemos hacerlo son variadas, pero independientemente de la causa, es fundamental prepararnos para afrontar estos cambios, por difíciles que parezcan.

Uno de los motivos más frecuentes por los que nos vemos obligados a realizar cambios es la pérdida del enfoque en nuestros planes de vida, lo que nos hace perder el rumbo. Es como si estuviéramos conduciendo un vehículo y, al perder la concentración y distraernos sin prestar atención a la carretera, tuviéramos un accidente. Lo mismo sucede en la vida: si nos distraemos de nuestro propósito, perdemos el enfoque y, en ocasiones, no asimilamos los cambios de vida de manera adecuada.

*«Donde no hay visión, el pueblo se extravía»*1. Sin visión, no somos nada. Cada cambio que emprendemos debe estar guiado por una visión de vida clara y definida, evitando así caer en la entropía.

El camino del cambio. Es difícil emprender un viaje sin un destino claro, y aún más difícil hacerlo sin saber de dónde partimos. El mapa nos señala la ruta, pero no es el territorio en sí. Encontrar la salida de un laberinto no es tarea fácil. Para realizar cambios de vida efectivos, necesitamos un objetivo claro, un talento a desarrollar, un plan bien estructurado, la decisión de actuar y, por supuesto, la acción en sí.

El propósito, el motor del cambio. Ninguna acción puede ser eficaz si no está vinculada a un fin determinado. Es fundamental definir nuestro propósito, la razón por la que deseamos realizar estos cambios. Roma no se construyó en un día, pero se colocaban ladrillos cada minuto. Con disciplina, tiempo y perseverancia, podemos construir un imperio, o en este caso, reconstruir nuestra vida. Poco a poco, *(paso a paso, de ladrillo en ladrillo),* lograremos cambios importantes y trascendentales en nuestra existencia. Los sueños pueden hacerse realidad si mantenemos un compromiso constante con ellos.

No se deje llevar por la idea de que el mundo se está acabando o que está en su peor momento. La historia nos enseña que ha habido épocas mucho más difíciles. Nuestro planeta, el universo, está en constante evolución, con cambios permanentes. Imperios han surgido y caído. A lo largo de la historia, hemos enfrentado virus y plagas que han cobrado millones de vidas. La Primera Guerra Mundial, la Segunda Guerra Mundial y, más recientemente, la pandemia del COVID-19, han sido momentos que muchos percibieron como el fin del mundo. Sin embargo, hemos superado estas adversidades. La clave está en conocer la historia, leer, educarse, prepararse y comprender que simplemente existimos en ciclos de vida que se repiten.

Es cierto que, a simple vista, puede parecer que "no hay nada nuevo bajo el sol". Sin embargo, esta percepción no considera la profundidad y la trascendencia de los cambios que vivimos. Si bien los eventos y situaciones pueden repetirse a lo largo de la historia, cada uno de ellos tiene un contexto, una interpretación y un impacto único en nuestras vidas.

Para afrontar los cambios de vida de manera efectiva, es fundamental contar con una serie de factores determinantes que impulsen y guíen nuestro proceso. Entre estos factores encontramos: el amor propio, fe, conocimiento, intención, evaluación, decisión, pasión y acción. Estos factores ayudan a desarrollar nuestro potencial, para poder alcanzar cambios coherentes y profundos. Voy a citar algunos cambios frecuentes, y el conocimiento esencial que necesitamos para dar el salto al cambio.

LA IMPORTANCIA DE ASIMILAR LOS CAMBIOS

El más hermoso dibujo de unas flores no huele a flores. Todo lo que usted pueda decirse sobre el amor, es nada si nunca lo ha sentido. La acción, planeación e intervención es imprescindible. Al principio se debe acostumbrarse a los nuevos aspectos de estas experiencias y deberá mostrar una actitud abierta ante los cambios que acontecen. Una actitud positiva, fe, tolerancia, paciencia y sentido del humor, son claves para ajustarse a cualquier cambio en la vida. Adelantarse a los cambios permite ir conociendo un panorama más completo de lo que se necesita para una nueva forma de trabajar, una nueva pareja o un nuevo estilo de vida. Otra ventaja de no dejar todo a último momento es contar con tiempo y, asimilar los cambios, por ejemplo.

Para aceptar los cambios de pareja o solucionar algún conflicto se debe considerar lo siguiente. En la mayoría de los casos los hombres, no leemos la mente de las mujeres, a veces no sabemos que desean, pues los hombres somos directos y las mujeres indirectas. Por ejemplo, cuando una pareja va en un vehículo y pasan por un restaurante y de pronto la mujer le dice, mira un restaurante, oye tienes sed, el hombre dice, no sigamos. Lo que la mujer quiere decirle es que tiene sed. Los hombres somos más directos décimos, tengo sed vamos a tomar agua.

En el amor, si no somos correspondidos debemos saber alejarnos, pues aferrarse a pesar de estar enamorados es un martirio. Especialmente si se cansa de retener a alguien que nunca ha querido quedarse ni quiere estar cerca. Así que es mejor irse en silencio, porque todo lo que se quería decir, ya se dijo cuando estaban juntos. No entregue su corazón ni ame a alguien que solo le gusta, púes podría sólo ilusionar usar y mentir. Pero quien verdaderamente la quiere, la valora y acepta con todo lo que usted es.

Que decir en el trabajo y la familia, muchas veces nos metemos tanto en el trabajo y el rol profesional que nos olvidamos del mundo ni nuestra familia nos ven el rostro. Darnos cuenta de esto asimilarlo y dar cambios, eso es avanzar. Pues no somos ni nuestra profesión ni nuestro trabajo, somos una unidad que compone un todo y por eso tenemos familia. Solo así podemos trabajar debidamente como una fuente de motivación y crecimiento. Tenemos que abrir la inteligencia y la conciencia, para abrirnos más a los cambios que nos trae la vida.

La preocupación también nos afecta, es una de las emociones y estados destructivos que más perjudica a los seres humanos. Los efectos físicos y mentales de las preocupaciones son diversos y desconcertantes. Si bien es cierto que hay quienes no experimenta más que el dolor constante de cabeza, mucha gente acaba desarrollando trastornos psicosomáticos. Es decir, afecta la salud mental que es el alimento del estrés. Produce miedo y angustia afectando diferentes áreas, cómo son:

Los efectos psicológicos de las preocupaciones

√ Fatiga
√ Sensación de cansancio.
√ Dificultades para concentrarse
√ irritabilidad, inquietud e impaciencia
√ Estrés

Efectos físicos entre otros, son.

√ Dolor de espalda y de cuello
√ Dolor de cabeza, migrañas
√ Dolor de estómago y desórdenes digestivos
√ Insomnio

Sobre los cambios y el éxito en mi experiencia personal, nunca he visto a nadie que tenga una vida totalmente plena. Así sea exitoso en todas las áreas de su vida, pero ha tenido que hacer cambios severos. Lo han logrado porque han fracasado, se han humillado, han sufrido, llorado, han sudado, luchado y se han sacrificado, manteniendo el enfoque en sus metas con fe. Si usted tiene un sueño no le tenga miedo a los cambios drásticos, debe luchar y mantenerlo hasta que lo logre. La única manera es que lo haga usted mismo, debido a que nadie lo hará por usted. Cada ser humano tiene un enorme potencial sin explotar y este se encuentra en su dimensión espiritual. Porque, ante todo, usted es un ser amado y predilecto para Dios, vinculado a todo lo demás por la fuerza del amor.

Para ciertas personas, es complicado reinventarse con los cambios. Si este es su caso, lo más sabio que puedes hacer es utilizar la "imaginación creativa". Que es salir, buscar y encontrar lo que otras personas han logrado que funcione y hacer lo que ellos han hecho, hasta lograrlo y mejorarlo. Dicho de otro modo, es atraer y hacer cosas e ideas que nunca pensamos que las podíamos hacer realidad en nuestra mente. Esa es la facilidad para idear o proyectar cosas nuevas.

Para que usted descubra lo que se desea de un cambio, primero debe saber exactamente qué es lo que quiere. No permita que un cambio por difícil que sea cambie su naturaleza. Para esto en los momentos de soledad, cierre los ojos y comuníquese consigo mismo, con su conciencia y corazón. Sabiendo que en el yo interior, también hay una parte de Dios, enfocándose en lo que usted mismo es capaz de manifestar y lo que realmente quiere.

Para que los cambios sean eficaces, debe practicar el perdón. Pero no se autocompadezca ni auto justifiqué, pues no permite ver su potencial. Así que primero usted debe perdónese usted mismo. Después a sus padres, hermanos, familiares y a quien le haya hecho una ofensa y lo haya herido. Pero antes de hacer esto, conózcase usted mismo y pregúntese que es la paz mental. Si usted es una persona de fe, ore y agradece a Dios. Pues la oración da fortaleza y esperanza. Primero debemos tener un diálogo interno con nosotros mismo, usted puede hacerlo según este acostumbrado o hacerlo de la siguiente manera.

- Querido yo, entre tantas cosas de la vida sé que hemos fracasado en muchas cosas, pero también hemos ganado nuestras batallas.
- Esto es un destino y aún faltan caminos para recorrer, algunas batallas que luchar, miles de obstáculos que superar. muchas bocas que callar, muchas cosas para aprender y lecciones para enseñar y un gran potencial para demostrar.
- Y, con amor Dios y disciplina, esta guerra la podemos ganar.
- Si tiene una fe verdadera, puede hablar con Dios. Él aprecia lo que usted tenga en su memoria, pero ama mucho más lo que tiene en su corazón.
- Dios y señor mío, sin importar las circunstancias por favor ayúdame a seguir adelante, aprendiendo a vencer las dificultades.   Aprendiendo a ser fuerte y paciente, a esperar por tus tiempos.
- Recuérdame que tú nunca me darías una carga que yo no pueda soportar, porque donde terminan mis fuerzas

232

y voluntad, justo ahí empiezan las tuyas. Amén, Amén, Amén.

Ahora, lo invito a expresar su opinión y, la manera en que usted enfrenta los cambios. Yo creo que para hacer cambios.

_____

_____

_____

_____

_____

_____

«Quien se niega a enfrentar los cambios de la vida, se está negando a vivir, permitiendo que los obstáculos afecten su naturaleza».

EL CÍRCULO DE LA FE

- ¿Cuál es la definición y el significado de fe?
- ¿Qué podemos decir de la fe?

Duele la fe cuando es batalla sin tregua, cómo duelen los muros que rompen la tierra. Por esto, cada ser humano ha sido dotado de un cuerpo, alma, conciencia, sentimientos y conocimiento. También disfrutamos del libre albedrío, para elegir libremente el camino que deseamos y trabajar en lo que preferimos. Así mismo, de creer en las ideologías, creencias y religión que elijamos. De igual manera, podemos aceptar negar o rechazarlo todo.

La libertad de pensamiento y la reflexión. Es importante reconocer que estamos limitados por las ideas preconcebidas que nos han inculcado, nuestro nivel educativo y nuestras experiencias. Estas a su vez, están influenciadas por el ambiente sociocultural en el que crecimos y vivimos. El Creador del universo ha dejado su huella en nuestro corazón, espíritu, mente y en todo nuestro ser. En el momento que lo deseemos, podemos acceder a ese conocimiento interno y conectar con Él. Somos sus hijos, herederos y poseemos su ADN espiritual. El Creador nos ha dado todo lo que creó, un "todo" que en el siglo XXI la mayoría de la humanidad no comprende ni valora en su magnitud. Es nuestra responsabilidad descubrir y aprovechar este legado.

Dios no es un extraño ni está distante, pero muchos así lo tratan. No se trata de la existencia de Dios, sino de si Él importa en su vida. Relaciónese con el Creador desarrollando la inteligencia, la fe, la conciencia y una confianza auténtica, adquiriendo experiencias personales que son claves para el proceso del despertar espiritual. Donde y como quiera que busque a Dios, no estará solo. Secretamente, el Espíritu Santo estará con usted guiándolo.

Todos tenemos sed de Dios y por esta razón el hombre ha inventado ideas teológicas a su capricho que únicamente benefician a quien las inventa, pero no a Dios. Las teologías tienen sus divisiones y diferencias en una búsqueda interminable de la verdad eterna, sin darse cuenta de que esa verdad la llevan dentro.

La fe es creer en Dios sin tener pruebas, sin ver, pero viviendo algo más que eso. La fe no es emoción ni evidencia. No es un sentimiento ni mucho menos un salto al vacío. *La fe es la fuerza del crecimiento interior,* es saber, tener el sentido y la certeza de que creo gracias a mi libre voluntad y creo porque lo vivo, lo siento y elijo creer. La fe es confiar en Dios todo el tiempo y creer que todo viene de Él, eliminando el dolor y haciéndome crecer en el amor.

En todo lo que sucede, el Creador del universo nos dirige a comprenderlo. La fe ve lo invisible, cree en lo increíble y *quien tiene fe recibe lo imposible haciéndolo* posible. La fe es la certeza de las cosas que se esperan, la demostración de las cosas que no se ven. La fe es una palabra pequeña, capaz de mover grandes montañas. Es tener la certeza de que ocurrirá, aunque no sepa cómo sucederá; eso es confiar en Dios. Esta confianza crece cuando nos acercamos y lo conocemos más. De hecho, cuanto más conocemos de nosotros mismos, más conocemos a Dios.

El que cree anda por la grandeza de la fe y no por la vista. Si busca lógica en la fe, únicamente encontrará un absurdo y un sin sentido; la fe tiene una fuerza que la lógica desconoce. También tiene un significado profundo con criterio de vida en medio de la valorización espiritual, porque Dios tiene formas de actuar que aún no tenemos la capacidad de entender. La mayoría de los seres humanos ignoramos los principios y la aerodinámica operacional de un avión, pero nos beneficiamos de él. Así sucede con Dios Padre; ignoramos sus principios y grandes misterios, sin embargo, nos beneficiamos de Él y de toda su creación.

Existen momentos en que el Creador prefiere dar de comer al hambriento que recitar un salmo, aunque hay ocasiones en que es la oración la que debe ocupar nuestro tiempo, invirtiendo en la fe. Este mundo está hecho de dualidades, y en lo espiritual, pareciera que estuviéramos como turistas. Es como si estuviéramos atravesando el desierto, donde aparecen ideas teológicas con sus diferencias *(hoy en día existen más religiones que partidos políticos)*.

Algunas parecen mercaderes, donde cada creencia tiene profundas teologías, asegurando que determinada religión es el único camino de la fe verdadera. Ofrecen salvación y un mundo mejor, olvidándose de las instrucciones de Dios Padre y de las verdaderas enseñanzas de Jesús. Aunque algunos de sus mensajes han sido alterados o mal interpretados en las traducciones de la Biblia *(Nota, algunas traducciones bíblicas no son fieles a la original escrita en hebreo)*.

Las divisiones únicamente traen confusión a los creyentes, creando falsas interpretaciones de Dios, desvirtuando los mensajes de la Biblia, y cambiando la luz en oscuridad con traducciones equivocadas. Muchos toman actitudes individuales, egocéntricas y agresivas, interpretan según sus pensamientos y conveniencias que, en lugar de construir, dividen y destruyen sin tener en cuenta que "el propio orgullo humilla a los hombres". Indiscutiblemente, existen grandes divisiones teológicas en todas las religiones (con algunas verdades).

Esto demuestra que unas tienen conocimientos que otras ignoran. Cada una tiene sus propios razonamientos y conocimientos con sus fundamentos teológicos según su fe. Cada religión a su manera dice tener la verdad absoluta sobre Dios, la vida, su origen y sobre la muerte. Muchos buscan salvar lo que no pueden, debido a que no se ajustan a los conceptos y preceptos de Dios en la Biblia. Dirigen al pueblo con doctrinas inventadas por el hombre que no pueden salvar a nadie. Todos cometemos errores y honramos al Creador de manera equivocada.

Ahora bien, si la verdad antecede cualquier creencia o religión, ¿qué haría usted si supiera toda la verdad? Si tuviera conocimiento de «el todo en todo». La daría a conocer, pero infortunadamente nadie le creería nada lo llamarían "loco". Además, en el cerebro de un hombre no cabría toda la verdad; nadie está preparado ni aún tenemos la capacidad mental para esa magnitud.

Únicamente ha existido uno y hace más de 2,022 años nos reveló grandes secretos y misterios, pero lo mataron de igual manera que hoy asesinan la verdad. Muchos siguen la búsqueda de la verdad absoluta en la psicología, en la filosofía, la teología y la creencia. Cada uno cree según su ideología y está evoluciona según su conocimiento e interpretación Dios. Esto indica que el conocimiento y la verdad absoluta en el ser humano no existe, pues es una verdad subjetiva, debido a que es inexacta, circunstancial, ideológica y parcial. La verdad absoluta solo la tiene Dios eterno.

Los diferentes fundamentos teológicos confunden y separan a los hombres, pues cada teólogo cree según sus ideas doctrinales. Estas se convierten en dogmas o tradiciones religiosas. A pesar de todo, los JUDÍOS con sus diferencias étnicas (Ashkenazis, Sefardíes, Falashas, Lembas, Beta Israel, Tiu-Kiu-Koui, Netzaritas, Mandeo-Sabeos) y mesiánicos, siguen creyendo, alabando y sirviendo a Dios según sus conocimientos teológicos y su fe.

Los CRISTIANOS somos aproximadamente 2,400 millones de creyentes a la fecha de publicar este libro, con grandes diferencias y divisiones teológicas: la Iglesia Católica, la copta de Egipto y Etiopía, las de Serbia, Bulgaria, Rumanía, los Cristianos

Ortodoxos con la Iglesia Griega, la Iglesia Eslava de Moscú, la Iglesia Calvinista y Presbiteriana, los metodistas, los bautistas, los presbiterianos, la Iglesia Evangélica y la Iglesia Asiria de Oriente.

Dentro del cristianismo también tenemos los llamados protestantes, que en la actualidad suman más de 800 millones. Surgieron tras el cisma de Martín Lutero, Calvino y Zuinglio, y siguen practicando diferentes líneas interpretativas de la Biblia, con marcadas divisiones entre ellos (Testigos de Jehová, pentecostales, etc.) y la Iglesia Anglicana fundada por Enrique VIII.

Todos siguen creyendo y existiendo, pero tenemos un escrito que nos saca de este lío y, lo dijo Jesucristo «Y, yo también te digo que tú eres Pedro y, sobre esta roca edificaré mi iglesia y las puertas del infierno no prevalecerán contra ella»1. Nota importante: d**ijo iglesia en singular, no dijo iglesias, que es plural.**

Los *ISLÁMICOS* tienen las mismas raíces que los israelitas y cristianos. Sin embargo, desde la fundación del islam en el año 611 d.C. como religión, la comunidad musulmana se divide en dos grandes ramas: los sunitas y los chiitas. Las dos principales ramas del islam, sunismo y chiismo, se enfrentaron entonces para decidir quién tenía el derecho legítimo a liderar a los musulmanes. Son aproximadamente 1,200 millones de creyentes y, a pesar de sus divisiones, siguen creyendo y existiendo.

Los *BUDISTAS*, cuentan con más o menos 230 millones de seguidores en todo el mundo. También tienen sus divisiones (el budismo Theravada y Mahayana). El budismo nació en el norte de India hace aproximadamente 2,500 años, gracias a las enseñanzas de Siddharta Gautama, el Buda por excelencia. Se desarrolló en paralelo con el hinduismo, que entonces produjo algunos de sus textos filosóficos más profundos y abstractos y se rige por ideas, no por dioses ni doctrinas. No conocen la noción de guerra santa; a su manera, siguen creyendo y existiendo. Dicho sea de paso, de cualquier manera, que nos imaginemos a Dios, nunca llegaremos a tener una idea exacta de toda su esencia y grandeza.

No necesitamos ser expertos en analogía para concluir que Dios nos inspira fe, amor y confianza. María de Nazaret fue la única mujer judía elegida por el Creador para dar vida al Verbo y ser carne de su carne y sangre. Por medio de ella nació Jesucristo para enseñarnos, redimirnos y unirnos al plan de salvación. Negar a María de Nazaret es como negar a Eva en la creación o negar a Sara en el origen de los hebreos. De hecho, sería como negar a Jesucristo y contradecir a Dios Padre. María de Nazaret tiene un significado y trasfondo israelita que no se debe ignorar, es madre de Jesucristo por elección del Creador y eso no lo puede negar nadie.

Dios Padre no desea gente sometida por el temor ni el miedo, viviendo temerosos de todo y por todo. Hay que seguir a Dios, no desde el temor exagerado ni la imposición ni la inercia, no con espíritu resignado ni porque no exista otro camino. El Creador no impone ni el amor ni el respeto, Dios simplemente propone y usted decide.

Puede que a usted nadie lo conozca ni sea famoso ni reconozcan sus esfuerzos. Pero no se olvide que el Creador tiene su propia recompensa y nos la dará el día menos esperado. Cuando menos lo espere, Dios le sorprenderá con nuevas oportunidades. Confíe en Él y todo lo demás vendrá por añadidura. Podemos creer y tener fe sin permitir que la religión se convierta en un yugo con evasión de la realidad, aturdiendo nuestro entendimiento, nuestra forma de ser y de vivir. Tampoco podemos ignorar que Dios también evoluciona de edad en edad, así que para tener fe y crecer.

- ▶ No pretenda cambiar toda su vida, basta con mejorar.
- ▶ No busque ser humilde, basta con hacer actos de humildad.
- ▶ No pretenda ser virtuoso, basta con hacer actos de virtud.
- ▶ No pretenda ser sabio, basta con que entienda.
- ▶ No pretenda darlo todo, basta con ayudar al prójimo.
- ▶ Si puede, analice las escrituras, respete a Dios y sus preceptos.
- ▶ Cultive sus dones y su fe que eso agrada a Dios.

Tener fe es orar, amar a Dios, caminar con un corazón lleno de nombres. Es obedecer la voz interior que nos habla de lo justo, lo bello, lo cierto y ver nuestro entorno sabiendo lo que está bien y lo que está mal. Comprender que las decisiones de Dios son misteriosas, pero a nuestro favor y poder decir en voz alta:

- ¡Dios mío, señor mío, ¡sed mi tierra prometida y la razón de mi esperanza! -- Sed la luz que le da sentido a lo que siento y la respuesta a mi necesidad.

- Sed mi refugio en la tormenta, consuelo en la tristeza y ---sed tu señor, mi fortaleza en la debilidad, Amén, Amén, Amén.

Que el fruto de su vida sea el amor y el servicio, que sus metas lo hagan ser cada día un mejor ser humano, haciéndolo adicto al amor, al entendimiento y al agradecimiento. Con la luz del Creador del universo dentro y alrededor de usted, haciéndolo útil y llevándolo a donde sea requerido, uniéndonos todos en esa luz, porque Dios no nos da lo que queremos, sino que siempre nos da lo que realmente necesitamos.

En cualquier sociedad y país, la necesidad de leyes de conducta es innegable, al igual que existe en las escrituras. Incluso para aquellos que carecen de creencias o fe, es esencial reconocerlo. En las redes sociales, lamentablemente, se observa una tendencia a burlarse de Dios, la Biblia y las enseñanzas del Creador, junto con la ridiculización de todo lo relacionado con la fe. Dios eterno no persigue a nadie, lo cual es un reflejo de un conocimiento limitado de Dios y las escrituras. La mayoría de las acciones de una persona, sean buenas o malas, conllevan sus propias recompensas o sanciones debido a la ley del causa y efecto.

Dios tampoco necesita dinero, ya que es dueño de todo lo existente. Las donaciones que la gente hace se destinan a los ministros religiosos, al mantenimiento de la iglesia y a cubrir gastos personales como salarios, servicios públicos y necesidades básicas. Algunos pueden permitirse lujos, pero el propósito principal es el mantenimiento de la comunidad. Siempre que haya abundancia de recursos, se supone que se destinan a ayudar a quienes lo necesitan, ya sea a nivel local o en respuesta a desastres y emergencias a nivel mundial.

En cada cosecha de trigo, es inevitable encontrar cizaña. Del mismo modo, en este mundo siempre habrá personas buenas y malas, creyentes y ateos. Esto se aplica igualmente a las religiones, las iglesias y sus voceros, pero estas diferencias no definen a Dios, sino a la humanidad. Es importante recordar que los seres humanos tenemos mentes y corazones diversos, algunos más retorcidos que otros. A pesar de los burlones, también existen defensores de la fe en Dios. En última instancia, a cada uno le va según sus palabras y acciones, y del fruto de su cosecha, cada uno comerá.

«El hombre creyente está colmado de bendiciones». (Proverbios 28:20).

EL CÍRCULO DEL ATEÍSMO

¿Qué es el ateísmo y en qué consiste? El ateísmo es una postura o una corriente ideológica que niega la existencia de Dios. no hay ateo absoluto en virtud de que *«todo ateo es dios de sí mismo»*. Los ateos radicales, al negar por completo la existencia de Dios, pasan por alto la complejidad del universo y la existencia misma. Su postura se basa en la negación y la falta de fe, cayendo en un reduccionismo intelectual y vivencial que limita su comprensión de la realidad.

La fe en la cotidianidad: Un ejemplo claro de esta limitación es la confianza que los ateos depositan en la calidad de productos como alimentos o medicamentos que consumen: (leche, cereal, aspirina etc.). Esta confianza, se necesita para vivir, es una fe en la capacidad humana de crear y proveer. Esto demuestra la confianza que tienen la creencia de que todo está en orden y que pueden confiar en los fabricantes.

Es importante destacar que la eliminación de Dios del universo sería tan ilógica y absurda como intentar quitar el sol de nuestra galaxia, algo imposible, aparte de ilógico y absurdo.

√ ¿Puede la ciencia desacreditar las creencias religiosas?
√ ¿El conocimiento neurocientífico contradice la creencia y la experiencia religiosas?

Estas son preguntas surgen en el debate entre ciencia y religión. En mi opinión, la ciencia no puede desautorizar las creencias religiosas, ya que no existe ningún argumento ni prueba científica que demuestre que Dios no existe. Por otro lado, existen muchos datos y pruebas científicas que respaldan la existencia de Dios y, por lo tanto, refuerzan la fe de los creyentes. La ciencia y la religión son dos ámbitos distintos con metodologías y alcances diferentes, por lo que no se pueden utilizar para deslegitimarse mutuamente.

242

Es importante tener en cuenta que la ciencia cognitiva, que incluye la neurociencia, es una disciplina pluridisciplinaria que se basa en la biología evolutiva, la psicología y la antropología. Si bien la neurociencia puede identificar correlatos neuronales de experiencias religiosas, esto no constituye evidencia científica en contra de la existencia de Dios. En última instancia, las creencias religiosas y la fe son cuestiones profundamente personales y espirituales que van más allá del alcance de la ciencia para evaluar de manera definitiva.

Cómo explicar la existencia del Universo el Hombre y todo lo demás

Para comprender la existencia del Universo, los seres humanos y todo lo demás, es fundamental considerar la noción misma de existencia. Según el Diccionario de la lengua española, la existencia es el mero acto de existir. Lo que existe, por tanto, es aquello que está presente, y la existencia es la capacidad de algo para ser.

La necesidad de un creador. Analicemos la existencia de objetos cotidianos como una casa, un reloj o un teléfono celular. Todos ellos deben tener un fabricante, "aunque no lo conozcamos o tengamos idea de quién es". De otra manera, no habría explicación para su existencia.

Para explicar la existencia de estos objetos, afirmamos que debe haber un creador, alguien que los ideó, los diseñó y los fabricó. Esto se debe a que las cosas no surgen de la nada por sí mismas. No podrían existir simplemente porque sí.

Si esto resulta evidente en el caso de objetos inanimados, con mayor razón debe ser aplicable a los seres vivos. Por lógica, el ser humano también debe tener un creador. Pregúntense cómo puede existir tanta maravilla con sus complejos sistemas internos: la capacidad de hablar, pensar, idear y perfeccionar.

Lo mismo aplica a los **animales, la Tierra, el viento y el agua,** fuentes y sostenimiento de la vida. Alguien tuvo que planificar el ciclo del agua para que la lluvia diera fertilidad a la Tierra. Alguien planeó la existencia del Sol y su utilidad, proporcionando el calor necesario para la vida.

La complejidad del universo. ¿Cómo puede existir el vasto e inmenso universo con sus miles de galaxias y planetas, todo regido y coordinado con una precisión matemática y geométrica impresionante? Todo esto no podría existir sin un gran geómetra y matemático de inteligencia infinita e incalculable.

Todo este universo debe tener un ideólogo, creador e inventor más grande y magnífico que lo que ya ha creado. Una fuente determinante, creadora y con capacidad de evolución, como lo es el Creador del universo.

La lógica y la fe. La lógica, la teología y la filosofía nos permiten hacer comparaciones basadas en la analogía del entendimiento, las emociones y la sensibilidad, pero no en la voluntad creadora.

En resumen, la lógica y el razonamiento nos llevan a concluir que todo lo que existe, tanto dentro como fuera de nuestro entendimiento, debe tener un origen, un creador, y ese creador es Dios, el ser eterno y supremo responsable de la existencia del universo y todas las cosas.

Grandes mentes, grandes interrogantes. Por ejemplo, citemos algunos grandes genios de diversos campos:

Michel Foucault	Friedrich Nietzsche	Denis Diderot
Richard Dawkins	Bertrand Russell	David Hume
Sigmund Freud	Stephen Hawking	Karl Marx

Todos estos científicos, psicoanalista, genios y astrofísicos tienen en común que no creían en Dios padre,

Sin embargo, ninguno de ellos logró, con sus propias palabras, explicar el origen del universo, la existencia del hombre ni la complejidad de la vida en nuestro planeta. El astrofísico Stephen Hawking, quien postuló que el universo surgió de la "nada", es el que más lejos ha llegado en su explicación. Afirmar que el universo existe *"porque tiene que existir" resulta una conclusión poco satisfactoria para alguien de su intelecto. Nota, (la nada, es nada, en consecuencia, nada existe ni podría existir).*

Las célebres frases de Albert Einstein *("Dios no juega a los dados")* y Stephen Hawking *("no solo Dios juega a los dados, sino que los arroja donde no los podemos ver")* abren un debate sobre el azar y la naturaleza del universo.

Hawking defiende la aleatoriedad como inherente al cosmos, mientras que el sentido común nos invita a reflexionar. Si Dios, en efecto, lanzara dados invisibles, ¿no buscaríamos, con nuestra audacia humana, arrebatarle la victoria? La ausencia del diablo en nuestro camino no implica su inexistencia, sino que quizás avanzamos en sintonía con él.

La limitación del conocimiento humano. Independientemente de la posición social, el poder, el nivel educativo, político, científico, intelectual o emocional, debemos admitir que ningún ser humano tiene acceso a la esencia de Dios. Si lo tuviéramos, seríamos como Dios mismo.

Los hombres, en nuestra limitada capacidad de comprensión, intentamos encajar la naturaleza de Dios en nuestro cerebro. ¡Es ilógico! Si no podemos entendernos a nosotros mismos, ni mucho menos podemos llegar a comprender el corazón y los pensamientos de otro ser humano, ¿cómo podemos pretender entender los pensamientos y el proceder de Dios Padre, arquitecto y creador del universo?

¿ DE DÓNDE VIENE DIOS PADRE ?

Quien inventó el reloj primero tuvo la idea, luego la concibió y finalmente la creó. Todo esto lo hizo posible estando fuera del reloj. Es decir, no podría haberlo creado estando dentro del reloj. Lo mismo aplica para un avión, un carro, un celular, etc.

Dios Padre: Creador trascendente. El Padre viviente y Dios de Jesucristo, el Dios de Adán, Enoc, Abraham, Isaac, Jacob, Israel y Moisés, y del cual habla la Biblia, quien planeó y ejecutó la creación del universo, no está afectado por el **tiempo,** el **espacio ni la materia**. Es auto existente.

La naturaleza atemporal de Dios. Si Dios estuviera afectado por estos elementos, no sería Dios, porque el tiempo, el espacio y la materia fueron establecidos en el mismo instante. Por ejemplo: si hubiese materia, pero no espacio, ¿dónde la pondría? Y si existiera materia y espacio, pero no tiempo, ¿cuándo existió? No puede existir la materia sin el espacio y estas, no podrían existir sin el tiempo, independientemente una de la otra.

Dios padre: más allá de nuestra comprensión. En otras palabras, Dios Padre tiene una existencia por encima de los límites de nuestra imaginación y comprensión, porque es **auto existente, omnipresente**, **omnipotente** y **omnisciente**. Por lo tanto, ¿cómo concebimos a Dios Padre antes de cualquier creación? ¿Y cómo entender el tiempo, el espacio y la materia antes de la creación? ¿Cómo entender un concepto de la nada?

Dios Padre hizo lo Invisible Visible
siendo él mismo Invisible

Analice lo siguiente *(el espíritu de Dios moviéndose sobre la faz de la tierra, oscura y sin forma)* 2. Por lo tanto, antes de que existiera el tiempo, la materia y el espacio, Dios existía. Antes de crear el universo Dios padre estaba en una absoluta satisfacción en sí mismo, porque es pura inmanencia, es la energía que llena el universo, "De Dios es la tierra y su plenitud; el mundo y los que en el habitan" 3. Su esencia es intangible "no es conocible" y la fuente de todas las cosas. Dios habitaba gozosamente en la eternidad, como el principio no manifiesto.

Preguntas limitantes. Si usted se pregunta, ¿cómo y cuándo existió Dios?, es una pregunta limitante, es decir, **está limitando a Dios** al tiempo, a la materia y al espacio. Así mismo, usted también está limitado. Ese es su problema, está estancado y atrapado en las mismas preguntas yendo en círculo.

La lógica superior. No entender ni tener lógica es locura. Si analiza bien, se dará cuenta de que usted es una persona que se limita y limita a los demás. Analice, ¿cuándo ha amado a alguien con todo su corazón?

En la inteligencia humana la lógica superior existió antes que la lógica deductiva, formando la unión armoniosa de la lógica y la razón. El amor, la solidaridad, la nobleza y la cooperación son producto de un universo en evolución, lo mismo que Dios.

Reflexionando sobre la vida, la mente y la búsqueda de Dios

Repitiendo preguntas sin respuestas: Un ciclo sin fin. ¿Hace cuánto tiempo te has hecho la misma pregunta sobre la existencia de Dios sin encontrar una respuesta? Es posible que te encuentres atrapado en un ciclo de dudas y preguntas sin avanzar. ¿Cuánto tiempo llevas así? ¿Qué respuestas has encontrado hasta ahora?
Evaluando nuestras capacidades. Analiza tu capacidad mental

y analítica. ¿Cuál es tu IQ? ¿Qué nivel de inteligencia emocional posees? ¿Crees que tienes la capacidad de crear un arbusto? ¿Podrías crear un gusano? ¿Podrías revivir un pájaro o un conejo muerto? ¿Crees que puedes darle consejos a Dios?

Nuestras limitaciones. La verdad es que ni siquiera tienes la capacidad de cambiar naturalmente el color de tu cabello. Comparado con la inmensidad del mar, somos solo una gota de agua. Y en comparación con la vastedad del tiempo, no somos ni siquiera un segundo.

Es posible que no comprendas tu propia vida, y mucho menos puedas entender el pensamiento y el corazón de otra persona. Entonces, *¿con qué mentalidad y corazón pretendes entender y analizar al arquitecto del universo?*

Dios padre es amor infinito, inagotable e inimaginable, "El que no ama, no ha conocido a Dios; porque Dios es amor." 4. Son nuestras imperfecciones y la atadura de los sentidos las que nos impiden ver más allá de lo que podemos percibir y entender. Estamos condicionados por nuestros sentidos y por la forma en que hemos sido educados y desarrollados.

No hay que esforzarse mucho para comprender que nunca entenderemos completamente al Creador, porque entenderlo sería limitarlo.

El uso del cerebro: un mito y una realidad

Ya está comprobado que el 100% del cerebro humano se utiliza en todas las actividades que realizamos.

Según la Sociedad Española de Neurociencia (SEN), en sus investigaciones, cada neurona del cerebro está continuamente activa. Sin embargo, hemos tenido la creencia de que solo empleamos el 10% de nuestra capacidad cerebral. Este enunciado tiene su origen a principios del siglo XX, cuando se utilizaron los primeros electroencefalogramas que solo podían detectar un pequeño porcentaje de la actividad cerebral. De hecho, existen pruebas de que esto no es cierto. En realidad, los seres humanos usamos la totalidad de nuestra capacidad cerebral, lo que no utilizamos es toda nuestra inteligencia. Se puede decir que el más inteligente a utilizando un 10% o menos.

Mente, cerebro, inteligencia y la búsqueda de Dios. Una cosa es la mente, otra el cerebro y otra son las capacidades de la inteligencia. La mente es la facultad de pensar, sentir y percibir, mientras que el cerebro es el órgano físico que la sustenta. La inteligencia, por su parte, se refiere a la capacidad de aprender, comprender y resolver problemas.

El coeficiente intelectual (CI) es una herramienta que mide algunos aspectos de la inteligencia, pero no la define en su totalidad. Existen otros tipos de inteligencia, como la emocional, la social o la creativa, que no son evaluadas por el CI.

La limitación humana ante la vastedad de Dios. Es cierto que, desde una perspectiva analógica y teológica, resulta imposible para un ser humano comprender en su totalidad a Dios. La inteligencia humana, por más desarrollada que sea, siempre estará limitada por su propia naturaleza.

Dios, en su infinita sabiduría y poder, trasciende nuestra capacidad de comprensión. Solo podemos acercarnos a Él a través de la fe, la revelación y la experiencia personal.

La creación divina y la animación del ser humano. Quien creó el vehículo, la computadora, el reloj y el avión, los creó estando fuera. Primero se percibe la idea, después, la creación y por último la animación.

Así mismo nos creó Dios y nos dio animación a través del alma y los sentimientos a través del espíritu. Nuestra mente únicamente es química y glucosa, entonces cómo puede confiar en sus razonamientos y conclusiones y más interesante, ¿de dónde vienen, porque se originan?

Dios padre existe antes de la creación, antes que todo y es responsable de su creación. Antes de la creación solo existía Dios y si no existiera la creación el único que existiría sería Dios. De hecho, si el mundo dejara de existir, lo único que podrá seguir existiendo es Dios. Si un ateo, cómo ser humano, no ha podido entenderse a sí mismo, como espera entender a Dios y su creación compleja y perfecta. Muchos se resisten a creer cayendo en la actitud de la crítica y la obsesión de la negación. Deben buscar, abrir la mente y la conciencia sin caer en la obsesión del psicólogo inteligente.

Algunos preguntan, ¿si existe Dios, donde está que no lo veo ni lo siento? ¡Es simple, respiré, ahora aguanté la respiración, no aguantará mucho, verdad! Ese aire que respira fue creado, al igual que todo lo demás que necesita para vivir.

Dios no obliga, pero se revela a quien lo busca. Dios no nos obliga a creer en Él. Respeta nuestro libre albedrío. Sin embargo, se revela a quien lo busca con sinceridad y corazón abierto.

Hay que saber buscar, esperar y saber descubrir a Dios. En verdad no hay ateos, únicamente rebeldes contra el creador. Algunos porque rechazan lo que dicen las escrituras y no les conviene. Otros, por algunos actos o hechos infortunados que les sucedieron en su pasado y al único que encontraron para culpar es a Dios. Otros, solo asumen una actitud de desafío.

Así que sería realmente imposible vivir, si dudásemos de todo lo que se nos dice hasta que sea demostrado. El mundo en un sentido se paralizaría. Toda duda es buena, así se dude de Dios.

Surgen preguntas invitándonos a buscar la verdad y puede ser que realmente no dudemos del verdadero Dios de la fe, sino del dios de nuestros conceptos y emociones limitadas, es decir, un dios que nunca ha existido. Le invito a que escriba sus deducciones con sus palabras, la razón de su ateísmo.

Después, busque en lo más profundo de su ser, trate de ir más allá de los sentidos sin dejarte dominar por el falso yo.

No creo en Dios y soy ateo, por qué.

_____

_____

_____

_____

_____

Le invito a un profundo encuentro consigo mismo, enciérrese en su cuarto (mente) y pregúntese el sentido de su vida, de dónde venimos, dónde estamos y para dónde vamos en el mundo físico y si en verdad tenemos espíritu y, ¿qué es el alma? Si concluye que no hay espíritu ni alma, también concluirá que no hay sentimientos. El ser humano que ignora su valor espiritual también ignora los valores que vienen de esa dimensión, es decir, ignora su propio ser.

Analice la siguiente fábula. En una ocasión se encontraron dos viejos amigos, uno era un neurocirujano y creía en Dios, el otro era astronauta y ateo, no creía en nada. El Astronauta, queriendo ridiculizar la creencia y fe del cirujano, le dice.

- He realizado más de cinco viajes al espacio exterior, he tenido la oportunidad de ver planetas y el cosmos.
- Y sabe algo, nunca he podido ver el cielo como lo dice su biblia ni mucho menos a su Dios, por lo que creo que no es real.
- Para mí, lo único real que tiene el ser humano es su mente y sus ideas, su capacidad de pensar y analizar para llevar a cabo una meta.

Así que el cirujano le respondió.

- Amigo mío, yo he realizado más de 1,225 operaciones de cerebro abierto, he inspeccionado, el cráneo, la cabeza y el cerebro humano en todas sus partes y dimensiones.
- He buscado, pero nunca he podido ver una idea dentro del cerebro.
- Si así es, le dijo el astronauta, --- Dígame, ¿dónde está Dios?

- A lo que el cirujano le respondió, ---- Dígame usted, ¿dónde no está?
- Sin embargo, le aclaro algo, Dios se deja ver de quien de corazón lo busca, de quien lo aclama, lo llama y lo necesita. --- En la biblia dice.
- "Clama a mí, y yo te responderé, y te enseñaré cosas grandes y ocultas que tú no conoces." 5
- "Porque todo el que pide, recibe; y el que busca, halla y, al que llama, se le abrirá." 6

Busque en su realidad interior con libertad de manera impecable y, cuando decida creer en Dios y depositar su confianza en Él, con ese acto usted también está comprometiendo al Creador. En consecuencia, la obligación de Él sería protegerlo y guiarlo, porque para Dios usted no es una casualidad genética, sino una profecía que se está cumpliendo. Usted nació para un crecimiento interior y un propósito de vida.

Para ayudar a perfeccionar la creación trascendiendo y ayudar a otros a trascender. Recuerde siempre que el Creador es el amor que quiere ser amado, transmitiendo un sentimiento que va más allá del disfrute exuberante de los sentidos. Mucha gente tenía la excusa de tiempo y fundamentos para no creer en Dios. Pues bien, ahora Dios le está dando el tiempo y todo lo que necesita para que no tenga excusas.

«La fe, el amor y la esperanza están contenidos todos en la espera».
(TS Eliot, poeta y dramaturgo inglés, 1888-1965).

EL CÍRCULO DE LAS OPORTUNIDADES

En el torbellino de la vida, las oportunidades, como aves fugaces, aparecen y desaparecen en un abrir y cerrar de ojos. Capturarlas requiere no solo suerte, sino una danza precisa entre preparación, astucia y una pizca de audacia. Es en este escenario donde surge el concepto del "Círculo de las Oportunidades", un espacio donde la proactividad y la inteligencia se convierten en las llaves que abren las puertas hacia el éxito. Cuando las oportunidades se presentan, se deben aprovechar como se aprovecha el buen tiempo.

Saber aprovechar el Sol, no la Oscuridad: La vida, como un caprichoso clima, nos ofrece días soleados llenos de posibilidades y jornadas grises llenas de obstáculos. Sin embargo, es precisamente en esos momentos de bonanza cuando debemos aprovechar al máximo las oportunidades que se presentan, sin permitir que los días nublados nos paralicen. La indecisión y el miedo al fracaso suelen ser los peores enemigos en este juego, pues nos roban la oportunidad de florecer bajo el sol radiante de las posibilidades. En ocasiones, por no tomar riesgos, dejamos pasar buenas oportunidades. Entre ellas el amor, un trabajo, un viaje, y casi siempre no existe una razón válida para dejarlas pasar.

Las oportunidades son como flores silvestres: pueden marchitarse y desaparecer si no las recogemos a tiempo. Sin embargo, no debemos desanimarnos si alguna se nos escapa. El valor reside en la capacidad de volver a intentarlo, de perseguir nuestros sueños con tenacidad y de aprender de las experiencias pasadas para identificar mejor las oportunidades futuras.

El Tiempo como Catalizador: El tiempo, cual maestro de ceremonias, orquesta el encuentro entre las personas y las oportunidades. Es en ese instante mágico donde nuestras decisiones se convierten en acciones y estas, a su vez, transforman nuestra vida. La vida nos sorprende con nuevos rostros y escenarios que abren puertas a un futuro prometedor. *¿Qué sería de la existencia sin la emoción de explorar lo desconocido y la posibilidad de reinventarse?*

El conformismo, como una jaula invisible, nos limita y nos impide avanzar. Nos atrapa en un círculo de proporcionalidad donde solo recibimos lo que damos. Para romper este ciclo, debemos ir más allá de las expectativas y dar un poco más. Es en ese acto de generosidad y proactividad donde germinan las verdaderas oportunidades que nos conducen al éxito.

Expandir Horizontes: Recorrer el mundo, conocer culturas diversas y empaparnos de nuevas experiencias no solo nos enriquece como personas, sino que también abre nuestra mente a un sinfín de posibilidades. Viajar nos permite romper con los prejuicios, ampliar nuestro criterio y desarrollar la intuición necesaria para identificar las oportunidades que se esconden en cada esquina.

El Olfato para las Oportunidades, que son como tesoros escondidos, no siempre evidentes, se requiere inteligencia e imaginación. Es necesario tener "olfato", tomar riesgos y actuar con fe. Reconocerlas implica ver más allá de lo obvio y detectar las señales sutiles que nos indican la presencia de una gran ocasión. Al igual que un avezado cazador, debemos desarrollar un "olfato" para el éxito, una habilidad que nos permite discernir entre las simples coincidencias y las verdaderas oportunidades que pueden cambiar el rumbo de nuestra vida.

Ante la llegada de una oportunidad, la actitud es determinante. No podemos permitir que el miedo o la duda nos paralicen. Debemos ser proactivos, tomar las riendas de nuestro destino y actuar con decisión. Las oportunidades no esperan a que estemos listos, son nosotros quienes debemos estar preparados para aprovecharlas al máximo. El valor de las cosas importantes nos da la oportunidad de volver a buscarlas y traerlas de vuelta. No debemos esperar a que las cosas lleguen a nosotros, sino que debemos salir a buscarlas con determinación y valentía.

Trabajo e Inteligencia, Cimiento del Éxito: Las oportunidades no son fruto de la casualidad, sino del trabajo arduo, la constancia y la perseverancia. Buscar la motivación y establecer metas claras son los motores que impulsan nuestro camino hacia el éxito. El destino, en su sabiduría, suele colocarnos en el lugar adecuado en el momento preciso, siempre y cuando hayamos hecho el trabajo previo y estemos preparados para aprovechar la oportunidad que se nos presenta.

Reconocer y aprovechar las oportunidades. La vida nos brinda infinitas oportunidades, pero no siempre son eternas. Debemos aprender a reconocerlas a tiempo, a prestar atención a los detalles y a actuar con rapidez. La intuición, esa voz interior que nos guía, juega un papel fundamental en este proceso. Recordemos que las segundas oportunidades no siempre existen, por lo que debemos aprovechar el presente al máximo.

La motivación: el motor del éxito. Buscar la motivación es el principal motor que nos conduce a lograr planes y metas. Tener un propósito definido nos permite mantener el interés y la perseverancia en la búsqueda de la oportunidad tan esperada que, por designios del destino, podría estar justo donde nos encontramos ahora. Podemos aprovechar si sabemos cuándo decir las cosas, si préstamos atención, asumimos riesgos y préstamos verdadera atención a la intuición.

Actitud ante las oportunidades: clave para el éxito. Para aprovechar las oportunidades, debemos saber expresarnos con claridad, prestar atención, asumir riesgos y prestar verdadera atención a nuestra intuición. Por ejemplo:

- En una tribu africana donde todos andan descalzos, unos salen llorando y otros ven una oportunidad de hacer grandes ventas de zapatos.
- Si le tiran limones, puedes llorar o hacer limonada. Cómo podrá notar también es cuestión de actitud, debido a que cuando la oportunidad toca en su puerta, hay que hacerla pasar inmediatamente y no esperar mucho tiempo para abrirle.

El "Círculo de las Oportunidades" no es un lugar físico, sino una metáfora de la vida misma. Es un espacio donde la proactividad, la inteligencia y la actitud positiva se convierten en las herramientas que nos permiten alcanzar nuestros sueños. Abracemos las oportunidades con entusiasmo, aprendamos de las experiencias y nunca dejemos de perseguir nuestras metas con determinación.

Abracemos las oportunidades con entusiasmo, aprendamos de las experiencias y nunca dejemos de perseguir nuestras metas con determinación. El éxito no es un destino, sino un camino que se construye con trabajo, perseverancia y una actitud positiva.

A continuación, le invito a que escriba las oportunidades que desearía tener.

_____
_____
_____
_____
_____
_____

_____
_____
_____
_____

Existen oportunidades que solo aparecen una vez y estoy listo para aprovechar y hacer un cambio de vida. Sé que puedo perder una oportunidad si no tomo riesgos, estaré en la disposición de.

_____
_____
_____
_____
_____
_____
_____

Para hacer realidad mis planes, tengo que pasar el desierto personal y superar las tormentas de arena. Así que planeo hacer lo siguiente.

_____
_____
_____
_____
_____
_____
_____

--- *Tengo mi plan, necesito acción, voluntad, fe y actitud,* estas son las más valiosas y profundas cualidades que necesitó. Se trata de madurar, crecer y cambiar actitudes nocivas por positivas. Estas oportunidades se abren a cada momento en nuestra vida. Ahora entiendo que es desagradable perder las oportunidades que pueden cambiar mi vida.

Dios nos da oportunidades, pero eso no quiere decir que todo lo que deseamos estará siempre disponible. Así es la vida, el tiempo pasa y las oportunidades se agotan, así que no las deje escapar. Recuerde siempre que lo mejor de la vida lo tiene al frente, pero lo más lindo está dentro de usted. Porque, aunque todos vean lo que usted hace, muy pocos saben lo que vale. Por esta razón el conocimiento y la razón muestran las oportunidades, mientras que la ignorancia y los errores la ocultan.

Recuerde su mente y sus pensamientos, conocen todas sus fortalezas, debilidades y limitaciones. Y, así como es su mejor amigo, también puede ser su peor enemigo. Utilice su imaginación, recuerde qué las cosas lógicas nos pueden llevar al significado correcto, pero la imaginación nos abre posibilidades y así mismo nos lleva a todas partes. Se reconoce una buena oportunidad cuando.

- ▶ Siente que es usted el que la encuentras y, no la oportunidad a usted.
- ▶ Aprender que ser feliz no es algo que ocurre por casualidad, sino que es una decisión.
- ▶ Saber que no se trata de parecer importante, sino serlo realmente.
- ▶ Saber que son otros los que hablan de sus logros y no su propia boca.
- ▶ Ser consciente que siempre le llega más, quien no espera nada.

Es bueno analizar y grabarnos lo que decía, (William Ward, 1812-1882, teólogo ingle). Las oportunidades son como los amaneceres, si esperamos demasiado, se las pierde.

«El verdadero signo para aprovechar oportunidades más qué juicio y conocimiento, necesitamos nuestra imaginación e intuición en su máximo nivel».

EL CÍRCULO DEL SUFRIMIENTO

El sufrimiento es una experiencia universal que nos acompaña a lo largo de la vida. Hasta el Creador del universo ha sufrido al ver la ingratitud y comportamiento de su magna creación.

A pesar de tener ojos, oídos, cerebro, alma y espíritu, muchas veces nos comportamos como si estuviéramos ciegos, sordos, insensatos y descuidados. Leemos sin comprender, caminamos sin rumbo y, cuando algo nos resulta claro, lo ignoramos por conveniencia o lo moldeamos a nuestra imagen y creencias. Nos acomodamos en la ignorancia, sintiendo una falsa comodidad. Es decir, estamos cómodos caminando en la ignorancia.

El sufrimiento como parte del crecimiento. Si el Creador, sus profetas y Jesucristo han sufrido, ¿quiénes somos nosotros para creer que estamos exentos? El dolor y el sufrimiento son inevitables en este planeta y son esenciales para el desarrollo de la inteligencia, la evolución de la sabiduría y el crecimiento del alma. De hecho, las almas más fuertes, los personajes que han cambiado el mundo, han surgido de las pruebas y las aflicciones.

Negarse a enfrentar la oscuridad interior y la ignorancia, buscando una vida sin sufrimientos, es negarse a aprender las lecciones de la vida que nos hacen crecer.

La aflicción: temporal y transformadora. La aflicción, aunque dolorosa, rara vez es permanente. Se alterna con la alegría de haber aprendido la lección. La principal causa de sufrimiento es acostumbrarse a él sin buscar soluciones definitivas.

El sufrimiento suele confundirse con el dolor. El dolor es una sensación física que afecta directamente al cuerpo, mientras que el sufrimiento es un daño moral y mental, una tortura que se apodera de nosotros.

El sufrimiento: una experiencia inevitable.

Independientemente de nuestro carácter, nivel económico o intelecto, todos experimentamos sufrimiento en algún momento de la vida. Es parte de la evolución humana. Todos padecemos de algo en diferentes grados: sufrimiento moral, económico, físico o por ignorancia.

Culpar a otros: una trampa ilusoria. Es común buscar culpables de nuestros males y desgracias. Sin embargo, nadie se salva del sufrimiento. En lugar de caer en esta trampa, debemos enfocarnos en encontrar soluciones y superar las dificultades. Como podemos ver nadie se salva del sufrimiento, por esta razón, siempre nos hacemos una o varias de las siguientes preguntas.

√ ¿Por qué me rechazó?
√ ¿Quién me abandonó?
√ ¿Quién me robó?
√ ¿Quién me rompió el corazón?
√ ¿Quién me engañó?
√ ¿Quién y por qué me hizo sufrir?
√ ¿Quién me hizo perder dinero?
√ ¿Quién me quitó la felicidad?
√ ¿Quién me robó la ilusión?
√ ¿Quién me quitó la tranquilidad?
√ ¿Quién controla mis emociones?
√ ¿Quién controla mi vida?
√ ¿Quién decide por mí?

Acaso los culpables serán, ¿los padres?, ¿el trabajo?, ¿la pareja?, su cónyuge?, ¿el pasado?, ¿la familia?, ¿su amante?, ¿un vicio?, ¿su vecino?, ¿su jefe?, ¿un fantasma? ¡Quién controla su vida que, tanto le hace sufrir! Ante todo, esto, le hago saber lo siguiente.

√ Quien prolonga mucho el sufrimiento, terminara siendo
√ poseído por ese sufrimiento
√ Quien prolonga demasiado, una pena, termina siendo poseído por esa pena

√ Quien prolongo demasiado el odio, termina siendo poseídos por ese odio

El planeta y nuestro mundo es un laboratorio emocional, lleno de problemas, dificultades y sufrimientos, pero también está lleno de superación. Posiblemente, puede hacer una larga lista de sospechosos y culpables de su sufrimiento. De seguro encontrará que mucha gente le ha fallado, también encontrará otras que le han dado lo que se merece. Sin embargo, cómo señalar a otros es más conveniente, de seguro ya tiene a los culpables de su sufrimiento. Y, posiblemente dice.

---- uuufff, que alivio al fin, pude encontrar al culpable después de tanto buscar. ¡Qué fácil verdad!, lo hubiera hecho antes. Pues bien, debe saber que buscar culpables ¡no soluciona nada!

El sufrimiento: Un eco de heridas del pasado. Ciertamente, algunos sufrimientos son el precio que pagamos por no haber luchado antes. Errores, abandonos, abusos, divorcios de padres, malas decisiones, fracasos y reacciones violentas son consecuencias de heridas interiores que se originan en la infancia, a menudo sin que seamos conscientes de ello.

El dolor acumulado por los maltratos en la niñez y la adolescencia se aloja en las profundidades de nuestro inconsciente, grabado en nuestra mente. Lo llevamos con nosotros en el cerebro y, en cualquier momento y en el lugar menos esperado, una pequeña situación o dolor externo puede detonar ese dolor interno, causando aún más sufrimiento.

El dolor interno y la ira como respuestas inconscientes. Es por esto que las personas con profundas heridas emocionales se ofenden con facilidad ante cualquier detalle. Explotan en ira y soberbia, agobiadas por el dolor interior. Las heridas del alma, con sus cicatrices aún abiertas, permiten que la soberbia y la violencia controlen su alegría y tristeza.

La falta de comprensión y la necesidad de sanación. No entendemos el origen de nuestro sufrimiento porque no asumimos la responsabilidad de enfrentarlo, ni conocemos sus causas ni sus efectos. El sufrimiento emerge de nuestros recuerdos, haciéndonos revivir el dolor. Esto aumenta nuestro malestar, ignorando que existen dos tipos de cansancio: el primero, una necesidad extrema de paz, y el segundo, la necesidad de dormir con tranquilidad.

El conocimiento a través del sufrimiento: Una paradoja. Como dijo el teólogo François Fénelon, "El que no ha sufrido no sabe nada; no conoce ni el bien ni el mal; ni conoce a los hombres ni se conoce a sí mismo". De hecho, ni siquiera podemos controlar nuestros pensamientos. Muchos desconocen la necesidad de conocerse a sí mismos, ni tampoco podrán comprender el pensamiento de los demás.

Incluso ignoramos que el silencio y la sonrisa son dos poderosos recursos para alcanzar un buen resultado emocional. La sonrisa, en ocasiones, resuelve problemas, mientras que el silencio es su cómplice, pues siempre los evita.

El crisol del sufrimiento: forjando la resiliencia y el amor. El sufrimiento una prueba de fuego para el alma. Así como el fuego pone a prueba el metal, así mismo el sufrimiento pone a prueba al ser humano en su fe, sobresaliendo los valientes que lo superan. En esta vida sufrir es inevitable, pero la manera como llevemos el sufrimiento es una elección. No se puede cambiar el pasado ni lo que se hizo ni lo que se dijo, pero si se puede cambiar el futuro. Y, esto depende de lo que hagamos hoy, evité vivir en el pasado debido a qué nada se puede cambiar.

El presente: nuestro lienzo para construir el futuro. Ser optimista, visionario y pionero significa romper con los patrones limitantes y abrazar nuevas posibilidades. Es creer en el potencial propio y en el de los demás, anhelando que todos alcancen la felicidad y la plenitud. Sería grandioso que nuestro diez, llegue a ser el uno de otros, para ellos empezar.

Para alejar el sufrimiento, primero debemos sanar nuestro interior. No se trata de buscar fuerza o poder, sino de alcanzar la libertad y disfrutar de las bendiciones que la vida nos ofrece. Dios nos pone a prueba, pero no lo induce al pecado, para que desarrollemos nuestra propia luz y la compartamos con el mundo.

La humildad: la antesala del verdadero amor. Es importante sanar para ayudar a otros a sanar y esto se logra con la humildad del espíritu, porque no se puede ser humilde sin ser humillado. Por esta razón yo me pregunto: ¿acaso el sufrimiento, es otra cosa?

El amor: el antídoto contra el sufrimiento. El amor, en todas sus formas, es la única realidad tangible que podemos experimentar. Es la fuerza más poderosa para combatir el sufrimiento, pues nos conecta con la esencia de la humanidad y con Dios. Que, por cierto, es la única realidad tangible que podemos tener, gracias a que el amor lo podemos sentir y percibir con precisión.

Sanar a través de la experiencia profunda. Al vivir y experimentar el sufrimiento a fondo, podemos elevarnos a estados superiores de conciencia. Sanamos las heridas del pasado, como la rabia, el resentimiento, la culpa, la ansiedad, el fracaso, la depresión, el miedo, la ira, la envidia, el odio y los traumas, liberándonos de las ataduras que nos impiden ser felices.

Ahora ee invito a emprender un viaje introspectivo, cerrando las puertas a las distracciones y abriendo su nivel espiritual. Permita que el sufrimiento hable, que le revele la verdad. Atrévase a reconocer sus faltas y debilidades sin autocompasión ni excusas.

CLAVES PARA SUPERAR EL SUFRIMIENTO

Lo primero, es aprender a conocernos evaluarnos y, preguntarnos quienes somos y que hacemos en este planeta. Así mismo saber si estamos en disposición de dejar atrás las causas del sufrimiento. Segundo, aceptar el dolor y buscar su origen y causa. Tercero, buscar apoyo de sus seres querido y si puede, de un profesional. Cuarto, si usted es persona de fe verdadera busque a Dios, la oración, la fe y la confianza son su fuerza y la debilidad de Dios. Si usted desea su bien Dios también lo desea. Así mismo, practique los siguientes consejos.

√ No juzgar ni hacer suposiciones sobre nadie
√ Ser intachable con las palabras, respetando y cumpliendo lo que dice
√ Descartar los recuerdos viejos que le atormentan
√ Hacer siempre un poco más de lo que le piden
√ Valorar quien está a su lado brindándole apoyó
√ Perdonar y pedir perdón
√ Encuentre un pasatiempo
√ Respete la dignidad de la naturaleza
√ Respetar la dignidad de las personas, de los animales
√ Ser consciente que estamos de paso en esta vida que, tenemos una misión que cumplir y cumplirla bien
√ Seguir los conceptos y preceptos de Dios
√ Tener presente que lo único que vive eternamente es el amor

Yo sufro por las siguientes razones (si es necesario utilice hojas de papel o un cuaderno por separado). _____
_____
_____
_____
_____
_____
_____
_____

_____

_____

_____

_____

El amor y la tolerancia curan el dolor, si comprendemos y reconocemos el sufrimiento interior que tenemos, y estamos dispuestos a superarlo y dejarlo atrás. El hombre crece y madura en el sufrimiento, ya que el dolor lo templa y lo enriquece interiormente. Para hacerlo adecuadamente, necesitamos seguir un plan, una meta con propósito serio, con fe en lo que hacemos y creemos, porque a quien Dios le falta, todo le falta, y quien a Dios tiene, nada le falta.

También sufrimos porque estamos ciegos de entendimiento; necesitamos saber que tenemos la razón y que todos los demás están equivocados. Sufrimos por temor a estar equivocados, por no ser perfectos. Es decir, sufrimos debido a que, en muchas oportunidades, nos autor rechazamos y auto culpamos. La humanidad busca la felicidad y la verdad. La belleza es una búsqueda eterna que invita a encontrarnos a nosotros mismos. Ahora bien, mi plan para superar el sufrimiento es, _____

_____

_____

_____

_____

_____

_____

_____

Prometo fortalecerme haciendo planes concretos y empezaré por.

_____

_____

_____

_____

_____

_____

---Sé que necesito mejor enfoque en mis propósitos de vida, he aprendido que el sufrimiento es una elección y no un estilo de vida.
---Necesito aprender a vivir en paz, aplicando conductas básicas para superar el sufrimiento emocional en que estoy.

Dios sabe que usted sufre en esta vida, pero no tiene que pasarlo solo. Él quiere que busque consuelo y curación. "Bienaventurados los que lloran", enseñó Jesús, "porque ellos recibirán consolación"1. Confiar en Dios y en otras personas puede sanar su pena. Recuerde que, si se va a rendir, que sea ante los pies de Dios. Asimismo, debemos tener la humildad de no sentirnos superiores a nadie, la valentía de afrontar nuestros errores y la sabiduría de ignorar las estupideces que dicen los demás. Como dijo San Agustín, "Dios tuvo un hijo en la tierra sin pecados, pero nunca uno sin sufrimiento."

«El sufrimiento nos ayuda a conocernos a nosotros mismos y nos enseña él caminó correcto para corregir los errores de la vida».

EL CÍRCULO DE LA VIOLENCIA

En el torbellino de la historia humana, la violencia se ha erigido como un fantasma persistente, plagando nuestras sociedades y dejando un rastro de dolor y sufrimiento. La violencia está en una escala e intensidad inédita en la historia de la humanidad. Vemos la violencia psicológica, mental y física. Así mismo, tenemos la violencia de género, en el hogar, las escuelas, los cultos, la política, la violencia de estado, por el poder. Y como si esto fuese poco, también tenemos la violencia digital, ¿yo me pregunto?

- ► ¿Por qué la crueldad y la hostilidad entre los seres humanos?
- ► ¿Por qué la violencia en la familia?
- ► ¿Por qué la violencia en las escuelas y universidades?
- ► ¿Por qué tanta violencia en el trabajo y la sociedad?
- ► ¿Por qué tanta sed de poder político y militar?
- ► ¿Por qué los que habitamos este planeta estamos tan agresivos?
- ► ¿Por qué creamos tantos conflictos y guerras innecesarias?

Las Raíces de la Violencia: La violencia no surge por azar, sino que es el resultado de una compleja interacción de factores que se enraízan en la cultura, la educación, la economía y las estructuras de poder. La desigualdad, la discriminación, la pobreza y la falta de oportunidades generan un caldo de cultivo para el resentimiento, la frustración y, en última instancia, la violencia.

En su expresión más cruda, la violencia se manifiesta como el infligir daño físico o psicológico a otra persona. Sin embargo, sus tentáculos se extienden más allá, impregnando las relaciones familiares, laborales y sociales con un clima de miedo, hostilidad y desconfianza. Esta violencia invisible erosiona la cohesión social, obstaculizando el desarrollo y perpetuando la miseria.

Somos incapaces de medir las consecuencias del uso de la violencia a largo plazo. Algunos tratan de justificarse diciendo que somos humanos y, por ende, imperfectos tratando de justificar las actitudes y acciones sintiéndose con más poder que otros. Muchos otros buscan el derecho y la justicia a través de la violencia, se olvidan de que «la violencia trae más violencia».

Algunos medios nos hacen creer que la violencia y la guerra son actividades ordinarias y necesarias en este planeta, como medio válido parta resolver problemas sociales, lograr la paz y un mejor equilibrio del abuso de poder. Esto es lo que nos transmiten en las películas, en algunos periódicos, libros y en las series de televisión que vemos.

Nos enseñan que vivimos en un mundo donde en muchas ocasiones el éxito y el poder solo se pueden alcanzar mediante el abuso y la violencia. No necesitamos ser genios para saber que lo que se obtiene con violencia, únicamente se conserva con más violencia. – ¡Ay del que edifica una ciudad con sangre y funda un pueblo con violencia! ¡Negros nubarrones le anuncian una existencia tormentosa!

El derecho a la violencia: Un concepto cuestionable. Desde cierta perspectiva, los estados junto con la clase obrera organizada son dos entidades jurídicas que tienen derecho a la violencia legalmente. Sin embargo, dejar que la violencia estalle por problemas conocidos por los gobernantes y que no han sido atendidos debidamente es inexcusable. Así mismo, por parte de la clase obrera, la destrucción y el saqueo no construyen.

Es imposible alcanzar el desarrollo y la paz mediante bombas incendiarias. Hiriendo policías o saqueando supermercados y tiendas jamás se mejoraron las condiciones de un país. Quemar buses, camiones, quemar un hospital dejándolo sin servicio y, sin trabajo a cientos de personas no resuelve absolutamente nada. Es decir, con la violencia, ya sea de los obreros, del estado o individual, nunca ha terminado bien.

Si necesitamos ejemplos miremos bien la historia de: Adolfo Hitler, Saddam Hussein, Osama ben Laden, Idi Amin quien fue presidente de Uganda o al presidente de Siria Bashar al-Ásad.

Mire los países donde la violencia es el pan de cada día, es decir, la violencia siempre genera violencia y no resuelve nada. Ahora analice, por ejemplo, dónde y cómo está esa persona de quién heredo su actitud violenta, de seguro que nada envidiable.

El Poder de la No Violencia: La historia nos ha mostrado el poder transformador de la no violencia. Figuras como Gandhi, Mandela y Martin Luther King Jr. nos enseñaron que la resistencia pacífica puede ser un instrumento poderoso para el cambio social sin violencia. La erradicación de la violencia no es una utopía, sino una aspiración realizable que requiere del compromiso y la acción de todos, empezando por uno mismo.

La violencia se empieza a germinar en la mente, en su corazón y según cómo piense así será su actuar. A medida que se alimenta se hace más hiriente, dándole paso a las ramas del resentimiento y tallos del odio. Sin darse cuenta de que el día de la cosecha, únicamente recogerá el fruto del desprecio, abandono y soledad. Debido a que del fruto de sus acciones el hombre comerá y, la acción de los violentos será su perdición.

Largos son los días de dolor sufridos por la violencia, no únicamente por los pensamientos que deja, sino por un corazón triste y adolorido. Con dolor de huellas dejadas por malos recuerdos llenos de malas experiencias, con recuerdos tortuosos que no dejan vivir.

¿A quién le gusta beber el vino de la violencia que, al ingerirlo, solo acarrea más violencia? El que es violento cree tenerlo todo bajo control y se siente dueño de sí mismo, sin darse cuenta de que únicamente es una expresión de sus propios miedos. Con esta actitud encuentra lo que menos está buscando ¡el rechazo de los demás! porque al hombre violento, el rechazo, la soledad y el mal, siempre lo perseguirán implacablemente.

No permita que las olas de la violencia lo separen de su playa, ni lo aprendido en tantos años se convierta en un recuerdo lejano. Dejando lo amargo en su corazón, con noches en vela rodeado de soledad, pasando el llanto de sus lágrimas empapando su rostro. Recuerde que, en los mares violentos, siempre habrá tempestad.

Mire su entorno a sus hijos e hijas, ¿qué recuerdo les desea dejar? ¿Una herencia vulgar y violenta? No mire que tanto les va a dejar a sus hijos, mire más bien qué hijos e hijas le van a dejar al mundo. Debe ser consciente que la violencia solo es una expresión de sus miedos internos, de los maltratos de que fue víctima, dejándole heridas emocionales.

Mire su soledad, su miseria espiritual gracias a su manera de actuar. Mírese bien, actúa cómo animal rabioso que terminara atacándose a sí mismo. Ese, es el destino de los violentos, debido a que si no corrigen su actitud ni rectifican, no merecen otro final.

Pregúntese, ¿qué gana con violentar a su hermano y amigos?, ¿qué gana con violentar a sus padres, a sus hijos e hijas? ¿Qué gana con violentar su familia, a sus vecinos que, gana con violentar su cuerpo, alma, corazón y vida? Por casualidad, se ha llegado a hacer las siguientes preguntas.

√ ¿Cuáles son las heridas profundas qué tiene?
√ ¿Por qué la soledad es más grande cada día?

¿Qué espera recoger, si eso es lo que ha sembrado? ¡No espere sembrar piñas y recoger guayabas! Cada uno recoge lo que siembra, esa es la paga y recompensa. En medio de la violencia a veces detenerse es necesario y, mirar el horizonte para visualizar hasta dónde se puede llegar con ese proceder.

El que es violento, será violentado, al igual que el que despoja, será despojado, el que engaña, será engañado y el que saquea, será saqueado. Esto se debe a que vivimos en la tierra en medio de los hombres y, no en el cielo.

No olvide que la vida le devuelve lo que ha dado e igual sucederá cuando muera. Morirá de lo mismo que ha vivido porque, así como se levanta la violencia, también se levanta la justicia. Y, los que han sembrado violencia y confusión, nada quedaré de ellos ni del júbilo tenido entre ellos ni de sus actos ni de su riqueza. Recuerde que una de las misiones del hombre es ayudar a poner orden en este mundo imperfecto, gracias a sus propias acciones.

Pero no por el camino violento, porque la violencia al final solo hace víctimas y de estas ya el mundo tiene suficiente. La violencia viene de la mente y del corazón del hombre, así que es el corazón del hombre que tiene que curarla. Lo que daña al hombre es lo que sale de su interior, no lo que viene del exterior. Si el principal objetivo en este planeta es la paz y el perdón, entonces ha encontrado una razón de vida y recuerde qué, no todos los que vagan están perdidos.

Ahora, le invito a que voluntariamente se aleje de las preocupaciones y, haga un retiro interno de "silencio" de conciencia. Hágalo con el estómago a medio llenar o vacío, pero sin hambre, fortalézcalo con agua o frutas. Busque un lugar tranquilo, si es posible en contacto con la naturaleza, aléjese del ruido, las preocupaciones, su reloj, celular. Olvídese de su rutina, dele paz a su mente, relájese más, deje las actividades mentales usuales. No permita que el otro lo acose, culpando, distrayendo y diciéndole que no vale la pena, que lo abandone todo.

Tranquilamente, se concentra hasta sentir que viaja en un vacío y llega a un lugar donde no existe nada. No hay ruido, ni voces, ni figuras, donde está quieto, estático. Es un lugar donde un sí y un no, significan lo mismo, abriéndose a su verdadero nivel espiritual. En ese lugar, supera sus temores y limitaciones.

Un lugar donde puedes lograr una verdadera apertura a un cambio, porque está en la antesala de la presencia de Dios en su vida. Gracias a que Dios mora en nosotros, está en la raíz de nuestro ser en lo secreto. Con la disposición de abrirnos a nuevos valores que, surgen cuando alcanzamos un nuevo nivel de comprensión en la vida espiritual y, la aceptación de Dios en nuestra existencia.
Esto es lo que se conoce como "despertar a la atención espiritual". Debe ser consciente que la vida evoluciona de la misma manera que el universo. Así mismo, nuestra conciencia y vida espiritual debe desarrollarse y evolucionar buscando niveles superiores de conciencia y espiritualidad. Ahora bien, si usted desconoce que tenemos que cuidar nuestro espíritu, obviamente que esto será algo nuevo. Así qué mire su interior, examínese minuciosamente y pregúntese.

√ ¿Qué has ganado con sus actos violentos?
√ ¿Qué gana con vivir amenazando y azarando a los demás?
√ ¿Qué ha ganado con la mala expresión de su lengua?

Acaso no ha notado que su boca excita a la violencia que la ha convertido en su collar y estilo de vida lleno de mentiras y manipulación. Frenando el milagro de la reconciliación y del perdón. Ahora, hágase un examen interior sin mentiras y en pleno uso de conciencia.

Yo reconozco que soy violento debido a,

_____

_____

_____

_____

_____

- Soy consciente que necesito cambiar, la violencia únicamente atrae gente igual a mí, ¡voy a cambiar! Mi actitud no me ayuda en nada, solo me trae problemas, necesito sanar mis emociones y traumas de abuso y agresión. Voy a practicar la comprensión y la empatía, para encontrar el sendero de la paz, el amor, la comprensión y el autodescubrimiento.

- Sé que estoy así, porque no reconozco que tengo heridas interiores, he rechazado a Dios por la falsedad, la injusticia, el desprecio a los demás, a su dignidad, a sus bienes y sus logros.
- Reconozco que la creación es un acto de amor y entrega. No es un acto de violencia, Dios no es violento, es justo, nos ama y protege. Ayúdame, Dios mío, perdóname por la arrogancia, soberbia, orgullo e ignorancia.
- Perdón por pensar únicamente en mi dolor, sin saber el dolor que causaba en los demás. Deseo cambiar y voy a empezar por.

- Deseo sanar los maltratos a los que fui sometido, los abusos y actos violentos que viví. Reconozco que tengo heridas emocionales e interiores para sanar. Pido ayuda a Dios escúchame, señor, ayúdame, no me deje solo, me inclino ante ti con toda confianza. Hazme de nuevo, tengo fe y confianza, por eso pongo mi vida en tus manos.

_____

_____

_____

_____

_____

«Dios prueba al justo y al impío, y su alma aborrece al que ama la violencia». (Salmos 11:5).

EL CÍRCULO DE LOS VICIOS

La palabra "vicio" abarca una amplia gama de significados, desde lo moral y espiritual hasta lo psicológico y social. En esencia, los vicios representan aquellos comportamientos o patrones destructivos que nos esclavizan, enferman y pueden llevarnos a la ruina personal. Abarcan desde actos inmorales hasta hábitos negativos que, sin importar su definición específica, tienen el potencial de debilitar y destruir a la persona.

El vicio un enemigo interno. El vicio es como un espíritu enemigo, un parasito que solo tiene un propósito y es ¡destruirle totalmente, ¡ acabar con usted poco a poco y llevarle a la más pobre conducta y miseria humana hasta que no quede nada de usted !

Si bien nacemos libres de vicios, malos recuerdos y odios, durante nuestra infancia, adolescencia y etapas de aprendizaje, estamos expuestos a una variedad de comportamientos y costumbres que pueden influir en nuestro desarrollo personal. Observamos los vicios y costumbres de padres, hermanos, familiares, amigos, vecinos, profesores y conocidos. Algunos de estos vicios, tan fatales, pueden convertirse en conductas infernales que marcan nuestra existencia.

¿ QUE VICIO NO ES INFERNAL Y DESTRUCTIVO ?

Todo lo que esclaviza y destruye merece ese término, como son: la drogadicción, el tabaco, el alcoholismo, comer demasiado, el juego, la adicción al sexo depravado, la mentira, la drogodependencia, la ludopatía (vicio al juego), la corrupción, la mentira, el tabaco, la envidia y muchos más no mencionados.

Los vicios no solo afectan nuestro físico, sino que también impactan profundamente nuestro estado psicológico y social. Empobrecen nuestra percepción de la vida, del mundo y de nosotros mismos, convirtiéndose en trastornos adictivos que generan graves consecuencias:

√ Destruye sueños y la vidas
√ Terminan con hogares felices
√ Provocan sufrimiento a madres, esposas y familias
√ Generan tristeza, decepción y dolor
√ Destruyen la fe, el futuro y la esperanza
√ Termina la fe el futuro y la esperanza
√ Nos conducen de un estado de éxito a la miseria humana

La insaciable sed del vicio. Los seres humanos creamos múltiples necesidades, pero las del vicio son insaciables, un pozo sin fondo que siempre busca más. La mayoría solo ve el brillo engañoso de sus vicios, sin percatarse de la oscuridad que esconden. Algunas perdiciones llegan sin maestros, se presentan como algo necesario y pasajero. Se instalan como huéspedes en nuestras vidas, pero con el tiempo se convierten en dueños y señores, tomando el control de nuestra existencia.

Un enemigo universal. Los vicios no discriminan. Afectan a personas de todas las condiciones sociales, razas, colores, trabajos, religiones, sexos y lugares de nacimiento. Se infiltran en todas las circunstancias y modelos de vida, siempre de manera sutil, como relajantes emocionales que se apoderan de nosotros sin que nos demos cuenta.

Si no vigilamos lo que entra en nuestras vidas, los vicios se instalan y actúan como leones rugientes y hambrientos, siempre buscando a quién devorar.

Excusas y justificaciones. Ante preguntas sobre vicios desagradables e incómodos, las respuestas suelen ser insatisfactorias. El vicioso se refugia en la comodidad y la necesidad, inventando pretextos para justificar lo injustificable. Incluso un vicio sin excusa se convierte en algo necesario y justo en su mente distorsionada. Para muchos, un vicio solo es malo cuando es adictivo y conduce a una perdición extrema. Ignoran los daños silenciosos que causa en el día a día, en las relaciones y en el bienestar general.

¿Cuándo un vicioso conoce el exceso?, **¡nunca!** El vicio, además de maldito, es traicionero. Se infiltra como una ocasión pasajera y se arraiga como una costumbre inquebrantable.

La esclavitud autoimpuesta. Cada persona elige el vicio que la esclaviza. El que tiene vicios no es dueño de sí mismo, por más que lo grite a los cuatro vientos. El vicioso no es libre, es prisionero de sus propias costumbres y ataduras.

Los viciosos buscan una satisfacción ilusoria en sus enfermedades mentales, cayendo en la soledad y rozando la locura. Llegan a conocer las profundidades de la amargura, un abismo sin retorno.

La falsa excusa del "todo el mundo lo hace". Es común que las personas se engañen a sí mismas con la filosofía del ¿todo el mundo lo hace, entonces por qué yo no? A estas personas les aconsejo que dejen de ser "micos" que así no les guste, todo lo imitan.

El hecho de que millones de personas compartan los mismos vicios no los convierte en virtudes. Imitar a otros sin cuestionamiento solo nos lleva por un camino de autodestrucción.

¡Ya vivimos los días en que lo que es bello y correcto, dejo de serlo y lo llaman "anormal" y todo lo que es vicio y destructivo es algo "normal"! ¡Debido a que se practica el más devastador de todos que es hacer el mal por vicio y maldad! *¡Qué falta hace despertar la conciencia!*

Hágase la siguiente pregunta, ¿qué beneficio le ha traído el vicio?, --- ¡ay, qué pena!, nada que decir, ¡verdad!

Las consecuencias nefastas del vicio. Los vicios solo traen problemas, enfermedades y personas igual de viciosas a tu alrededor. Afectan tu salud física y mental, destruyen tus relaciones y te alejan de la felicidad. La práctica y persistencia del vicio crean una euforia engañosa, una falsa sensación de placer que se desvanece rápidamente.

Al igual que las malas conversaciones corrompen las buenas costumbres, el vicio corrompe tu vida, tu alma y tu espíritu. Te aísla de las personas que te quieren y te sumerge en un mundo de perdición sin que nadie le pueda ayudar.

Un camino hacia la miseria: la drogadicción, el alcoholismo, la glotonería, el tabaquismo, la bulimia, el juego, el robo, la deshonra, la traición y la muerte. Todos se convierten en una necesidad diaria que le llevan a la perdición hasta llevarle a la miseria y por último a la muerte. Pero antes de morir, le pasará la cuenta. De seguro terminará en un hospital y cargando un tanque de oxígeno o encerrado en un centro de enfermos mentales, en una mesa de operaciones o postrado en una cama, suplicando compasión.

De cualquier manera, tendrá que pagar su osadía y burla a Dios, a la vida, a su familia, con enfermedades, dolor y sufrimiento, teniendo una muerte humillante, miserable y dolorosa.

En esta vida todo es un proceso. Fue un proceso adquirir un vicio, es un proceso dejarlo, porque nadie deja un vicio o un hábito tirándolo por la ventana. Los vicios se dejan con el razonamiento mental y la voluntad espiritual, paso a paso. Se debe sacar por la escalera, peldaño a peldaño. Recuerde qué cada persona recoge lo que ha sembrado, lo que merece.

► No pretenda tener pulmones sanos si ha fumado toda su vi da

► No quiera tener un hígado, estómago y corazón saludable si es alcohólico

► No pretenda tener buena memoria y un cerebro sano si es drogadicto

Cada vicio tiene un precio que hay que pagar. Quien cede a un mal, se vuelve esclavo de ese mal, daña su salud, sus planes, desencaja con los suyos y con la vida. Muchos seres humanos dejan de practicar el menos común de los sentidos que es precisamente, ¡el sentido común! Qué ironía y falta de sentido. A continuación, le invito a recapacitar sobre los vicios que usted tiene.

Reconozco que tengo los siguientes vicios.

_____

_____

Todo vicio tiene una causa y un motivo. Así que medite profundamente y escriba la causa y origen de sus vicios.

_____

_____

Soy consciente que uno es esclavo de quien lo vence. Por esta causa, los vicios me han traído los siguientes, problemas.

_____

_____

_____

_____

278

Sé que necesito ayuda y sanar mis heridas emocionales y mis defectos. Necesito una reconciliación personal y la ayuda de Dios, de quien he estado tan lejos.

Necesito ayuda profesional y pedirle perdón a mi familia, a mis seres queridos por tanto dolor y problemas causados. Ayúdame, Dios mío renueva mi corazón, dame la oportunidad de corregir y vivir de nuevo. Los planes y acciones que tengo para dejar mis vicios son los siguientes.

_____

_____

_____

_____

_____

_____

_____

Dios mío, alimenta mi alma, eres la lámpara que ilumina mi camino, el pan que alimenta mi vida, la ruta que conduce mi camino. Tenga presente que la especialidad de Dios es tomar piezas de algo quebrado y, hacer de ella una obra maestra.

Recuerda:

- √ El vicio no te ofrece nada más que dolor y sufrimiento.
- √ Mereces una vida mejor, libre de las ataduras del vicio.
- √ ¡Toma la decisión de cambiar y comienza hoy mismo el camino hacia la sanación!

«Los vicios que se manifiestan son más ligeros, los peligrosos son aquellos que se esconden bajo la virtud». (Ceneca).

EL CÍRCULO DE LA VEJEZ

Aceptación del ciclo vital. La vejez no es un destino que se evade, sino una etapa inevitable en el ciclo vital de cada ser humano. Es la aceptación de un proceso natural desde que salimos del seno materno, hasta el día que regresamos a la madre de todos. La vejez se caracteriza por un declive gradual de las capacidades físicas y cognitivas. El cuerpo ya no posee la misma elasticidad y resistencia, y la mente puede experimentar cierta lentitud en el procesamiento de información.

Vulnerabilidad ante enfermedades. Con el paso de los años, nuestro sistema inmunológico se debilita, haciéndonos más propensos a enfermedades, virus e infecciones. El COVID-19, por ejemplo, ha demostrado ser un riesgo particular para las personas mayores.

Dificultades ante el avance tecnológico. La rápida evolución de la tecnología y la ciencia puede representar un desafío para las personas mayores. La constante innovación y la sobrecarga de información dificultan la adaptación y el entendimiento de los nuevos avances.

El camino a la vejez nos hace sensibles, lentos y con los ojos cansados. Nos vuelve propicios a enfermedades anunciándonos que es la última etapa de la vida y, que estamos cerca de la partida final. En el camino a la vejez notamos que el tiempo y la vida pasan rápido que fue un camino fugaz, tanto para los que tuvieron éxito, como para quienes no lo tuvieron.

Un laboratorio de emociones. A lo largo de nuestro camino, la vida nos ha presentado un sinfín de emociones: alegrías, satisfacciones, tristezas, iras, envidias, inquietudes, resentimientos, discordias y miedos, especialmente el miedo a la muerte.

La importancia de la reflexión y el arrepentimiento. La vejez nos brinda la oportunidad de reflexionar sobre nuestras acciones y decisiones. Debemos ser consecuentes con nuestras experiencias, arrepintiéndonos de aquello que nos ha dañado y buscando mejorar nuestra actitud.

Otros prefieren seguir siendo ciegos y sordos ante las lecciones de la vida. Por más que han visto, no hacen caso, por más oídos que tienen, no escuchan y por más que se les explique, no entienden. Por esto, mientras descansan en su lecho los sueños nocturnos alteran sus pensamientos, haciéndose atrás confusos de vergüenza.

EL QUE PIENSA PARA LA VEJEZ

Envejecer con sabiduría y paz interior. El anciano que reflexiona sobre su camino recorrido, sobre el cuidado de su familia, su salud y su economía, sobre la administración de sus bienes y la herencia que deja, experimenta una sensación de plenitud y satisfacción. Escalar la montaña de la vejez trae consigo fatiga y cansancio, pero también una mirada más amplia y libre. El espíritu se siente tranquilo y sereno, pues ha aprendido a vivir en armonía con el cuerpo, el tiempo, la memoria, consigo mismo, con Dios y con los demás. Gracias a que la prudencia y la experiencia es la corona del anciano.

Todo anciano prudente encuentra la felicidad y la paz interior en Dios, llevando una vida bien vivida, rectificando sus errores y alcanzando logros. Haber educado bien a sus hijos, con orgullo y viendo a sus nietos como su corona, transmite conocimiento, concordia y amor. Una bella ancianidad es la mejor recompensa por haber llevado una vida bien administrada, dejando huellas que valen la pena seguir y transmitiéndolas a toda su descendencia.

La sabiduría que llega con los años. El anciano que posee experiencia, sabiduría y prudencia, ¿qué ser humano lo podrá reprochar? Con el paso del tiempo podemos notar que no solo debemos buscar valores dentro de nosotros, sino también fuera. Así mismo, aprendemos que no ha de ser dichoso el joven que conoce las reglas, sino el viejo que conoce las excepciones y ha sabido administrar su existencia llegando a una edad mayor. Viviendo una vida aceptable que, a pesar de los años trascurridos, sigue siendo joven, nada más que con un poco más de esfuerzo.

LO QUE LAMENTARÁ CUÁNDO LLEGUE A LA VEJEZ

Si pudo vivir y aprovechar los momentos preciosos que le brindo la vida, merece tener una ancianidad grata y en paz. Esa es ordinariamente la recompensa de haber llevado una buena vida. Pero si dejo pasar de largo los bellos momentos y las mejores oportunidades, posiblemente se lamenta de lo siguiente.

► No haber hecho ese viaje que tanto soñó, cuando tuvo la oportunidad.
► No haber aprendido un poco más debido a su terquedad, porque pensó que lo sabía todo.
► Haber permanecido tanto tiempo en una relación tormentosa.
► Haber dejado de hacer tantas cosas por miedo
► No haberse cuidado más físicamente, haber hecho más ejercicio.
► No haber renunciado al trabajo que tanto odiaba.
► No haber sido más feliz, una opción que dejo ir.
► No haber dicho "te amo", cuando tuvo la oportunidad.
► No haber escuchado los consejos de sus padres, pues se dio cuenta de que todo lo que le decían era cierto y para su bien.
► No haber perdonado a esa persona por quién siente resentimiento.
► No haber perdido perdón por ego y orgullo.
► No haber ayudado a las personas que le necesitaban, viviendo con indiferencia sin servir a los demás.
► No haberle dedicado más tiempo a su familia, a su pareja.
► No haber terminado el proyecto que empezó.
► No haber jugado y dedicado más tiempo a los "pequeños" y, la mayoría del tiempo lo perdió trabajando con saltos al vacío.
► No haber tomado riesgos, especialmente en el amor
► No haber sido fiel a sus sueños.
► Haber perdido el contacto con los amigos y personas valiosas.
► No haber tenido más fe y confianza en Dios.

EL QUE NO PIENSA EN LA VEJEZ

Las consecuencias de la negligencia en la juventud. Si en alguna etapa de éxito bienestar y buen trabajo, descuido a su familia, su salud y de placeres le gustó vivir. Si no pudo administrar ni ahorrar en la buena racha que tuvo. Si cuando pudo no recogió nada y, atrapado quedó en la prisión de los vicios, los placeres, la ignorancia y la soberbia. *¿Cómo quiere tener algo para la vejez, si no recogió nada?* Si no tuvo en cuenta que la vejez afecta a todos y requiere una preparación, como la necesitan todas las etapas de la vida.

¿Cómo pretender tener algo si no se sembró nada en la juventud? ¿Qué espera encontrar, cuando esté en la etapa de la edad adulta? ¿Qué bien va a tener? ¿Con qué derecho va a reclamar, si nada pudo cuidar? ¿Qué va a enseñar, si su vida no pudo administrar?, si únicamente vivió para usted y a nadie le pudo dar nada. ¿Qué puede reclamar en la vejez? ¿A quién le puede reclamar algo? Solo puede aspirar a vivir de caridad. Esa es la recompensa para el necio y descuidado.

¿Qué sabiduría puede tener si no supo cuidarse? ¿Qué bien puede tener sus canas? ¿Qué experiencia y reflexión puede compartir, si no tiene juicio ni supo vivir? ¿Qué le heredarán, si ni ejemplo pudo dar?, ¿qué hizo con su vida?, ¿qué hizo con sus talentos y sus dones? ¿Qué hizo con sus habilidades? ¿Qué herencia dejo? ¿Qué fue lo que enseño? ¿Dejo alegría y paz?, ¿o solo dejo tristeza, miedo y desolación? ¿Tuvo fe?, ¿cuánto amor fue capaz de dar y recibir? ¿Cuánto servicio ha prestado?

La siembra y la cosecha: Una ley ineludible. Le voy a recordar algo que dice la biblia y de hecho la propia lógica en esta vida lo dice, ¡se recoge lo que se siembra¡! En medio de su dolor posiblemente va a decir: "si pudiese vivir otra vez", "si pudiese volver atrás" Trataría de cometer menos errores y no haber esperado tanto para crecer. Pero es tarde y solamente le queda esperar el día de la muerte para justificarse. Incluso, de nada servirá, será un cadáver

284

sin recuerdo ni honra y su recuerdo se perderá.

La última lección. No se olvide que cada uno recibimos según lo que hacemos y, la vida le cobra y le paga según sus obras. Al final a todos nos pasan la cuenta y algunos erraron toda la vida. De hecho, con lo que más convivieron fue con: los vicios, la ira, la soberbia, la avaricia, la envidia, la turbación, la traición, el resentimiento, la discordia y el orgullo. Al final descubre que en verdad no le tiene miedo a la muerte, le tiene miedo a su conciencia, al juicio final. Muy tarde se da cuenta de que nunca sintió miedo a la oscuridad, ya que en ella vivió toda su vida, sino que le tenía miedo a su propia luz, la luz de la verdad que ahora los confronta.

Un llamado a la conciencia y al perdón. Mis palabras no pretenden juzgar, condenar ni señalar. No soy juez ni aspiro a serlo. Mi intención es despertar la conciencia espiritual e invitar a reconocer los errores. A saber, perdonar, a pedir perdón y rectificar si es el caso. Al anciano, con la mirada cansada, la respiración agitada y la enfermedad encima, *¿cuántos días quedan, no lo sabemos?* Pero lo poco que queda, le aconsejo que se lo dedique a Dios.

En verdad, lo hecho, hecho está, del pasado nada se puede cambiar. La realidad es que estamos en una sociedad que margina, olvida y desatiende a los adultos mayores. Independientemente de sus acciones durante su vida, los ancianos quedan vulnerables en casi todas las áreas de la vida. Esto es algo que la sociedad, siempre debe tener en cuenta.

Al adulto mayor, solo me queda decirle. Mire bien su interior y trate de descubrir si después de irse de este mundo, será un alma en pena. Puede que la respuesta sea un ¡no! o puede ser un ¡sí! La buena noticia es que todo sufrimiento tiene una finalidad y, todo arrepentimiento de corazón tiene su redención. La finalidad de la vida es evolucionar y crecer espiritualmente y la última lección es aprender a amar, volviendo al amor eterno así sea en la hora final.

«Yo pensé que los días hablarían y, los muchos años enseñarían sabiduría». (Job 32:7).

Le invito a que exprese con sus propias conclusiones sobre la vejez.

_____

_____

_____

_____

_____

Los ancianos deben tener un trato.

_____

_____

_____

_____

_____

Yo ayudo o ayudaría a los ancianos de la siguiente manera.

_____

_____

_____

_____

_____

«Gran libro es la vejez. ¡Lástima que el hombre tenga que morirse cuando comienza a leerlo con provecho!». (José María de Pereda - 1833-1906). Escritor español.

EL CÍRCULO DE LA PAZ

Todos, sin importar nuestro título, riqueza, educación, posición o poder, libramos una batalla interna por alcanzar la paz interior. Esta lucha surge de las heridas emocionales que llevamos con nosotros, producto de experiencias dolorosas como el odio, el rencor hacia quienes nos lastimaron o la incapacidad de perdonarnos a nosotros mismos.

Alcanzar la paz interior es imposible sin la capacidad de perdonar y reconciliarnos, no solo con los demás sino también con ese "niño interior" lastimado que llevamos dentro. Debemos reconocer nuestros errores, aceptar nuestra imperfección y fragilidad. Solo a través de la introspección, el autoconocimiento y la limpieza emocional podremos encontrar el equilibrio y la paz que anhelamos.

Los desafíos para la paz interior. Nuestra sociedad actual presenta numerosos desafíos para la paz interior. Vivimos en un mundo frenético que nos bombardea con estímulos a través de las redes sociales, los medios de comunicación y la tecnología. Esta avalancha de información confunde nuestros sentidos y distorsiona nuestra percepción de la realidad.

La industria tecnológica lucha por capturar nuestra atención, a menudo manipulándonos a través de diferentes plataformas que albergan un lado oscuro. Los videojuegos, por ejemplo, pueden alimentar fantasías bélicas en los jóvenes, contribuyendo a un aumento de la indiferencia, el miedo, la ansiedad y la tristeza. Estas presiones externas se suman a nuestras luchas internas, creando un cóctel que nos roba la paz por completo.

Las raíces de la violencia y la guerra. ¿Por qué existen las guerras entre individuos, entre familias y grupos, entre ciudades y naciones? La raíz se encuentra en la ambición de poder y en la presencia de líderes y dirigentes que no tienen paz consigo mismos. Una persona que no tiene paz interior es una persona en guerra consigo mismo y con el mundo entero. Un líder o dirigente con heridas emocionales sin sanar es como una bomba de tiempo que puede estallar en cualquier momento.

Las máscaras del dolor oculto. Vivimos en un mundo donde casi todos usamos máscaras personales para ocultar nuestro niño interior herido. Además, utilizamos diferentes personajes para maquillar heridas emocionales de abandono, abuso, agresión y decepción. Negociamos nuestra paz interior por populismo, poder e ignorancia, cayendo en un exilio espiritual.

Pero llega un momento en el que debemos detenernos. Debemos dejar de lado las preocupaciones mundanas y embarcarnos en la búsqueda de la paz interior. Esta búsqueda es crucial, sin importar nuestra posición social o logros personales. La paz interior es la base para construir una vida plena, significativa y llena de bienestar.

La paz interior: Un derecho inalienable. La paz interior no es un privilegio reservado para unos pocos, sino un derecho propio de cada ser humano. Es un estado de bienestar y equilibrio que nace de la armonía entre nuestro cuerpo, mente y espíritu. Alcanzarla nos permite vivir con plenitud, afrontar los desafíos con resiliencia y construir relaciones sanas y duraderas.

El silencio interior: La puerta a la paz. Para encontrar la paz interior, es fundamental cultivar el silencio interior. Esto implica aquietar la mente, calmar las emociones y crear un espacio de receptividad en nuestro ser. En este estado de quietud, podemos escuchar la voz de nuestra alma, discernir con claridad y tomar decisiones alineadas con nuestro propósito de vida.

El estrés y las preocupaciones cotidianas son obstáculos que nos alejan de la paz interior. Es importante aprender a gestionar estas emociones de manera efectiva, desarrollando técnicas de relajación, meditación y fe. La paz interior es la base para construir un mundo más pacífico.

La paz interior: Un viaje personal y colectivo. La paz interior no es un logro individual, sino un camino que se construye desde adentro hacia afuera. Al encontrar paz en nosotros mismos, podemos irradiarla a nuestro entorno, creando un efecto dominó que beneficia a nuestras familias, comunidades y al mundo en general.

CLAVES PARA ENCONTRAR LA PAZ INTERIOR

Dejar de buscar Culpables. Asumir la responsabilidad de nuestras acciones y decisiones nos libera de la carga de culpar a alguien más. Señalar a otros por errores propios son señas de ignorancia, de profundas heridas interiores y un corazón herido.

Aceptar que no puede controlarlo Todo. Aceptar que existen y existirán situaciones y vivencias que no podemos controlar. Entender que hay situaciones que escapan a nuestro control nos permite enfocarnos en lo que sí podemos modificar.

Dejar cargas Innecesarias. Tenemos ciertas responsabilidades y obligaciones que cumplir. Eso es lidiar con las tareas en nuestro día a día y sin duda, existirán cargas innecesarias de las que tendrá que desprenderse. Por ese motivo, debe aprender a equilibrar la vida y las actividades, para que la mente deje de crear y luchar innecesariamente y pueda encontrar la esquiva paz.

Abandonar la crítica mal intencionada y el Chisme. Perjudica a todos. Nos metemos más en problemas por lo que decimos que, por lo que hacemos. Causa depresión, baja autoestima, desequilibrios emocionales y psicológicos, estrés y en algunos casos severos puede llevar al suicidio. Una lengua descontrolada y grosera es el resultado de heridas emocionales sin sanar. Quien práctica el chisme solo encuentra soledad, rechazo y es considerada una persona tóxica, vive en conflicto constante.

Abandonar la manipulación, dejar los insultos y el mal hablar, no compararse con nadie.

Practicar la gratitud: Enfocarnos en las cosas buenas de nuestra vida genera emociones positivas y bienestar.

Cancelar las deudas: y no volverse a endeudar, no dejarse utilizar intencionalmente, no creernos más o menos que otros, superar los complejos y los traumas.

Conectar con la naturaleza: Pasar tiempo en la naturaleza nos calma, renueva y conecta con nuestro ser interior.

Meditar: Esta técnica nos ayudan a aquietar la mente y conectar con el presente.

Servir a los demás: Ayudar a otros nos conecta con un propósito más grande y genera satisfacción personal.

BUSCAR A DIOS. En medio de las luchas y desafíos de la vida, buscar a Dios con fe auténtica se erige como el camino más indicado para alcanzar una paz interior profunda y duradera. La Biblia nos revela que la paz verdadera, en su significado más profundo, va más allá de la ausencia de conflictos o guerras. Se trata de una calma interior, un estado de serenidad y consuelo que brota del espíritu. Será más fácil para usted regresar del exilio espiritual, es como tomar un atajo, dejando de lado las ataduras de la mente. Ore con fe auténtica y verdadera y recuerde que:

▶ La oración es la fuerza del hombre y la debilidad de Dios

Perdonar y pedir Perdón. La falta de pedir perdón y perdonar es el mayor problema de los seres humanos, debido a que cada uno de nosotros juzgamos conforme a las emociones y sentimientos que tenemos. La falta de perdón y el rencor acumulado en el corazón son como cadenas que nos aprisionan y nos alejan de la paz interior que anhelamos.

Juzgar a los demás basados en nuestras emociones y sentimientos solo nos hunde en un ciclo de dolor y amargura. Es fundamental reconocer que todos cometemos errores y que el perdón no se trata de un acto momentáneo, sino de una decisión consciente y valiente para liberarnos de las ataduras emocionales que nos impiden avanzar. Somos duros para perdonar y más duros aún para pedir perdón.

El camino hacia la sanación y la paz interior. Para alcanzar la sanación y la paz interior, debemos abandonar la autojustificación, la autocompasión y el victimizarse. Es necesario reconocer y aceptar nuestra imperfección, comprender que todos fallamos y que errar es parte del proceso de aprendizaje. El perdón, tanto hacia nosotros mismos como hacia los demás, es la llave que abre las puertas a la sanación emocional y nos permite deshacernos de las cargas tóxicas que pesan sobre nuestro corazón.

En un profundo examen de conciencia, los invito para qué se hagan las siguientes preguntas, y escriban las respuestas de las preguntas. También de los comportamientos y los hábitos que los alejan de la paz interior.

- √ ¿Qué le da plenitud?
- √ ¿Cuáles son sus valores?
- √ ¿Qué cree que es la paz interior?
- √ ¿Qué le ha ayudado a ser más persona?
- √ ¿Qué es lo que realmente le interesa en la vida?
- √ ¿Hasta dónde llegaría usted para lograr la paz interior?
- √ ¿Cómo sería su vida, si pudiera encontrar un balance entre la inteligencia y la sabiduría, entre lo emocional y lo espiritual?

Ahora, tiene la oportunidad de responder esas preguntas. Creo qué.

_____

_____

_____

_____

En la búsqueda de la paz interior yo necesito.

_____

_____

_____

Tengo la disposición de empezar por.

_____

_____

_____

Así mismo, le sugiero que asista a seminarios, talleres, retiros, leer libros de autoayuda y superación. Puede leer mi libro «Taller de Sanación Emocional e Interior», le ayudara mucho.

BENEFICIOS DE TENER PAZ INTERIOR

Debemos abandonar los malos hábitos y elevar nuestra conciencia, estableciendo un vínculo espiritual en armonía con nosotros mismos y el mundo. Esto nos permite distinguir lo bueno de lo malo y nos ayuda a cambiar nuestra percepción y forma de vivir. A menudo, somos nosotros quienes complicamos nuestra vida, y disfrutar de cada instante depende de nosotros mismos.

La paz interna nos brinda calma y serenidad, permitiéndonos enfrentar desafíos con control emocional y optimismo, y nos hace sentir satisfechos con nosotros mismos. Nos ayuda a canalizar pensamientos y acciones para clarificar nuestros objetivos y equilibrar nuestra alma, pensamiento y propósito. La fe nos acerca a Dios, la naturaleza y nuestros hermanos, y nos enseña a escuchar nuestro interior, equilibrando nuestras preocupaciones diarias.

Recuerda: El camino hacia la paz interior es un viaje personal que requiere esfuerzo, dedicación y paciencia. Sin embargo, las recompensas son infinitas: una vida más plena, feliz y llena de significado. No dudes en dar el primer paso y comenzar a recorrer este sendero hacia la paz interior verdadera.

«En paz me acuesto y me duermo, porque solo tú Señor, me haces vivir confiado». (Salmo 4:8).

EL CÍRCULO DE LA MUERTE

Desde el primer aliento hasta el último suspiro, la vida nos embarca en un viaje inevitable hacia la muerte, un destino inexorable que compartimos todos los seres vivos. Si bien el miedo a este final es inherente a nuestra naturaleza humana, no podemos negar nuestra esencia biológica y el ciclo vital que nos define.

Muerte: Una transición, no un final. La muerte, lejos de ser un final aterrador, representa una transición natural, un regreso al estado en el que existimos antes de nacer. No se limita a roles como madre, padre, hermano o cónyuge, sino que atañe a nuestro ser en su totalidad.

Aprovechar al máximo el tiempo. Debemos ser conscientes de la fugacidad de la vida, pero también reconocer que, en el contexto de la eternidad y la existencia total, es un período relativamente corto. Esta certeza, sin embargo, no debe sumirnos en la desolación, sino impulsarnos a aprovechar al máximo el tiempo que nos es dado.
Vivir una vida plena. En este proceso de plenitud, es fundamental cuidar todos los aspectos de nuestra existencia: el físico, el

emocional y el espiritual. Alimentar nuestro cuerpo de manera saludable, cultivar relaciones significativas y nutrir nuestro espíritu con actitudes que nos brinden paz y significado son pilares esenciales para vivir una vida plena.

Reflexionar sobre nuestra huella. A medida que avanzamos en este camino, debemos reflexionar sobre la huella que dejamos en el mundo. ¿Cómo hemos vivido? ¿Qué legado queremos dejar? ¿Qué impacto hemos tenido en quienes nos rodean? ¿Hemos aprovechado bien el tiempo?

Porque, como bien se dice, *"todo en esta vida tiene su momento y cada asunto tiene su cuando y su cómo"*

- ► Tiempo para amar y tiempo para odiar
- ► Tiempo para llorar y tiempo para reír
- ► Tiempo para callar y tiempo para hablar
- ► Tiempo para arreglar y tiempo para romper
- ► Tiempo para ser feliz y tiempo para sufrir
- ► Tiempos de paz y tiempo para la guerra
- ► Tiempo para edificar y tiempo para destruir
- ► Tiempo para nacer y tiempo para morir

Afrontando la muerte con serenidad. Ciertamente, la muerte no es solo el fin de nuestra existencia terrenal, sino también el momento en que rendimos cuentas de nuestras acciones y el impacto que hemos tenido en el mundo. Es un examen final de la conciencia, donde se evalúa no solo lo que hemos logrado, sino también la forma en que hemos vivido y las decisiones que hemos tomado.

Para muchos, la muerte no representa un castigo, sino una liberación de las cargas y las limitaciones de la vida terrenal. Es un momento de paz y descanso, donde finalmente nos liberamos del dolor, el sufrimiento y las ataduras del mundo material.

Para el viejo acabado y preocupado por todo, aquel necesitado carente de fuerzas y agonizado en su lecho final, la muerte no es un castigo, sino una sentencia dulce que todo ser viviente debe cumplir. No se apegue demasiado a sus riquezas ni a sus lujos ni a sus necesidades ni a sus odios ni a los miedos. Así como salió desnudo del vientre de su madre, desnudo volverá a la fosa. Es decir, todo lo que ha atesorado, las cosas por las que tanto sufrió o peleo, de todo eso nada se podrá llevar. Nacimos sin traer nada y morimos sin llevarnos nada.

En este sentido, es importante desapegarnos de las riquezas, posesiones y lujos que acumulamos durante la vida. Estas cosas materiales no nos acompañarán al más allá, y aferrarnos a ellas solo nos genera sufrimiento y apego innecesario. ¿Qué apegos nos atan si nos resistimos a partir?, ¿por qué tanta resistencia a algo inevitable?

Muere tanto el sabio como el ignorante, tanto el fuerte como el débil. Lo que realmente perdura después de la muerte es el legado que dejamos en el mundo. Son las acciones que hemos realizado, las relaciones que hemos construido y el impacto positivo que hemos tenido en la vida de los demás.

Pero quienes ni han sabido vivir, o únicamente han vivido de acuerdo con sus vicios y pasiones. Estos deben considerar en qué condiciones han vivido, a quienes han perjudicado y que huella han dejado. La vida tiene cambios drásticos y traumáticos, *¿estaremos listos para la última mudanza?*

¿QUÉ CÍRCULO HA ELEGIDO PARA MORIR?

Según el círculo en el que hemos vivido, en ese mismo podríamos morir. Nuestras acciones, valores y creencias determinan el legado que dejamos y el camino que trazamos hacia nuestro destino final. Algunos eligen la paz, la bondad y la vida honesta, construyendo un círculo de armonía y satisfacción. Otros, en cambio, se sumergen en el vicio, el robo, la traición y la violencia, creando un círculo de oscuridad y dolor. Algunos otros eligen morir en el círculo del sexo y la fornicación y, muy posiblemente en uno de esos momentos la muerte le sorprenderá.

El avaro, el orgulloso y prepotente, el mentiroso y el chisme, el manipulador, el asesinó, etc. Nuestros círculos y niveles de vida son tan numerosos y diversos como las caras de la gente o las huellas dactilares de nuestros dedos.

De nada le servirá el orgullo, el lujo, la fama y la impotencia con que ha vivido, ya que cuando un hombre muere lo único que sus cenizas reciben como herencia son: lombrices, bichos y gusanos, porque polvo somos y a él regresaremos. Ahí termina el orgullo, la fama, la soberbia y el ego. Así que reflexione antes de la hora final.

- ▶ Si vivió en la soberbia, ¿qué espera a cambio?
- ▶ Si vivió en medio del orgullo y la prepotencia, ¿qué espera a cambio?
- ▶ Si vivió en medio del adulterio, prostitución, ¿qué espera a cambio?
- ▶ Si vivió en la falsedad y la traición, ¿qué espera a cambio?

Si vivió del odio y la miseria emocional, ¿qué espera a cambio? Si vivió de la avaricia, la trampa, el robo y el engaño, ¿qué espera a cambio? Si borracho o drogado le gusto vivir, ¿qué espera a cambio? ¿Qué cree que puede encontrar al cruzar el umbral de la muerte? Hemos perdido el sentido de la vida. Casi siempre, morimos en el circulo o de la manera que hemos vivido. *¡Por qué él pagará a cada uno conforme a sus obras!1.*

Pero si cambiamos y rectificamos de seguro dejaremos pesadas cargas. Mejor prepárese para dar cuentas de la libertad y libre albedrío que ha tenido y cómo ha vivido, si cuido sus dones, ¿se dio cuenta de su misión y la cumplió?

¿Aprovecho los dones que se le dieron, los utilizó, que hizo con ellos? En el umbral de la muerte, días, horas y minutos antes de dejar este mundo el cuerpo siente dolor, pero más dolor siente el alma. Sienten temor aquellas almas que analizando la vida que vivieron, miran atrás y no encuentran ningún inventario, ninguna acción ni decisión de haber hecho algo hermoso e imperecedero en sus vidas.

Son almas vacías, porque su deseo de tener y recibir superó los de dar. Su deseo de juzgar superó su deseo de perdonar y sus deseos materiales, superaron los espirituales.

¿Qué es la existencia total? Es no morir, porque "Dios hizo al hombre para la inmortalidad, ya que lo hizo a imagen de sí mismo ser 2. Dios es eterno, pero los hombres somos necio. No hemos podido entender, somos duros de asimilar, debido a que confiamos más en nuestro propio razonamiento y las explicaciones de otro hombre, que en las promesas de Dios.

En la biblia dice *"Maldito el varón que confía en el hombre, y pone carne por su brazo, y su corazón se aparta de Dios"*[3]. Nos complicamos buscándole explicación y respuesta a todo, queremos razonar y comprender a Dios, cuando ni siquiera podemos comprendemos nosotros mismos.

--- *¡Dios mío!,* qué ignorancia no saber vivir, viví según mis necesidades y mis emociones, perdido sin saber vivir. No supe que tenía un propósito, una misión para cumplir. Se me olvidó que fuiste tú Dios mío quien me protegió en el vientre de mi madre. He vivido ignorando que en tus libros inscritos están los días que me has fijado, sin que existiera el primero. Ignoro el propósito de mi existencia y mi misión en este planeta.

Los seres humanos tenemos el problema que la mayoría de las cosas que nos enseñan, lo aprendemos y lo utilizamos como *"información básica"*, almacenándola y nada más, y eso no sirve de mucho porque no se asimila mayor cosa.

La frase *"estamos de paso en este planeta"*, encierra una profunda verdad que a menudo ignoramos. Somos seres temporales en un universo vasto y misterioso, y nuestro tiempo aquí es precioso y fugaz. Otros dicen: "todos tenemos una misión que hacer", pero ni se preocupan en averiguar cuál es. Es más, ni siquiera saben el propósito de su existencia, viviendo en la nada. *¡Qué tristeza vivir sin sentido en la vida!*

Es decir, vivimos una atrofia y exilio espiritual impresionante, únicamente nos ocupamos de lo que es físico y material. Por ejemplo: tengo hambre, tengo sed, necesito estudiar, quiero un vestido, necesito un carro, tengo frío, tengo calor, quiero un coche, me voy a un crucero, me voy a casar, debo la casa, necesito pagar la hipoteca.

Mi negocio está creciendo, necesito ir al gimnasio, necesito una cirugía plástica, necesito hacer dieta. Solo imagine las necesidades creadas de la vida moderna con todas sus complicaciones, negocios, recursos, edificaciones, transporte. No tiene fin, estamos demasiados enfocados en el desarrollo físico y material.

Un viaje hacia la verdad. Es hora de despertar de este letargo espiritual y embarcarnos en un viaje hacia la consciencia y el propósito. Debemos dedicar tiempo a explorar nuestro interior, cuestionar nuestras creencias y buscar la verdad con mente abierta y corazón sincero.

La verdad no es un dogma o una doctrina impuesta, sino un conocimiento profundo que surge de la experiencia personal y la conexión con algo más grande que nosotros mismos.

Muchos ignoran el cuidado espiritual porque no lo vigilan, no lo alimentan, solo lo vienen a notar cuando están en una cama, moribundos y confundidos con miedo a la muerte, pues la consideramos un castigo. Esto por las ideas pre-conceptuadas que nos infundieron, también debido a que desconocemos la verdad, porque no tenemos la menor idea de qué se trata, ¿será fisión?, ¿será un invento? Estamos ciegos, no tenemos tiempo por estar ocupados en el diario vivir, satisfaciendo las necesidades físicas y materiales que inventamos.

A nuestro ser espiritual únicamente lo ponemos un poco de atención, cuando sabemos que nos falta poco para morir. Como comenté anteriormente, le tenemos miedo a nuestro propio brillo, a la luz espiritual, porque no la conocemos.

El miedo es ignorancia, si le tenemos miedo a algo es porque lo desconocemos. Dicho de otro modo, desconocemos nuestro nivel espiritual, no sabemos su potencial, estamos totalmente desinformados, ¡desconocimiento total en este tema!

Es como si aún fuese la época de las cavernas. Tanto la vida cómo la muerte tiene sus misterios, sin embargo, debemos analizar que estamos cumpliendo etapas. En mi opinión, nacer es una etapa y morir es el comienzo de otra. Su entendimiento sobre esto depende de su estudio, su comprensión de los niveles de conciencia y espirituales.

Espiritualmente nacer y morir es un mismo proceso

Solo que en tiempos diferentes. Es decir, cuando un bebé sale del vientre materno, sus días se empiezan a contar desde ese mismo instante y puede llegar a vivir; 25, 40, 65, 85 años. En la biblia dice *"Y dijo Dios, no contenderá mi espíritu con el hombre para siempre, porque ciertamente él es carne; más serán sus días ciento veinte años"*[1].

Por ejemplo: algunos "Tzadiks" en el judaísmo *(secretos de longevidad)*. También la francesa "Jeanne Louise Calment que vivió 122 años" según la información del libro "record guinness". Entendido esto, ahora vamos a explicarlos en términos más sencillos y entendibles, pero para hacerlo necesitas tener un mínimo de conocimiento y conciencia espiritual. De manera contraria, no podrá comprender absolutamente nada y va a terminar en confusión total.

El alma en gestación. Desde el momento de la concepción, tiene lugar una transformación notable dentro del útero. Las células se dividen, se forman órganos (corazón, arterias, manos, pies, cerebro) el cuerpo físico toma forma. Pero junto con este desarrollo físico, muchos creen que también emerge un aspecto no físico: la esencia de quiénes somos, que abarca la conciencia, la intuición y la chispa de nuestro ser. El alma o espíritu, sigue siendo un misterio fascinante, que impulsa la exploración y la contemplación en todas las culturas y a lo largo de la historia.

El misterio del alma: Un enigma fascinante. Esta entidad espiritual, el alma, sigue siendo un enigma fascinante que ha impulsado la exploración y la contemplación en todas las culturas a lo largo de la historia. Su origen, su naturaleza y su destino han sido objeto de debates, teorías y creencias en todos los niveles del conocimiento humano.

Sin embargo, no debemos olvidar, que estamos tratando algo espiritual y las cosas espirituales solo se pueden describir, por medio de símbolos que apunten hacia ellos, sin decir ni describir exactamente lo que son.

Si bien la naturaleza del alma sigue siendo un misterio, la evidencia de su existencia en nuestra propia experiencia. La capacidad de sentir, pensar y ser consciente indica la presencia de algo más que un simple cuerpo físico. El único origen creíble que tenemos de su formación dice así, *"El Creador formó al hombre con polvo de la tierra y sopló en su nariz aliento de vida y llegó a ser el hombre un alma viviente"*[1]. La palabra "aliento de vida" viene de la palabra hebrea *(neshamah)* que traducida quiere decir aliento de vida o alma espiritual, más bien conocido en este lado del planeta como «espíritu».

FORMACIÓN DEL CUERPO Y UNIÓN DEL ALMA

En el relato bíblico de la creación, Dios forma a Adán del polvo de la tierra, pero este no cobra vida hasta que Dios le sopla "aliento de vida", infundiéndole un alma espiritual. Tuvo animación después de que Dios padre se dio de sí mismo y le sopló, aliento de vida, es decir, le dio a Adán alma espiritual, *(vida, movimiento, conciencia, sentimiento, pensamiento, poder)*. Esta unión entre cuerpo físico y esencia espiritual es un misterio que ha cautivado a la humanidad durante siglos.

El enigma de la gestación: Ciencia y fe se encuentran. De manera similar, durante la gestación, la unión del espermatozoide y el óvulo inicia un proceso extraordinario de desarrollo físico. Sin embargo, para muchos creyentes, este proceso no solo implica la formación del cuerpo, sino también la creación del alma espiritual.

En esta perspectiva, el hombre y la mujer aportan el material físico, mientras que Dios infunde el alma espiritual. Como dice la Biblia: *"Si no sabes cómo entra el espíritu en los miembros del vientre de la mujer encinta, tampoco sabrás las obras de Dios que todo lo hace"*[2].

También dice "Porque tú formaste mis entrañas, Tú me hiciste en el vientre de mi madre [3]. Y seguido "Mi embrión vieron tus ojos, Y en tu libro estaban escritas todas aquellas cosas Que fueron luego formadas, Sin faltar una de ellas,[4].

Un misterio más allá de la ciencia. Si bien la ciencia no puede afirmar con rotundidad la existencia del alma ni su unión al cuerpo durante la gestación, tampoco puede negarla. La ciencia, al igual que la fe, se enfrenta a misterios que aún no puede explicar por completo.

Espiritualmente y en términos de fe, un cuerpo sin alma espiritual sería únicamente carne. «El espíritu es el que da la vida, la carne de nada aprovecha» 5. Por lo tanto, al formarse él bebe en el vientre materno, también se une su alma espiritual para que tenga vida, ya que Dios nos hizo a su imagen y semejanza 6. Esto es lo que normalmente llamamos "nacer".

Una doble existencia. Al nacer físicamente, un ser humano inicia su vida en el mundo material, recibiendo un nombre, una identidad y un propósito terrenal. No obstante, desde la perspectiva espiritual, también nace un ser espiritual, aunque inicialmente dominado por las experiencias del mundo físico.

Regreso al origen: La muerte física, en este contexto, no es el fin, sino un regreso al origen. El alma, liberada del cuerpo físico, emprende un nuevo viaje hacia su hogar espiritual.

Propósito trascendental. Nacemos para aprender lecciones, tanto a nivel espiritual cómo material. Desafortunadamente, solo nos centramos en lo tangible y terrenal. Gracias al medio social y cultural del lugar donde nacemos. Igualmente, gracias a que lo primero que nos enseñan es a vestirnos, cepillarnos, comer, caminar, correr, leer, competir, educarnos, etc., etc.

Aprendemos todas las demás necesidades socioeconómicas y culturales de la vida actual. Sin tener en cuenta y olvidándonos completamente del ser espiritual, un desconocimiento total de las fases y desarrollo del alma espiritual. Ignoramos totalmente que nacimos con un propósito más grande y, con una misión para cumplir.

La ignorancia del ser espiritual. El miedo a la muerte, sin duda, está profundamente arraigado en nuestra psique. Su origen reside en el desconocimiento de nuestra naturaleza espiritual, de nuestro propósito en este mundo y del destino que nos espera tras la muerte física.

La muerte: Una visión distorsionada. Percibimos la muerte como una enemiga, como un final abrupto y doloroso. Ignoramos que, en realidad, representa una liberación, una transición hacia un estado superior de existencia donde el sufrimiento y las penurias terrenales se desvanecen.

La Dra. Elizabeth Kübler-Ross, experta en tanatología (que es el estudio de la muerte). Nos ofrece una perspectiva esperanzadora sobre la muerte: : *"Morir no es algo que haya que temer, puede ser la experiencia más maravillosa del mundo, todo depende de cómo hemos vivido"*. Así mismo, nos afirma la Dra. Elizabeth Kübler-Ross. *"La muerte, únicamente es una transición de esta vida a otra existencia en la cual ya no existen angustia ni dolor"*. Lo mismo nos dijo Jesús de Nazaret en Mateo 22:29-30.

Vivir en este planeta es un destierro espiritual. Lo que es de la tierra a la tierra vuelve y el alma espiritual vuelve a Dios, quien lo dio. Espiritualmente nacemos dos veces. Una persona, al morir en el nivel físico (muerte de su cuerpo de carne), nace nuevamente en el nivel espiritual, a un nivel de vida superior, sin dolor.

Abrimos camino para que el alma regrese de nuevo a su lugar de origen. La muerte y resurrección de Jesucristo representan la prueba más contundente de la vida después de la muerte. Su sacrificio nos ofrece la esperanza de la redención y la posibilidad de alcanzar la vida eterna.

Caminos divergentes: Honra, justicia y rectificación: No todos alcanzaremos el mismo nivel tras la muerte. El camino del honrado, noble y justo conduce a una existencia superior, mientras que el camino del malvado e injusto requerirá un proceso de rectificación y aprendizaje.

El verdadero miedo: La insignificancia y el vacío: El miedo a la muerte no reside en la muerte en sí, sino en la posibilidad de haber vivido una vida vacía, sin significado ni propósito. El pánico surge al reconocer que solo nos hemos enfocado en lo material, en los placeres efímeros, sin cultivar nuestra alma.

Al final de nuestros días, el examen final no lo enfrenta el cuerpo físico, sino el alma espiritual. Es ella la que responderá por nuestras acciones y determinará nuestro destino en la trascendencia.

En las siguientes líneas, le invito a que haga un inventario de lo que le gustaría hacer y no ha hecho.

_____

_____

_____

_____

_____

Ahora, escriba qué haría si estuviera cerca de la muerte.

_____

_____

_____

_____

_____

Si analiza el resultado de su vida, podrá notar que de todas las cosas que ha hecho, le faltaron algunas que eran realmente importantes, sin saber usar y aprovechar la vida. Qué dejo pasar cosas maravillosas por no saber elegir y si no supo elegir, tampoco supo vivir.

San Francisco de Asís en su lecho, dijo: ¡Bienvenida, mi hermana muerte!, y la Biblia compara la muerte con sueños más de 50 veces. Al comprender la naturaleza espiritual de la muerte y nuestro propósito en este mundo, podemos transformar el miedo en aceptación y serenidad. La muerte no es un final, sino una transición hacia un nuevo comienzo, una oportunidad para alcanzar la plenitud y la unidad con lo divino.

El miedo a la muerte surge de la ignorancia. Al cultivar el conocimiento espiritual y vivir una vida con propósito, podemos transformar nuestra percepción de la muerte y abrazarla con paz y esperanza, sin dejarnos engañar por lo que ofrece el supermercado de la felicidad artificial.

«La muerte no es más que un desprendimiento del cuerpo físico, como la mariposa de su capullo. Se trata de una transición a un estado superior de conciencia donde continuarás percibiendo, entendiendo, riendo, y donde podrás crecer». (Dra. Elizabeth Kübler-Ross).

EL CÍRCULO DE DIOS PADRE
Y EL HOMBRE

Dios: El ser eterno e inefable. La mente humana, con su innata capacidad para otorgar significado, se enfrenta a un desafío titánico al intentar comprender y describir a Dios, el ser eterno y arquitecto del universo. Su esencia trascendente se encuentra más allá de nuestra limitada comprensión humana. A lo largo de la historia, innumerables profetas, israelitas, pontífices, teólogos, filósofos, pensadores y escritores han dedicado sus vidas a rendir homenaje a Dios a través de libros, poesías y otras obras inspiradas en su fe.

La audacia de la comprensión humana. Los seres humanos, en nuestra búsqueda constante de Dios y el deseo de fortalecer nuestra fe, hemos tratado de concebir al Creador del universo en nuestras mentes, aunque nuestra capacidad de comprensión resulte imperfecta. En cierto sentido, somos audaces al intentar albergar la magnificencia de Dios en nuestras mentes, incluso careciendo de la sabiduría y comprensión suficientes. Si algunos poseyeran tal sabiduría, ¿la compartirían? En mi caso, deseo compartir la limitada comprensión que he logrado acumular.

El espíritu del Creador: Origen del ser y la vida. El espíritu de Dios, el artífice del Universo y todas las galaxias, está arraigado en el origen del ser y la vida. Él nos creó a su imagen y semejanza no en un sentido físico, sino espiritual. En otras palabras, fuimos espiritualmente concebidos para reflejar la esencia de Dios. Todos provenimos de una misma fuente, lo que nos convierte en sus descendientes y nos confiere una parte de su grandeza. Es necesario que reconozcamos nuestro ADN espiritual y vivamos en armonía con él.

En nuestro interior reside el ***ADN espiritual de Dios,*** una herencia que se revela a medida que profundizamos en su conocimiento y, por ende, en el autoconocimiento. Creados a su imagen, poseemos talentos, capacidad de transformación, ingenio y un impulso natural hacia la organización. Estas cualidades nos han permitido alcanzar grandes avances en ciencia y tecnología, desde la física cuántica hasta la exploración espacial.

Si bien contamos con líderes ejemplares, sus errores también afectan a sus seguidores. El Creador, en su infinito amor, nos cuida y guía como a hijos, superando incluso el cuidado maternal. Sin embargo, muchos humanos ignoran las palabras y advertencias de su Creador, quien nos ha hablado a través de profetas, mensajeros y su hijo Jesús (Yeshua). De hecho, es increíble que con lo que dicen las escrituras y las muestras de poder y amor, muchos no reconocen su origen divino.

ORIGEN DE LA VIDA Y EL PROCESO DE EVOLUCIÓN

Investigadores del Jet Propulsion Laboratory (JLP) y el Instituto de Astrobiología de la NASA proponen que la energía eléctrica generada naturalmente en el lecho marino hace unos 4.000 millones de años pudo haber desencadenado la aparición de la vida.

Aunque previamente los científicos habían propuesto la hipótesis de la "aparición de vida hidrotermal alcalina submarina", este estudio no contradice los relatos bíblicos, sino que ofrece una explicación detallada de los procesos que la Biblia describe simbólicamente. Se basa en décadas de trabajo de campo, experimentos en laboratorio e investigación teórica de diversos expertos.

Interrelación entre Ciencia y Biblia. La en la Biblia también alude lo mismo. «Porque ignoran intencionalmente qué hace tiempo existieron unos cielos y también una tierra *surgida del agua*, y establecidas entre las aguas, por la palabra de Dios»1. Este versículo, junto con otros: *«Bullan las aguas de animales vivientes… y creó Dios los grandes monstruos marinos y todo animal viviente que hacen bullir las aguas»*2, muestra una sorprendente alineación con la teoría científica de que la vida surgió en el agua. La ciencia afirma que los mamíferos, como las ballenas, fueron de las últimas especies en desarrollarse, lo cual coincide con la secuencia de la creación descrita en el Génesis.

La Biblia también indica que el hombre fue creado el sexto día, completando Dios su creación. La ciencia confirma que los humanos son una de las formas superiores de vida animal que aparecieron más recientemente en la escala evolutiva. La ciencia no busca contradecir la Biblia, sino ofrecer una herramienta para comprender mejor sus descripciones simbólicas y espirituales, especialmente cuando se consideran los idiomas originales en los que fue escrita.

HISTORIA DE LAS TRADUCCIONES BÍBLICAS

La interpretación literal de la creación en seis días ha sido objeto de debate. Es posible que estos días representen períodos o etapas, en lugar de días literales, reflejando un proceso creativo complejo.

Las traducciones con encrucijadas. Las traducciones bíblicas han enfrentado desafíos desde la deportación de los judíos a Babilonia (586 a.C. - 537 a.C.). La pérdida del idioma hebreo y el auge del arameo como lengua dominante dificultaron la transmisión precisa de las escrituras. En 538 a.c, el rey persa Ciro, los liberó y los únicos que hablaban hebreo eran Daniel y Esdras. Cuando enseñaban las escrituras, lo hacían por medio de *Targums o interpretaciones*.

La Septuaginta: Un hito con reservas. Por el año 300 a.c el rey Tolomeo II, ordeno traducir la biblia hebrea al griego e hicieron la traducción de la ***Septuaginta o los 70***, pues bien (en esa época, saber leer y escribir era ser sabio) fue traducida por un grupo de eruditos esenios no iniciados.

Sin embargo, existió otro grupo muy selecto que guardaban rigurosamente las escrituras. Ellos eran los ***iniciados esenios*** entre los que estaban algunos grandes ancianos y sabios rabinos de la tribu de Judá, custodios de las escrituras escrita y hablada.

La traducción de la Septuaginta, según esta perspectiva, no reveló la totalidad de los secretos bíblicos. Los esenios, por respeto a Dios y al pueblo de Israel, optaron por ocultar estos conocimientos a un pueblo extranjero y pagano ajeno a la fe hebrea.

La traducción como herramienta, no como revelación absoluta. Es fundamental recordar que la orden de traducir la Biblia provino de un rey extranjero (Tolomeo II), no de Dios. Las instrucciones divinas, según la tradición, se transmitían a través de profetas, no mediante traducciones humanas.

Es importante destacar que la orden de realizar la traducción bíblica provino de un hombre extranjero, politeísta e invasor de Israel, no de Dios. Los sabios rabinos tradicionalmente recibían las instrucciones divinas a través de los profetas desde tiempos antiguos.

Al analizar la historia de Adán y Eva en la versión griega del Génesis, se observan discrepancias con el texto original en hebreo. Un ejemplo notable es la respuesta de Adán a la pregunta de Dios sobre el fruto prohibido. En griego, su respuesta implica que ya había comido y continuaría haciéndolo, desafiando a Dios.

La manzana: Un error de traducción: Es importante destacar que la palabra "manzana" solo comenzó a utilizarse en el siglo XVI. La palabra original en hebreo era "עֶרֶז", igual a "zeráh" y significa "semilla", "simiente", "semen" o "linaje", lo que sugiere una interpretación totalmente diferente.

Un legado de traducciones: Desde el año 300 a.c., la versión de los setenta ha sido considerada como la traducción griega precisa del Antiguo Testamento. Casi setecientos años después, en 390, San Jerónimo realizó la traducción conocida como la Vulgata. También se llevaron a cabo traducciones al inglés, atribuidas a John Wycliff y William Tyndale. En 1515, el cardenal Ximenes publicó una traducción en tres lenguas en cada columna: un idioma, la versión hebrea, la Vulgata latina y la versión griega.

A medida que estas traducciones se sucedían, se perdieron los pasajes originales en hebreo, junto con claves, enigmas y secretos. La mayoría de las traducciones bíblicas actuales son solo un reflejos del texto original en hebreo que existía antes de la deportación a Babilonia.

Es interesante notar que nadie consideró que la Septuaginta podría no contener todas las doctrinas bíblicas originales en hebreo, que los sabios rabinos de la tribu de Judá y los iniciados esenios habían ocultado.

Líderes necios y doctrinas erróneas: Algunos líderes religiosos, *en su presunción de sabiduría, se han convertido en necios,* desviando la gloria de Dios Padre y alejándose de la verdad. Enseñan doctrinas y teologías erróneas, motivadas por la ignorancia, la codicia, el poder, el orgullo y la deshonestidad. Tergiversan los mensajes de la Biblia, convirtiendo la luz en oscuridad, lo que genera confusión y pérdida espiritual para ellos y sus seguidores. Dios Padre se convierte así en uno de los seres más incomprendidos y traicionados del mundo.

Explotación y manipulación: Estos líderes pretenden guiar al pueblo de Dios, pero a menudo promueven doctrinas humanas que carecen del poder de salvar. Explotan a las personas, se apropian de su fe, salario e incluso posesiones, aprovechándose de su ignorancia. Manipulan y alteran las escrituras a su conveniencia, generando confusión y falta de comprensión.

A pesar de leer la Biblia, no logran comprender su verdadero significado. Han perdido la capacidad de discernir lo sagrado de lo profano, desconociendo y distorsionando la verdadera naturaleza de Dios y sus mensajes.

Distorsión de la verdad bíblica: Algunos autoproclamados guardianes de la fe no promueven el discernimiento entre lo puro y lo impuro. Ignoran la verdad de la Biblia y los días sagrados de Dios, interpretando las escrituras a su conveniencia. Se creen profetas con visiones vanas y hablan con arrogancia, ignorando los mandamientos perpetuos de Dios.

> ► Hay caminos que parecen rectos, y al final son caminos de muerte. (Proverbios 16,25).

Es asombroso que, como seres humanos con una inteligencia limitada, intentemos encasillar a Dios, que posee una inteligencia ilimitada, en doctrinas teológicas. Aún más problemático es nuestro deseo de reclamar exclusividad sobre los dones y las bendiciones de la vida y la sanación que provienen de Él.

No hay religiones falsas, pero sí líderes falsos: No se puede decir que existan religiones falsas, eso equivaldría a decir que Dios es falso. Lo que sí existen son líderes falsos que tergiversan los mensajes bíblicos y extravían a sus seguidores.

La omnipotencia de Dios: Según la biblia" Él hizo y hace todo" 3, y además dice "He aquí, de tu Dios son los cielos. los cielos de los cielos, la tierra y todas las cosas que hay en ella"4, También dice ""Pero Jesús le dijo: No se lo impidáis, porque el que no es contra nosotros, por nosotros es. 5". Así mismo dice, "ni un pajarillo cae sin consentimiento de Dios"6, cuanto más las obras del hombre.

Las oraciones y celebraciones que se hacen de una u otra forma, suben invocando a Dios y su espíritu. Debido a que Dios padre es el perfecto gobernante del mundo espiritual.

La esperanza universal: Es verdad que "todas las religiones inequívocamente se unifican en una esperanza, que es la vida eterna" 7. La creencia en un ser superior que nos trasciende y nos ofrece una vida después de la muerte es un anhelo común a la humanidad.

Cuando llueve, no es únicamente para unos, sino para todos. Así mismo el aire, todas las razas vivientes pueden respirar con libertad. Las diferentes teologías chocan por su manera de interpretar los mensajes de Dios y sus profetas, la manera de hacer culto, oraciones y los días dedicados a Él. Así qué de forma general, puedo decir que vamos bien, pero indiscutiblemente, podríamos ir mucho mejor. Y, quién contradice sin pruebas, de esta manera, así mismo se contradice.

Además, muchos líderes políticos han causado violencia, abuso y fraude 8. Han dañado el medio ambiente contaminando el aire, el agua y la tierra con diversas actividades destructivas. Hemos descuidado el planeta y lo hemos llenado de problemas como la ambición, el ateísmo, la traición, las armas de destrucción masiva, los asesinatos, idolatría sin control y la búsqueda interminable de riquezas y materialismo. Es importante abordar estos problemas para cuidar el jardín que Dios nos ha confiado.

- ► Muchos asesinan en nombre del dios de la vida.
- ► Otros hacen la guerra en nombre del dios de la paz.
- ► Otros odian en nombre del dios del amor.
- ► Otros practican la crueldad en nombre del dios de la compasión.

En efecto, los mayores desafíos para la creación y su Creador parecen surgir de nuestras propias acciones como seres humanos. A pesar de los avances que la ciencia ha brindado a la humanidad, también existen ciertos enunciados científicos que a veces se quedan en meras afirmaciones sin evidencia sólida, como, por ejemplo.

- √ La teoría del "Big Bang" o la "gran explosión", es solo una teoría o una hipótesis no demostrada.
- √ La diferente tipología de sangre en los seres humanos, aún se desconoce con certeza el motivo de este fenómeno
- √ La energía oscura del universo, No se puede detectar y la ciencia no ha podido demostrar que realmente existe. La expansión del universo es la única explicación que han encontrado. Creen también que esta energía representa un 70% del universo.

El eslabón perdido en la evolución: La búsqueda del eslabón perdido ha sido un tema candente en la paleontología, pero con el tiempo se ha vuelto más evidente que la evolución no es un proceso lineal con un ancestro único y definitivo. La evidencia fósil apunta a una red compleja de relaciones entre las especies, con múltiples transiciones evolutivas graduales.

La creación y la ciencia: Es importante recordar que la creación también tuvo sus etapas evolutivas, como se menciona claramente en 2 Pedro 3:[5]: ***"Porque ignoran intencionalmente que hace tiempo existieron unos cielos y también una tierra surgida del agua** y establecida entre las aguas por la palabra de Dios."*

Esto sugiere que la creación del universo, tal como se describe en el libro del Génesis, podría encontrar respaldo con los datos científicos, especialmente cuando se examinan los textos originales en hebreo. La idea de una creación evolutiva invita a una reflexión más profunda sobre cómo la ciencia y la fe pueden coexistir y complementarse mutuamente.

El lenguaje y la traducción: El punto sobre las traducciones bíblicas y el significado numérico del hebreo es válido. Las traducciones pueden perder matices del lenguaje original, lo que dificulta la comprensión completa de los textos.

Psicoanálisis y espiritualidad: El psicoanálisis, a pesar de su valor para explorar la mente, no aborda directamente aspectos espirituales como la inmortalidad, el alma o Dios. Sin embargo, la perspectiva de Carl Jung sobre los números como elementos primitivos de la mente y su uso por el inconsciente para la organización abre una puerta interesante a la conexión entre la mente, los números y lo espiritual.

La teoría de Jung y el Blue Brain Project: La teoría de Carl Jung sobre los números y el inconsciente encuentra un eco intrigante en el "Blue Brain Project", un proyecto científico suizo que busca crear el modelo digital más detallado del cerebro humano hasta la fecha. La coincidencia de que los neurocientíficos hayan descubierto que el cerebro funciona en una red de once dimensiones matemáticas, aunque no físicas, resuena con la idea de Jung de los arquetipos y el inconsciente colectivo.

Explorando las dimensiones del cerebro: Estas dimensiones matemáticas, modeladas digitalmente, pueden ayudarnos a descubrir misterios fundamentales de la neurociencia y a comprender mejor el mundo multidimensional del cerebro. Este enfoque innovador nos lleva a considerar que el cerebro no solo procesa información de manera tridimensional, sino que también opera en niveles mucho más complejos.

En las dimensiones mencionadas incluyen aspectos como el alma, el espíritu, los sueños, la intuición, la memoria, y la percepción del tiempo (pasado, presente y futuro). Esta investigación podría revelar no solo los secretos del cerebro humano, sino también la grandeza de Dios en nuestro interior.

315

Al comprender las dimensiones del cerebro, podemos desarrollar métodos más efectivos para prevenir y tratar enfermedades mentales y físicas integrando enfoques naturales, orgánicos y tecnológicos. Esta visión holística de la salud se explora en profundidad en mi libro "Taller de Sanación Emocional e Interior", ofreciendo herramientas prácticas para el bienestar integral.

¿Qué espera Dios de nosotros? Nadie quiere vivir su vida y pensar que la ha desperdiciado, sin cumplir su misión. El profeta Miqueas comparte lo que Dios espera de nosotros en un versículo, con tanta influencia que está escrito en el edificio de la Biblioteca del Congreso de los Estados Unidos. Miqueas 6:8. *«¡Ya se te ha declarado lo que es bueno! Ya se te ha dicho lo que de ti espera el Señor: Practicar la justicia, amar la misericordia y humíllate ante tu Dios».*

«Quién da valido los preceptos del hombre, ignorando los de Dios, satisface al hombre, pero es un exiliado espiritual para Dios».

EL AGRAVIO A DIOS PADRE

En un mundo saturado de distracciones y banalidades, es fácil perder de vista la grandeza de Dios Padre, nuestro Creador y Señor. Limitar a Dios eterno a características humanas sería un error, ya que *"Dios Padre es un todo, pura inminencia"*, <u>infinito en el universo</u> y más allá de nuestra comprensión.

Dios padre y su relación con la humanidad: A pesar de la infinitud, podemos concluir que Dios tiene sentimientos, ya que nos creó a su imagen y semejanza. Además, como el arquitecto creador del universo y ser supremo, desea ser reconocido y honrado por la humanidad a lo largo de la historia. Somos su creación más grandiosa y, a la vez, su debilidad. Gracias a esto nos dio poder sobre ***todo***[1]* lo existente en la tierra, y nos dio instrucciones para vivir, administrar y corregir.

A pesar de este regalo invaluable, los humanos a menudo olvidamos la grandeza del Creador. Aquellos que profundizan en las escrituras bíblicas pueden vislumbrar la voluntad de Dios.

Guiados por la devoción a Jesucristo como hijo y enviado del Padre, se una semana completa en conmemoración de su pasión. También se honra a María de Nazaret, elegida por el Creador y madre de Jesús según su designio.

También se honra a los ángeles, los santos y los justos con fechas y días especiales en sus nombres. Esta amplia gama de celebraciones forma un complejo tejido de devoción. Además de las celebraciones religiosas, también recordamos y celebramos eventos significativos de la historia humana. Estos eventos entre otros incluyen:

√ El día de la raza en honor al descubrimiento de América
√ El día de la Independencia
√ El día de la bandera
√ El día de las madres
√ El día del padre
√ El día de Navidad y año nuevo
√ El día de la secretaria
√ El día del presidente
√ El día de la mujer
√ El día de la muerte
√ El día de los inocentes
√ El día del trabajo
√ El día de la constitución
√ Celebramos el día del Nacimiento de personajes
√ Celebramos y recordamos la muerte de personajes
√ Recordamos las fechas de las guerras mundiales
√ El día de la reforma

También algunas comunidades cristianas celebran la Santa Cena y el Domingo de Resurrección como parte de sus tradiciones. Asimismo, en señal de agradecimiento, se conmemora a personajes destacados en la historia de cada país, como el Día de la Independencia, el Día de Martin Luther King en Estados Unidos, el Día de Benito Juárez en México y, en Argentina, diversos días en honor a sus héroes locales.

En un mundo saturado de ruido y superficialidades, es fácil olvidar la grandeza de Dios Padre, nuestro Creador y Señor. Aunque las celebraciones religiosas pueden ser expresiones de fe y gratitud, centrarse únicamente en ellas puede distraernos de cultivar una relación más profunda con Él. A Dios Padre también lo conocen como: Yahvé, Jehová, Hashem, El, El Shaday, Elohim, Adonay, el Padre Eterno del que Jesús de Nazaret nos enseñó.

Es fundamental examinar las enseñanzas de Jesucristo, quien nos reveló el Reino de los Cielos y nos presentó a Dios Padre de una manera única y sin precedentes. Echemos un vistazo a algunas de sus enseñanzas.

La centralidad de Jesucristo en la voluntad de Dios Padre: Jesús enfatizó su misión de cumplir la voluntad del Padre cuando dijo, *"Porque he descendido del cielo, **no para hacer mi voluntad**, sino la voluntad del que me envió"* 1. Esta poderosa declaración resalta el papel central de Jesucristo en su misión de cumplir la voluntad de Dios Padre.

Jesucristo también reconoce que existe un ser superior a él: "Oyeron que les dije: 'me voy y vendré a ustedes.' Si me amaran, se regocijarían, porque voy al padre, ya *que el padre es mayor que yo"* 2. Este concepto se complementa donde también dice "a cuál Dios ha cumplido a los hijos de ellos, a nosotros, _resucitando a Jesús"_ 3. Es importante respetar la distinción entre Dios Padre y Jesucristo como ellos mismo lo dicen, y lo afirman en la biblia.

La distinción entre Dios Padre y Jesucristo: Dios Padre establece una marcada distinción en las escrituras: «Este es mi hijo amado en quien me he complacido»4. Y también dice. Para que se cumpliera lo dicho por el profeta "he aquí mi siervo, a quien yo elegí, mi amado, en quien mi alma se complace. Pondré mi espíritu sobre él, y anunciará el juicio a las naciones" 5.

La distinción entre el Padre Eterno y su hijo Jesús es crucial para comprender correctamente las Escrituras. El Padre es la autoridad suprema, mientras que Jesús, aunque divino, está sujeto a su voluntad. Cualquier interpretación que ignore esta distinción

319

fundamental corre el riesgo de distorsionar el mensaje e interpretar erróneamente las escrituras.

Falsas interpretaciones y la fidelidad a las Escrituras

Interpretar erróneamente las Escrituras es negar la veracidad de los profetas Isaías, Jeremías y Pablo. El Antiguo Testamento anuncia la venida del Mesías en 44 ocasiones a lo largo de Génesis, Deuteronomio, Isaías, Jeremías, Salmos, Daniel, Oseas y Malaquías. En el Nuevo Testamento, se cita el Antiguo Testamento 516 veces.

Cuando Jesús se presentó oficialmente a su pueblo como el Mesías, lo hizo citando un versículo del Antiguo Testamento: *"El Espíritu del Señor está sobre mí, porque me ha ungido para anunciar buenas noticias a los pobres. Me ha enviado a proclamar libertad a los cautivos y dar vista a los ciegos, a liberar a los oprimidos, a pregonar el año de gracia del Señor... Hoy se ha cumplido esta escritura delante de vosotros ..."*[6].

En todas sus obras, Jesús imitaba al Padre. Por eso, les decía: *"Ciertamente les aseguro que el Hijo no puede hacer nada por su cuenta, sino solamente lo que ve hacer al Padre; lo que hace el Padre, también lo hace el Hijo"* [7]. Los mensajes y deseos de Jesús son que conozcamos y alabemos al Padre de los cielos. De hecho, Jesús permanecía en oración; oraba de día, al caer de la tarde, por la mañana temprano, y en ocasiones pasaba toda la noche en oración. ¿Y se oraba a sí mismo? ¿A quién le oraba? Obviamente, le oraba a "Abba", su Padre y nuestro Padre.

Todo esto destaca la conexión profunda de Jesús con Dios padre, pero no implica una identificación literal entre Jesús y Dios.

LA RESURECION DE JESUCRISTO

La resurrección de Jesucristo representa el acontecimiento más trascendental en el cristianismo, sirviendo como fundamento de la redención y la salvación de los creyentes, y otorgando la promesa de vida eterna.

En el Nuevo Testamento, encontramos respuestas claras sobre quién y cómo resucitó Jesucristo en diez versículos claves, los cuales son:

A este Jesús, Dios lo resucitó, de lo cual todos nosotros somos testigos 8.

(...Pero Dios lo resucito de entre los muertos...[2])

Dios ha cumplido en nosotros, los hijos, al resucitar a Jesús, y está escrito en los salmos: Hijo mío, eres tú; yo te he engendrado hoy [10].

(...Aquel que resucito de entre los muertos, a Jesús nuestro señor [11]).

(...al igual que Jesús resucito de entre los muertos, por medio de la gloria del padre...[12]).

Si el espíritu de aquel que resucito a Jesús de entre los muertos, habita en ustedes...[13]).

(...y crees en tu corazón que Dios lo resucito de entre los muertos, serás salvo [14].

Quedamos como testigos falsos de Dios, porque hemos atestiguado contra Dios que, resucito a Cristo...[15]).
Pablo, apóstol (no de parte de los hombres ni por mediación de hombre), sino por Jesucristo y por Dios el Padre que lo resucitó de los muertos [16].

"Ya destinado desde antes de la fundación del mundo, pero manifestado en los postreros tiempos por amor de vosotros, y mediante el cual creéis en Dios, quien le resucitó de los muertos y le ha dado gloria, para que vuestra fe y esperanza estén en Dios17.

¿Por qué la resurrección no ocurrió un sábado? La resurrección de Jesucristo por parte de Dios Padre, tal como relatan las Escrituras, posee un significado profundo que se refleja en la elección del domingo para este evento. En la Biblia, al concluir la creación, Dios establece el sábado como día de descanso, un día en el cual Dios eterno no trabaja.

La resurrección de Jesús en domingo cumple con la promesa de no trabajar en sábado. Dios Padre demostró su poder sobre el cielo y la tierra, la naturaleza, la vida y la muerte en un día distinto al sábado.

Este día de reposo, establecido desde la creación del mundo, no se circunscribe únicamente a los israelitas o judíos, pues en la época de su institución estos grupos aún no habían surgido. Su significado trasciende las fronteras de la nacionalidad y la religión, siendo un acto para toda la humanidad.

Jesucristo, siguiendo el ejemplo de su Padre celestial, se presentó como Señor del sábado. Demostró su autoridad para interpretar y aplicar la ley de una manera que enfatizaba su propósito original: el bienestar humano, no una carga legalista vacía y carente de amor hacia el prójimo.

Jesús enseñó que la ley es flexible en situaciones de necesidad, en la misericordia hacia los demás, pues, el día de reposo se hizo para el hombre, y no el hombre para el día de reposo.

Jesús de Nazaret, al observar el sábado, no infringió la ley, sino que ofreció enseñanzas sobre su aplicación. Citando al profeta Oseas, resaltando la importancia de la misericordia sobre el sacrificio ritual.

La Resurrección de Jesucristo, celebrada en domingo, posee un significado profundo y trascendental que va más allá de un simple evento histórico. Simboliza el poder de Dios sobre la creación, la victoria sobre la muerte. Representa la plenitud del plan y la ley divina, donde la misericordia y el amor se manifiestan.

La unidad y Distinción entre Dios Padre y Jesucristo

Cuando Jesús de Nazaret dijo "el Padre y yo somos uno 19", no estaba afirmando que él y Dios Padre fueran exactamente la misma persona, sino expresando una profunda unión en su naturaleza divina. Jesús también declaró: *"En verdad, en verdad os digo que el Hijo no puede hacer nada por su cuenta, sino lo que ve hacer al Padre 20".*

Para entender mejor esta relación, imaginemos a un presidente que envía a un ministro para representar al gobierno. El ministro, investido con el poder del gobierno, actúa en nombre del presidente, pero no es el presidente. Son dos personas distintas, aunque comparten la esencia del poder y la autoridad. Esta analogía ilustra la unidad y distinción entre Jesús y Dios Padre, sin menospreciar la divinidad de Jesucristo.

En la Biblia, se menciona a Dios como padre aproximadamente 170 veces, con una mayor relevancia en el Nuevo Testamento, destacándose la ternura con que Jesús le llama Abbá ('papá'). Este amor y ternura son recíprocos, tal como puede leerse en el libro de los Salmos: *"Como un padre siente ternura por sus hijos, siente el Señor ternura por los que le temen 21".*

Ante esta relación paternofilial, surgen dos preguntas significativas:

▶ ¿Dónde y en qué fecha se celebra el día de Dios Padre?
▶ ¿Dónde y en qué fecha se celebra el día de la creación?

En esta parte del mundo, no existe ninguna fecha que resalte universal y exclusivamente a Dios Padre y la creación. Esta ausencia es llamativa, considerando que la Biblia nos presenta a Dios como el arquitecto del universo, aquel a quien Jesús, nuestro hermano y Salvador, nos dio a conocer.

Dios padre *"Yo soy el que soy"*, *"Yahvé, Jehová, Hashem, Adonai, Él, Elohim, El Shaddai, Abba"*, y está presente en las Escrituras desde los tiempos de Adán Abraham, Moisés, los profetas y, finalmente, en la enseñanza de Jesús y, de hecho, el profeta Isaías nos dice que Jesús de Nazaret es el siervo de Yahvé [22].

Este vacío plantea interrogantes sobre nuestro entendimiento y nuestra relación con Dios Padre, así como sobre la falta de reconocimiento según las enseñanzas bíblicas transmitidas por Jesús y los profetas.

▶ ¿Y la santísima trinidad?
▶ ¿Cuál día sería el dé Dios padre?
▶ ¿Qué día y fecha sería el día de la creación?

Dios Padre es la única fuente de vida de la Trinidad Santa, es decir, Padre, Hijo y Espíritu Santo: "Porque Dios es uno que conoce, es conocimiento y es el conocimiento de sí mismo". Si unimos la Santísima Trinidad, Padre, Hijo y Espíritu Santo, ¿quién es Dios y de dónde viene? ¿Quién lo formó? ¿Quién le ordenó venir en medio de los hombres?

Dios Padre, el Eterno, es la primera persona de la Santísima Trinidad y la fuente de vida en ellos. ¿A quién representan en la tierra? A Dios Padre.

¿Qué hacen en la tierra? Hacer, conocer y amar a Dios Padre. Observando con atención, veremos que, en diferentes tradiciones religiosas, ya sea en la misa católica, en las sinagogas judías y en algunas iglesias protestantes, las oraciones se dirigen a Dios Padre.

Por lo tanto, las siguientes preguntas son: ¿cuál sería el día del Dios padre y el día de la creación?, pues bien. ¿Acaso no se celebran fechas exactas, sino más bien, acontecimientos? Sin embargo, si analizamos bien la biblia, desde Genesis hasta Hechos de los apóstoles, nos indica cual sería uno esos días.

Además, como dice las mismas escrituras. *"... y si alguno hubiere pecado, abogado tenemos para con el Padre, a Jesucristo el justo"* [23], también dice:

▶ Y he aquí, se oyó una voz de los cielos que decía, este es mi hijo amado, en quien me he complacido [24].

▶ Este es mi hijo amado, escúchenlo [25].

▶ Porque he descendido del cielo, no para hacer mi voluntad, sino la voluntad del que me envió [26].

▶ Todo lo que pidáis en mi nombre, os lo concederá [27].

▶ Le rezaréis así (Padrenuestro que estás en los...[28])

▶ Le dice Jesús: No me toques; porque aún no he subido a mi Padre; más ve a mis hermanos, y diles: ___subo a mi Padre y a vuestro Padre, a mi Dios y a vuestro Dios___ [29].

Jesucristo vino a revelar a Dios Padre y establecer una relación personal con la humanidad:

▶ Quien me ve a mí, ve a mi padre [30].

▶ Créanme cuando les digo, yo estoy en el padre y el padre está en mí [31].

▶ Para que sean hijos del padre celestial [32].

▶ Si uno confiesa que Jesús es el hijo de Dios, Dios permanece en él y él en Dios [33].

▶ Les dice mi copa si la beberán; pero sentarse a mi derecha o a mi izquierda no es cosa mía concederlo, sino que es para quienes está preparado por ___mi padre.___[34].

▶ A este Jesús Dios le resucitó, de la cual todos somos testigos [35].

▶ "Sepan ustedes y todo el pueblo de Israel, que ha sido por el nombre de Jesucristo, el Nazareno, a quien vosotros crucificasteis y a quien ___Dios resucitó de entre los muertos;___ por su nombre y no por ningún otro, se presenta este aquí, sano delante de vosotros.[36]"

▶ La gracia, la misericordia y la paz de parte de Dios Padre y de Jesucristo, ___el hijo del Padre,___ estarán con nosotros según la verdad y el amor [37].

▶ Ya me han oído decir que me voy, pero que vuelvo a

ustedes. Si ustedes me amaran, se habrían regocijado de que voy al Padre, ***porque el Padre es mayor que yo*** [38].

► A las 3 en punto, que era la hora nueve, Jesús colgado en la cruz dijo; "Eloi, Eloi, lema sabachthani?" que significa, "Dios mío, Dios mío, ¿por qué me has abandonado?[39]"

La Unidad en la Celebración de Dios Padre

Las divisiones en torno a las celebraciones son contrarias al mensaje de unidad y amor que Dios Padre nos transmite a través de Jesucristo. Si pudiéramos comprender la esencia de la misión de Jesús, entenderíamos que su mayor anhelo era revelar y glorificar a Dios Padre, quien lo envió a este mundo.

La misión de Jesús en todo momento fue resaltar a Dios Padre quien está activo y presente en nuestras vidas. Jesús vino a revelarnos la verdad y liberarnos de las limitaciones y preconceptos que tenemos sobre lo divino. Su enseñanza nos guía hacia la libertad emocional y nos ofrece profundas lecciones existenciales.

Jesús declaró: *"Subo a mi Padre y a vuestro Padre, a mi Dios y a vuestro Dios 40"*. Esto significa que Jesús tiene un Dios y Padre, y es nuestro hermano mayor y salvador. Dios Padre siempre ha querido que conozcamos y experimentemos su inmenso amor. Sin embargo, a menudo lo olvidamos y no le damos la importancia que merece, ya que no celebramos un día en su nombre ni en honor a su obra.

Es hora de reconocer la presencia y el amor de Dios Padre en nuestras vidas. Este reconocimiento nos abrirá un camino hacia una relación más profunda con él y nos permitirá experimentar la libertad espiritual que Jesús nos enseñó.

√ Le decimos eres nuestra luz, pero no lo vemos.
√ Le decimos eres nuestro camino y andamos perdidos.
√ Lo llamamos vida, pero morimos sin Él.
√ Lo llamamos "El Eterno","Elohim" y no lo buscamos.
√ Le decimos "eres bondadoso", sin embargo, no confiamos.
√ Le decimos "Dios todo poderoso" y no lo respetamos.

√ Lo llamamos "señor", "Adonai" y no le obedecemos.

La madurez psicológica y espiritual deberían converger en armonía, pero a menudo vemos conflictos entre ellas. Las analogías psicológicas a veces chocan con las dimensiones espirituales, generando confusión en las almas no fortalecidas. Por lo tanto, es esencial profundizar y fortalecer la fe, antes de que la imaginación nos confunda y enloquezca.

Dios padre ordenó a Moisés construir el ARCA de la alianza [41] y el *tabernáculo* con el arca [42]. Su deseo era vivir como un padre y amigo de confianza entre los hombres. A pesar de esto, lo olvidamos. Además, nos entregó los mandamientos y preceptos, no como una imposición, sino como una guía para elevar nuestra inteligencia y conciencia espiritual. Estos mandamientos buscan:

√ Hacernos entender que es único y eterno
√ Proteger y respetar la dignidad humana
√ Proteger y respetar la dignidad del individuo
√ Protege y respetar la dignidad de la familia
√ Proteger y respetar la dignidad de los animales
√ Proteger y respetar la dignidad de la vida, su creación
√ Proteger y respetar la dignidad del planeta y del universo

Lamentablemente, estos preceptos nos han resultado difíciles de cumplir. A pesar de que Dios nos advirtió que no agregáramos ni quitáramos nada de la Biblia, los seres humanos hemos modificado la interpretación y la práctica de estos preceptos a lo largo del tiempo.

Incluso en el Antiguo Testamento, Dios instruyó a los israelitas sobre la construcción del altar y las ceremonias en su honor. Sin embargo, con el tiempo, esta reverencia hacia Dios Padre y eterno se ha desvanecido en la memoria colectiva, en gran parte debido a las diversas ideas teológicas que han surgido.

Honrando a Dios Padre

En el libro de Levítico, encontramos un énfasis significativo en las celebraciones y festividades en honor a Dios Padre y su creación. Estas festividades, de <u>carácter perpetuo</u> y no <u>pueden ser alteradas</u> reflejando el deseo de Dios padre de estar presente entre los hombres y atraer la atención hacia su persona y obra.

Sin embargo, ¿qué pasó con la trinidad? La trinidad es honrada como tal. El verbo y el espíritu santo están honrados en sus manifestaciones y misiones.

El sacrificio de Jesús en la cruz transformó lo material en lo divino y acercó a Dios Padre a la humanidad. La Eucaristía, como presencia divina a través de Jesús y el Espíritu Santo, nos permite conectarnos con el Padre cuando estamos en gracia. Es un proceso de unión espiritual entre la humanidad y Dios a través de Jesús y el Espíritu Santo.

Afirmar que todos los días son el día de Dios Padre o que honrar al Hijo es honrar al Padre no es una respuesta completa. Si bien es cierto que Dios está siempre presente y que honramos al Padre al honrar al Hijo, la ausencia de un día específico dedicado exclusivamente a Dios Padre deja un vacío en las enseñanzas de Jesús sobre el padre.

Honrar a Dios Padre con un día especial también honraría al Hijo. Jesús vino al mundo por voluntad del Padre para revelarnos a Él, la fuente de luz en la unión del Padre y el Hijo, como lo enseña san Juan.

Jesús no vino a cambiar la ley. Más bien, él es el camino hacia la ley, la "Toráh" viva para los cristianos. Ni Dios Padre ni Jesús cambiaron la ley. Esto se refuerza cuando nos dice que amar a Dios consiste en guardar sus mandamientos, que no son una carga. [44]. Entonces, *¿quién es el hombre para cambiar estos mandamientos a su propio criterio? La escritura dice "Así han anulado la palabra de Dios, por su tradición"* [45].

Hoy en día, celebramos muchas festividades en agradecimiento por diversas razones. Erigimos estatuas en honor a científicos, creamos esculturas y pinturas que, aunque pueden deleitar la vista, a menudo dejan nuestro corazón frío. Es lamentable que no exista un día festivo universal dedicado a honrar a Dios eterno.

No se honra ni se le recuerda mediante una celebración especial en su nombre. En esta parte del mundo, no existe una festividad que refleje su grandeza y mérito. Ninguna teología ni ideología se ha ocupado de este asunto, a pesar de que este deseo ha existido desde el mismo día de la creación. Este olvido y desatención constituyen un agravio imperdonable. Se adora más lo creado que al Creador, y eso no tiene sentido.

Dejando de lado los prejuicios, abriendo el entendimiento y estudiando las escrituras, las teologías y creencias de los todos los cristianos que creemos en la Santísima Trinidad, notamos que se hace reconocimiento con días festivos a la segunda persona de la Santísima Trinidad que es Jesucristo. Se hace reconocimiento a la tercera persona que es el Espíritu Santo celebrando con días festivos.

Durante Pentecostés se celebra la venida del Espíritu Santo y el inicio de las actividades de la Iglesia. Por ello también se le conoce como la celebración del Espíritu Santo. En la liturgia católica es la fiesta más importante, después de la Pascua y la Navidad. Se celebran diferentes días a la virgen María. Pregunta persistente, ¿qué pasó con la primera persona de la Santísima Trinidad, Dios padre ¿dónde y en qué fecha se celebran:

► EL DÍA DEL CREADOR
► EL DÍA DE LA CREACIÓN

Si aún quedan dudas, le invito a reflexionar cuidadosamente sobre estas palabras de *«Pero llega la hora (ya estamos en ella), en que los adoradores verdaderos adoraran al padre en espíritu y en verdad»* [46]. Hace perfecta concordancia con otros libros que tratan este tema [47].

Jesús mismo dice «*Al señor tu Dios adoras, y solo a él darás culto*»[48], reafirmando otra escritura que dice *"No adores a otros dioses, porque el Señor es muy celoso"* [49]. Si esto no concuerda con nuestra comprensión actual de la Biblia, podría indicar que la traducción esta incorrecta, alterada o que estamos interpretando erróneamente. En tal caso, sería imperativo revisar y corregir nuestra comprensión de estos textos.

La falta de una celebración específica dedicada a Dios Padre en nuestras tradiciones religiosas refleja una desconexión significativa entre nuestras prácticas y la esencia de nuestra fe. Honrar a Dios Padre con un día especial sería un acto de justicia divina, y una oportunidad para fortalecer nuestra relación espiritual con Dios y abandonar tantas ideas y practicas erróneas.

OTRO AGRAVIO A DIOS PADRE

La adoración errónea, ya sea por ignorancia o por prácticas que no se ajustan a las enseñanzas bíblicas, representa una afrenta a Dios Padre. Él, en su infinita sabiduría, ha dejado claro en la Biblia la forma correcta de adorarle. Esta adoración correcta no se limita a simples rituales o ceremonias, sino que involucra una entrega total del corazón, mente y espíritu a Dios Eterno.

La Complejidad de este Tema: La adoración no se limita a idolatrar imágenes e ídolos físicos. En un sentido más amplio, puede definirse como cualquier cosa que ocupe el lugar de Dios en nuestro corazón. Esto incluye el apego excesivo a posesiones materiales, redes sociales, el poder, el dinero, el estatus, las relaciones interpersonales o incluso ideologías. La complejidad de la idolatría reside en su capacidad para disfrazarse de manera sutil, camuflada en nuestras propias creencias y valores, elevando lo creado por encima del Creador.

Esta transgresión surge cuando elevamos las interpretaciones humanas por encima de la palabra divina, sustituyendo la verdad revelada por opiniones humanas. Uno de los errores más grandes que cometió Israel, y por lo que fueron exiliados, sin duda fue la idolatría.

Existen aproximadamente 987 versículos bíblicos que hablan sobre la idolatría. Para ponerlo en perspectiva, esto equivale a la extensión de tres libros del Nuevo Testamento o a un libro tan extenso como Deuteronomio, que cuenta con 982 versículos.

Es fundamental recordar las palabras sagradas e inmutables: *"No crearás ídolos ni figuras de ninguna cosa que exista en el cielo arriba, ni en la tierra abajo, ni en las aguas debajo de la tierra. No te inclinarás ante ellos ni los adorarás, porque yo soy Yahvé tu Dios"* [50]. Hasta el día de hoy, no ha encontrado evidencia bíblica que sugiera que este mandamiento haya sido invalidado o remplazado por otro diferente. Fue dado <u>con carácter perpetuo.</u>

Los seres humanos somos propensos a sesgos cognitivos que pueden nublar nuestro juicio y afectar nuestra interpretación de la información. Estos sesgos, como la confirmación o el sesgo de anclaje, pueden llevar a los teólogos e ideólogos a interpretar los versículos sobre la idolatría de una manera que confirme sus creencias preexistentes, en lugar de analizarlos objetivamente.

He leído y analizado la Biblia siete veces con gran esfuerzo, abarcando todo el texto, desde Génesis hasta Apocalipsis, desde diversos ángulos que incluyen la fe, la historia, la lingüística, la teología *(cristiana y hebrea)*, la filosofía, la arqueología, la ciencia, la psicología, la crítica textual y otros campos relacionados.

A pesar de estos profundos estudios, me encuentro con paradojas recurrentes. Lo que afirmo está respaldado por la Biblia; no son ideas mías, ni tienen ánimo de ofender, sino de corregir. Aquí expongo dos de ellas: por un lado, aquellos que no aceptan al mesías y, por otro, aquellos que practican la idolatría. Una de estas paradojas radica en la dificultad que algunos teólogos parecen tener para interpretar y abordar los 987 versículos bíblicos sobre la idolatría, a pesar de su amplia sabiduría y pericia bíblica.

Es llamativo que estos versículos, que contienen suficiente información para llenar un libro de 285 páginas, representen un desafío para algunos teólogos, incluso cuando interpretan muy bien otros pasajes mucho más complejos de las escrituras.

El contexto histórico: Es importante considerar que en la época del Antiguo Testamento no existían las fotografías ni se trabajaba el lienzo ni mucho menos el cine. Tampoco existían la internet, redes sociales, la I.A ni información suficiente. Cabe preguntarse entonces, *¿cómo habrían interpretado los textos bíblicos sobre la idolatría de haber existido estas representaciones visuales?*

Psicológicamente los seres humanos reaccionamos de manera diversa ante las imágenes y fotografías *(sean de familiares o alguien más)*, estatuas, personajes o situaciones. Estas reacciones, conocidas como sesgos cognitivos, surgen de nuestras expectativas y de la búsqueda de significado y propósito en la vida.

Una obra de arte, una imagen, una estatua o una fotografía puede evocar en nosotros recuerdos, sentimientos o ideas sobre lo que sucedió, lo que fue o lo que es algo o alguien, y esto no es malo. Sin embargo, es fundamental recordar que estas representaciones no deben ser adoradas ni depositar en ellas toda nuestra energía y fe, ya que son objetos creados por el ser humano. Esto no solo va en contra de las enseñanzas bíblicas, sino que también es psicológicamente perjudicial.

En la biblia dice: así dice el Señor: «¡*Maldito el hombre que confía en el hombre* [51]!» Con esto, Dios advierte sobre la maldición que recae sobre aquellos que confían en el hombre. Esta advertencia no implica una misantropía general, sino una advertencia sobre la idolatría y la dependencia excesiva en otros seres humanos.

Dice en la biblia *"por cuanto me han dejado, y han ofrecido sacrificios a dioses ajenos, provocándome a ira con todas las obras de sus manos* [52]*."*

En el salmo dice *"Mas tu Yahvé, te ríes de ellos, te mofas de todos los paganos* [53]*"*. La burla de Dios hacia aquellos que confían en las obras inertes de las manos de los hombres no es cruel ni despiadada, sino más bien una expresión de la ironía y reprobación ante la falta de inteligencia y la insensatez de idolatrar representaciones visuales sin vida alguna, como lo dice el Salmo 115.

Es contradictorio afirmar que algunas obras de las manos de los hombres son inspiración divina, debido a que Dios eterno no se contradice ni manda hacer lo que detesta.

En conjunto, estas citas nos recuerdan que las ideas y obras humanas, por sí solas, no son suficientes para alcanzar la verdad de Dios Eterno. La confianza absoluta en las creaciones del hombre, sean ideas, objetos o personas, nos aleja de la verdadera fuente de salvación y sabiduría. Solo en Dios encontramos la base sólida de fe y esperanza.

Las obras de arte, cuando se crean con talento, sensibilidad y respeto por la creación divina, pueden ser expresiones elevadas del espíritu humano, pero nunca deben confundirse con objetos de adoración o considerarse como posesiones con poder de Dios. La verdadera inspiración divina se encuentra en la creación misma, en la belleza del mundo natural y en la capacidad humana para amar, ayudar, crear y trascender.

Un llamado a la Comunidad Teológica

Desde la antigüedad y en la actualidad, muchos teólogos e ideólogos presentan una ceguera ante la idolatría. Ignoran 987 versículos bíblicos sobre la idolatría, un fenómeno complejo que encuentra su raíz en diversas causas. La complejidad del tema, la influencia de sesgos cognitivos, la lucha por el poder y la influencia, la necesidad de una perspectiva holística, y la importancia de la humildad y la apertura son algunos de los factores que contribuyen a esta dificultad.

Rigor y compromiso. Superar esta ceguera exige un esfuerzo sostenido por parte de la comunidad teológica. Es fundamental abordar este tema con rigor bíblico, apertura intelectual y un compromiso genuino con la verdad. Se requiere un enfoque integral que abarque la verdad bíblica, la dimensión teológica y la psicológica. Solo así evitaremos interpretaciones erróneas y promoveremos una relación sana con las imágenes.

Educar y guiar la fe del creyente: Es la clave para evitar la ignorancia y la ceguera. Es necesario fomentar el diálogo y la reflexión crítica en la interpretación de textos religiosos, aprovechando la riqueza de la tradición bíblica para inspirar múltiples perspectivas y ofrecer una guía para navegar los complejos desafíos de la fe y la experiencia humana.

Esta reflexión no implica una negación de la colaboración humana ni del valor de las relaciones interpersonales. Por el contrario, nos invita a reconocer la importancia de mantener un equilibrio saludable entre la confianza en nosotros mismos, en los demás y en Dios. Debemos valorar las relaciones humanas y colaborar entre nosotros, siempre teniendo presente que la máxima autoridad yace en Dios Eterno.

La fe y las experiencias con Dios son profundamente personales, pero eso no significa que no haya una verdad objetiva que descubrir. Cada individuo lleva su fe según sus propias vivencias, su comprensión de las escrituras y su relación con Dios, moldeando su fe. Aunque puede no ser incorrecto, ciertamente hay margen para mejorar.

La sabiduría de este Mundo
Locura a los ojos de Dios.

¿Estaremos cometiendo los mismos errores de los fariseos? Los teólogos siguen interpretando la Biblia con errores. A menudo, adaptan las Escrituras a sus propias leyes. Deberíamos adherirnos a las palabras de Dios y al testimonio de Jesús sobre el Reino de los Cielos.

Nos alejamos de lo que Dios espera de la humanidad. A menudo, alteramos o malinterpretamos la Biblia. Seguimos las enseñanzas de algunos hombres, e intencionadamente o no, a menudo seguimos caminos que nos alejan de la verdad que Dios nos revela en su palabra.

Vale repetirlo de nuevo, el hombre deja de utilizar el más común de los sentidos, es decir, el sentido común. Existen las dudas, pero ¡no hay quien pregunte! ¡Hay, respuestas, pero *¡no hay, quien las conteste! Ahora, yo me pregunto, ¿existirán corazones que puedan entender?*

Es importante reflexionar sobre nuestra herencia como herederos de Dios y cómo estamos injertados en el olivo por la gracia de Cristo, destinados a heredar la vida eterna. Sin embargo, algunas interpretaciones confusas y acomodadas de estas enseñanzas desvían la enseñanza y lógica bíblica.

Algunos injertados se creen más importantes que el olivo original y modifican la Biblia a su conveniencia. Se olvidan qué el mismo Jesús dijo a la samaritana y en consecuencia a todos; *"Ustedes adoran lo que no conocen; nosotros adoramos lo que conocemos, porque la salvación viene de los judíos."* [54].

Así como en la época que vino Jesús, muchos ni decían nada por miedo al sanedrín. En este contexto, surge la pregunta de si **existe un derecho bíblico que regule estas cuestiones en la tierra,** a pesar de su ausencia en el mundo terrenal. Es posible que ante Dios Padre exista un juicio justo y coherente con sus enseñanzas y mandamientos.

Dios nos ha dado mandamientos perpetuos que no pueden ser cambiados ni alterados. No podemos afirmar hablar en su nombre si contradecimos o violamos sus preceptos.

El sistema educativo de Dios es la fe y la verdad. Él es el pedagogo más antiguo y sabio que tenemos, y nos ha enseñado a través de sus profetas y de su hijo Jesús. Debemos estar dispuestos a escuchar y aprender de su sabiduría.

Ahora le invito a que exprese su propia idea y concepto. Si usted va a dar su concepto es porque ha analizado toda la biblia.

Creo que deberíamos celebrarle el día de la creación y el día de Dios padre, de la siguiente manera.

_____

_____

_____

_____

No creo que deberíamos celebrar nada, por qué.

_____

_____

_____

Creo que el escritor está equivocado, por qué.

_____

_____

_____

_____

Creo que el escritor tiene la razón, por qué.

_____

_____

_____

_____

_____

«Dios es Espíritu, y quienes lo adoran deben hacerlo en espíritu y en verdad». (Juan 4:24).

POEMA A DIOS ETERNO

Dios y señor mío, el firmamento es tú altar,
las nubes tus carrozas son, el viento tu mensajero
y los ángeles tus guardianes son.

Extasiado estoy al contemplar tu maravillosa creación el
firmamento, las nubes, el mar, los animales, las flores, el viento y
su soplar. Árboles y aves elevan su canto al cielo en un hermoso
edén.

Qué pequeño soy, comparado con la inmensa
grandeza. Señor del universo maravillado quedo al
contemplar tanta belleza, mi alma se llena de fortaleza

El sol, la lámpara que ilumina el día y la tierra
origen de vida y energía. Pero más asombrado
quedo al contemplar tu magna creación, que
con un soplo me diste, alma corazón y vida convirtiéndome en
tu debilidad oh, Dios Eterno, rey de mi vida.

Dios y señor mío, sé que cuándo te llamo
estás conmigo. Mis brazos ya cansados
no dejan de luchar por un mundo mejor.
Conmigo vienes mi señor, por ti lucharé como un
amigo que no se puede olvidar. Sé que enemigos ganaré
en este caminar, pero por ti, vale la pena luchar y en
tu nombre siempre he de triunfar.

Bernardo A Arango.

BIOGRAFÍA DE CITAS BÍBLICAS

Página 205 1-Proberbios 22:7
Página 207 1-Mateo 5:25
Página 242 1-Proverbios 29:18

De Donde Viene Dios Padre
1- Juan 20:17   2- Gen 1:2   3- Sal 24:1
4- 1ra Jua 4:8   5- Jer 33:3   6- Mat 7:8

Página 281 1-Mateo 5:4

Página 312 1-Salmo 162:13   2-Romanos 2:6
         3-Genesis 1:27   3 Jeremías 17:5-10

Página 315 1-Génesis 6:3

El Circulo de la Muerte
1-Gén 2:7   2-Ecles 11:5   3-Salm 139:13
4-Salm 139:16   5- Juan 6:33   6-Gén 1:27

El Circulo de Dios Padre y del Hombre
1-2da Pedro 3:5   2-Gén 1:20-21   3-Col 1:16-20
4-Deut 10:14   5-Luc 9:50   6-Mat 10:29

El Agravio a Dios Padre   1* Gen 1:29-30 & Gen 9:2-3

1-Jua 6:38 -39	28-Mat 6:9-13
2-Jua 14:28	29-Juan 20:17
3-Hec 13:33-35	30-Juan 14:9
4-Mat 3:17	31-Juan 14:11
5-Isa 42:1-4	32-Mateo 5:45
6-Lucas 4:18-19	33-1ra Juan 4:15
7-Juan5:19	34-Mat 20:23
8-Hec 2:32	35-Hec 2:32
9-Hec 2:24	36-Hec 4:10
10-Hec 13:33	37-2da Juan 1:3
11-Roma 4:24-25	38 Juan 14:28
12-Rom 6:4	39-Mar 5:34
13-Rom 8:11	40-Juan 20:17
14-Rom 10:9	41-Exo 25:10-20
15-1 Corin15:15	42-Exo Cap 25-31
16-Gal 1:1	43-Mat 5:17
17-1ra Ped 1:20 21	44-1ra Jua 5:3
18-Gen 2:3	45-Mat 5:16
19 -Juan 10:30	46-Jua 4:23-24
20-Juan 5:19	47- Juan 17:5
21- Sal 103:13-	48-Mat 4:10
22-Isa 53:1-12	49-Exo 34:14
23-1 Jun 2:1	50-Exo:203-11
24-Mat 3:17	51-Jer 17:5
25-Mar 9:7	52-2-Cro 34:25
26-Jua 6:38	53-Sal 59:9
27-Jua 14:14	54-Juan 4:22

«Es una lástima y una vergüenza que el hombre envejezca y muera sin haber reconocido la grandeza de su capacidad mental y espiritual. Ningún hombre debería permanecer ciego ante tal potencial, más bien debería explorarlo y experimentarlo plenamente a lo largo de su vida».

ACERCA DEL AUTOR

Bernardo Arango. Estudios Teológicos y hebreo bíblico. Loyola University of New Orleans. The Hebrew University of Jerusalem. Filosofía Ciencia y Religión, Universidad de Edinburgh. Estudios de Psicología Universidad de Yale y Universidad de Palermo. Psicología Positiva Universidad de Pensilvania. Neurología avanzada, Universidad de Pekín. Consejero Familiar y salud mental Certificado. Conferencista sobre vida emocional, superación y Biblia.

Enfoque principal: Sanación Emocional e Interior y Psicología Positiva. Conferencias de vida y crecimiento personal, espiritual y Bible Coach.

Miembro de "American Academy of Religion" y de Social Psychology Network" en USA. Escritor de varios libros, entre ellos:

- ► Los círculos de la vida
- ► Taller de sanación emocional e interior.
- ► Taller de Perdón Total.

Residente en Florida, EE. UU., el escritor desempeña roles de teólogo, escritor, consejero y terapeuta familiar, así como conferencista en life, spiritual, y bible coaching, con talleres de fe, superación y sanación personal. En esta labor, ha encontrado su propósito y misión más noble, siendo el motor de su crecimiento personal y espiritual, evidenciando su pasión en conferencias y talleres. Su sólida formación académica en psicología, teología, neurología y psicología positiva le brinda un enfoque integral, permitiéndole ofrecer perspectivas enriquecedoras y holísticas en sus escritos y presentaciones.

Puede explorar sus ideas y perspectivas sobre sanación y otros temas de interés general en su canal de YouTube, titulado "Bernardo Arango, Un nuevo Conocimiento". Para conocer más sobre el autor y sus obras, interactuar, dejar comentarios o conocer más sobre la sanación emocional e interior, se invita a visitar su sitio web en:

www.tallerdesanacionemocional.com
https://www.socialpsychology.org/member/arango.

La vida no tiene sentido ni propósito sin emociones. Nuestros éxitos y problemas vienen de ellas. Todo tiene que ver con nuestra historia personal. Somos una especie impaciente, numerosa, expansiva y terriblemente miope. Envenenamos nuestras emociones y el agua que bebemos, contaminamos la tierra que nos alimenta, nos destruimos nosotros mismos y lo que nos rodea.

Debemos aprender a engrandecer la vida creando caminos al andar, dejando huella que valgan la pena imitar. Este libro puede ser una transformación, un testimonio que vale la pena transmitir de manera auténtica. Este es el aporte que puedo dar en este planeta y esta vida, con el deseo de hacer un mundo mejor. Ahora, al mirar hacia atrás, puedo decir con certeza: «¡Valió la pena vivir! Estoy listo para partir».

סלוע נוקית *"Tikkun Olam*

www.ingramcontent.com/pod-product-compliance
Lightning Source LLC
Chambersburg PA
CBHW060857120626
46553CB00001B/121